A. R. Bodenheimer
Verstehen heisst antworten

Marie Bartels 7.8.90 - OS

h

[illegible]ich
[illegible]alter
[illegible]nder-
[illegible]d tür-
[illegible] Fassade
[illegible]. Un[illegible]

h au[illegible]
[illegible]eichen
[illegible]ppante
[illegible]erlin"
[illegible]enwär
Psycho
[illegible]u Be
[illegible]ir j[illegible]
[illegible]hia
[illegible]
[illegible]
[illegible]
[illegible]ägt

A. R. Bodenheimer

Verstehen heisst antworten

Eine Deutungslehre aus Erkenntnissen der Psychotherapie

Im Waldgut

Umschlagfoto:
Susanne Esche, Frankfurt

ISBN 3-7294-0023-1

Verlag Im Waldgut
Eisenwerk, Industriestrasse 21
CH-8500 Frauenfeld

Inhalt

Verstehen heisst Antworten – Für-Stehen ist Entworten

Jetzt zieht es seine Kreise. Eben noch hat das Flugzeug sich im Landeanflug befunden, schon beinah über dem Festland, und die Lichter der Piste waren bereits zu sehen. Dann schwenkte, unvermittelt unerfreulich, die Küste nach links aus. Nun dreht sie sich, die Küste, vor den Bordfenstern, oder dreht, richtiger beobachtet, die Boeing über dem offenen Meer, dreimal, öfter, bis sie schliesslich ihren alten Kurs aufnimmt und verspätet Boden gewinnt.

Auch wer nach vorn, zum Cockpit, nur kiebitzen kann, weiss sich vorzustellen, was sich dorten zuträgt, während die Gäste in der Kabine ungehalten aus ihren Gucklöchern schaun, wann man sie wohl endlich in ihr Ziel ausrollen lässt. – Was da geschieht, im abgeteilten Pilotenraum, das kann kaum anders als so vor sich gehen:

Einflug zur Piste in Lydda besetzt – meldet der Tower, und fügt bei: El-Al, Kurs 331 aus Zürich, begeben Sie sich auf siebentausend Fuss Höhe in den Warteraum Askalon, drehn sie drei Runden; danach melden Sie sich wieder.

Eine knappe, klare Anweisung ist damit von der einen Stelle ausgegangen.

Und nun die andere Stelle, der Führer unserer Maschine – man hat nicht schwer, sich vorzustellen, was er wird verlauten lassen. Nämlich:

El-Al, Kurs 331 aus Zürich, ich begebe mich in den Warteraum Askalon, drehe drei Runden danach ... –

Verstehen heisst Antworten: Der soeben wiedergegebene Sprechtext weist auf die kürzeste, nüchternste und einfachste, auch eindeutigste Auslegung dieses Satzes und reduziert ihn auf die kühle und knappe Sprache, die von der Technik und ihren Adepten gefordert wird. Obgleich textlich minimalisiert und in Rede wie Gegenrede arm an Inhalt, belegt dennoch der eben wiedergegebene Dialog die These, die an den Titel dieser Darstellung gesetzt worden ist. Der Satz des Lotsen redet an. Er ist deswegen *Anrede* zu nennen. Und der Satz, den der Pilot spricht, bringt nochmals zu Worte, was als Anrede zu hören war, und in derselben Sprache. Er heisst *Antwort.* Nicht belegt dieser Satz, dass verstanden wurde, er *ist* das Verstehen. Und wenn die Anrede hin-, die Antwort an den Anredenden zurückgegangen ist, fällt der ganze Text dahin, ins Leere. Mit der Verwirklichung der Anrede durch die Antwort ist der Dialog erloschen. Nichts bleibt, was weiter in die Zeit wirken könnte.

Dem Pedanten und Querulanten, der darauf zu weisen sich nicht enthalten kann, dass das nicht genau zutrifft, was da eben gesagt wurde, vielmehr bleibe – so der Pedant-Querulant – das Gespräch zwischen Tower und Pilotenraum noch auf eine Weile in der Black Box gespeichert, man kann ja nie wissen ..., ihm sei zugestanden, dass er recht hat, vollkommen recht. Und dass diese Aufnahme in der Katastrophenkassette genau dies beweist: dass das Beantwortete und also Verstandene entwortet wird, kaum ist es verwirklicht, und somit erlischt. Deshalb muss man es bis zur sicheren Landung durch das Kunstmittel der Dokumentierung im Flugschreiber aufbewahren – um zu belegen, dass Verstehen auch wirklich Antworten heisst. Danach bleibt es erloschen und nicht mehr zu erwecken: ent-wortet.

Damit ist alles vorgelegt, was fürs erste zum Inhalt dieser Ausführungen werden soll, und deshalb wird es nochmals gesagt – nicht weil es so kompliziert ist, sondern weil es so einfach ist, so trivial. Um also den Trivialcharakter der Darstellung zu bewahren für weitere Darstellungen, die sich aus der ersten ergeben. Und trivial, weil nur das Triviale genau ist, eindeutig verbindlich und nicht dunkel vieldeutsam.

Die Rede war soeben davon, dass:

1: Antwort das (und das allein) genannt werden kann, was sich aus der Anrede folgerichtig und zwingend von selbst ergibt;
2: Antwort an den Anredenden etwas von dem zurück gibt, was in der Anrede gesagt worden ist;
3: diese Antwort in derselben Sprache, systemgleich also, gegeben wird, in der auch die Anrede erfolgt ist. –

Die Zwiesprache am Anfang dieses Kapitels weist, in ihrer Trivialität, auch auf das, was Verstehen als Antworten *nicht* ist; und tut es vermittels dessen, was der Text des Gespräches nicht zu hören gibt.

Nicht sagt zum Beispiel der Kapitän dem Turmwächter:

Danke, ich habe verstanden (oder ähnliches). Er könnte ja, aber er tut es nicht.

Vielmehr bringt der Satz, den wir Antwort nennen wollen, nur das nochmals zu Worte, was als Anrede gehört worden ist, und – nochmals – in derselben Sprache.

Allerdings könnte der Antwortende sagen: Ich habe *nicht* verstanden. – So ein Wort leitet zwar noch nicht ein Verstehen ein, es lässt aber, entgegen dem «Ich habe verstanden», einem (nachfolgenden) Verstehen noch seinen Raum, ja es erweitert ihn, wogegen «Ich habe verstanden» eine Formel dort hinsetzt, wo Verstehen erwartet wird, aber sich dann in einer Leerformel zum Ersatz des Verstehens diesem entzieht. –

Des weitern könnte man sagen: Der Flieger hätte an Worten nichts auf die Anrede zurückzugeben brauchen, vielmehr sich darauf beschränken können, schweigend, ohne jede Antwort, das zu tun, was, gemäss Text der Anrede, von ihm erwartet wurde. Also: seine Maschine in den Raum Askalon steuern und dort, wie gewünscht auf siebentausend Fuss Höhe, seine Zeit ausfliegen, bis er weitere Anweisungen empfangen hätte. Wortlos.

Beides, so glauben wir auf Grund vergleichbarer Erfahrungen zu wissen, ist nicht erfolgt, wäre auch von dem zuständigen Lotsen im Turm nicht als Antwort angenommen worden. Vielmehr musste:

1: zunächst geantwortet,
2: hernach interpretiert werden.

Geantwortet, indem das zur Anrede Gesagte (in irgendeiner Form) nochmals zu Worte gebracht wurde. Und interpretiert dadurch, dass in die Worte einer Wortsprache Gefasstes sich zu seiner Ausführung vermittels eines anderen Systems übersetzt – *über-setzt, hinüber-gesetzt* – gefunden hat. Übersetzt aus einer Sprache in eine andere Sprache, aus einem System (in unserem hier vorgelegten Beispiel: dem System des Sichverständigens in der Sprache der Aeronauten) hinüber in ein anderes System (das ist hier: dem Steuern eines Flugzeuges in dessen Warteraum).

Auf diese Weise nämlich, mittels Wahrung also des Grundsatzes «Verstehen heisst Antworten», war die gewisseste vorstellbare Garantie dafür gegeben, dass El-Al 331 schliesslich sicher, wenngleich mit Verspätung, ihre Menschenfracht freigegeben hat. Ansonsten – wäre irgendein anderer Grundsatz stattdessen zwischen Lotse und Kapitän befolgt worden – ...: nun, die am mindesten erschütternde unter den möglichen Folgen würde die gewesen sein, dass dieses Büchlein ungeschrieben geblieben wäre, weil sein Verfasser vom Flugfeld, oder davor schon, nach gehöriger Kollision direkt, ohne jede Passkontrolle, in die himmlischen Gefilde umgestiegen wäre.

Noch ein weiteres zeigt der kurze Text des Gespräches durch den Äther an, und tut es mit der nämlichen überraschenden Genauigkeit, mit der er uns bis hierher an das Wesen des Verstehens herangeführt hat. Dieser zweisätzige Text hat zunächst «El-Al 331» berufen, und danach, zur genaueren Umschreibung, mithin um der Wahrung der Sicherheit willen, noch den Ort der Herkunft: «aus Zürich» beigefügt. Und zwar von beiden Seiten gleich: «aus Zürich».

Herkunft: Ihre Nennung gibt einen ordentlich genauen Hinweis. Was aus Zürich kommt, kommt nicht aus New York und nicht aus Moskau, weder vom Nord- noch vom Südpol. Auch nicht vom Mond. Und sehr viele Flugzeuge werden wohl nicht aus Zürich kommen, gewiss schon nicht mehrere Maschinen derselben Gesellschaft zur gleichen Zeit. Die Nennung der Herkunft beschreibt also genau das Gefäss samt seinem Inhalt, und tut es affektlos, deshalb sicher. Von den Fliegern und den sie führenden Lotsen erwartet man, dass sie, solang sie sich im Dienst befinden, jedwelche Gefühlsirradiationen aus ihrem gegenseitigen Umgang ausschalten – um der Sicherheit ihres Auftrages und seiner Erfüllung willen. Das haben sie mit den Schuhmachern und Psychotherapeuten – überhaupt allen Leuten, denen wir unsere Schicksale anvertrauen – gemeinsam. «Aus Zürich», das ist nüchterne Zutat zwecks Hebung der Genauigkeit. Es hat namentlich mit Zürich, dem Herkunftsort unseres Kurses, nichts zu tun. Ob dort die Leute froh sind oder traurig, arm oder reich, ob gut zu mir oder böse, ob ihre Papiertiger durch Plastiklöwen spezifisch zürcherischen Humor bezeugen, oder ob allem, was aus Zürich kommt, diese Tugend des Humors abgeht, das hat auf das Verstehen, welches durch den Ortshinweis präzisiert und also gesichert wird, keinen Einfluss.

Herkunft Zürich: Das ist eindeutig. Klar in die Anrede zu fassen, klar beantwortbar. Und aus der Antwort, vermittels ihrer, formuliert sich Verstehen, nicht jedoch, weil «aus Zürich» irgendeine Art von Verständ*nis* anregen würde. Verständnis der Art, dass der Lotse vielleicht Mitleid mit uns hätte, weil wir aus Zürich kommen – wir Armen. (Hab doch Verständnis, Lotse – die kommen aus Zürich, sie sind schon genug gestraft). Was immer ihn veranlassen würde, Verständnis, wie er das nennt, an die Herkunft und an das Schicksal, das von der Herkunft umschlossen wird, anzubinden, es würde ein Verstehen nur einengen: Rede und Gegenrede verlören die Unvoreingenommenheit, welche – zumindest von Absicht und Vorhaben her – als Bedingung dem Akt des Verstehens vorausgeht.

Verständnis mit ...: Nun denn, der Lotse hätte Verständnis mit dem Piloten oder mit dessen Fluggästen; die kommen aus Zürich. In ein Flugzeug, welches aus Verständnis mit meinem Piloten oder mit mir auf die Landepiste dirigiert wird, möchte ich nicht sitzen.

Verstehen sei Verzeihen: Gestatten Sie bitte, Herr Lotse, Sie bestimmen über unseren Luftweg, Sie und Ihr Gesprächspartner, der Flugkapitän vorn in seiner Kanzel. Sie sind nicht mein Richter – und so wenig ist es jede andere, jeder andere, die/den ich oder mein Routenführer zum Verstehensgenossen bestimmt haben. Und mein Richter: Er richte nach Massgabe des Rechtes. Und um dieses stünde es schlecht, wollte er sich daran machen, mich zu verstehen; sonst könnte ich mir einfallen lassen, ich ginge hin und würde ihn, den Richter verstehen – ich, sein Angeklagter! –

Verstehen ist *nicht* Verzeihen – niemals. Weder in der Luft noch zu Wasser oder Land.

Die Fliegerei in ihrer Schroffheit, aber auch mit dem hohen Mass an Sicherheit, das von den zwei bestimmenden Grundsätzen der allesbezwingenden Technik garantiert wird, hat uns in die Thematik dieses Buches eingeführt. Und wenn sie uns mittlerweile auch längst schon auf dem flachen Land in die Freiheit entlassen hat, so bleibt sie uns doch weiterhin gegenwärtig, um der Erinnerung zurückzurufen, wie wesentlich und zwingend genau die These vom Verstehen als Antworten gilt; und sie ruft es jedesmal neu zurück, wenn eine Boeing ihren Kondensstreifen in den Himmel rauscht.

Verstehen heisst Antworten, es schafft, durch Zurückgabe der Anrede, deren Verwirklichung. Es beweist sie nicht nur, es *ist* sie. Durch Antwort wird Anrede erst wirklich. Bleibt die Antwort aus, so geht die Anrede in sich selbst verloren, sie fasert und löst sich auf.

Aus seinem Antworten heraus – während er antwortet und vermittels dessen, dass er antwortet, er braucht es sich nicht zu vergegenwärtigen, was geschieht und wie er es tut – darin zeigt der angeredete Flieger nicht allein, dass er versteht, sondern er formt und entwickelt aus seinem Antworten heraus geschehensgleich den Akt des Verstehens. Nochmals: Es zeigt das Antworten nicht an, dass er verstanden hat, nicht ihm, nicht seinem Partner, niemandem; sein Antworten *ist* dieses Verstehen und bestätigt es auch. – In diesem Akt beweist sich «die allmähliche Verfertigung der Gedanken beim Reden», l'idée qui vient en parlant (Kleist)[1]. Aber es vollzieht sich noch anderes, und mehr.

Zunächst zeigt es, dass solch ein einfaches Antworten keine Unterscheidung darüber aufkommen lässt, ob es zu besagen hat:

Ich habe verstanden; oder ob es bedeuten will:

Ich habe *dich* verstanden. –

Das eine ist mit dem anderen identisch. Wenn der Antwortende dem Anredenden (auf dessen Anrede) geantwortet hat, so hat er nicht nur (den Text der Anrede) verstanden, er hat auch den Anredenden verstanden: Er hat dessen Sprache gesprochen. Das schliesst alles ein, was dem Verstehen zugehört und was von ihm erwartet oder gefordert werden kann.

So äussert Verstehen sich als ein umfassender, zugleich auch als genau begrenzter Akt, dessen Name in seiner Nüchternheit und Eindeutigkeit alles umschliesst, was er sagt. Nämlich: *Ver-Stehen* oder *Für-Stehen*.

Einfacher, aber auch genauer in seiner Namentlichkeit, ist das Verstehen weder zu beschreiben noch zu begreifen, und es lässt sich sinnvoller, wie ich zu zeigen gedenke, Verstehen auch nicht praktizieren. Praktizieren: als ein reziproker Akt von zwei Partnern, die sich, vermittels Paarung von Anrede mit Antwort, gleichartig-gleichwertig zueinander gestellt finden und gleichwertig bleiben – durch das Mittel des Einanderverstehens und mindestens auf die Dauer des Wechselspiels aus Anrede und Antwort, jedoch grundsätzlich darüber hinaus. Wo Verstehen einmal seinen Platz gehabt hat, kann kaum mehr völlige Inegalität aufkommen. –

Ver-Stehen: In dem Namen meldet sich zunächst an, dass wir beide, anredende wie antwortende Instanz, uns in derselben Dimension aufhalten; auf dem nämlichen Grund. Von uns beiden ist gesagt, dass wir beide *stehen,* der Verstehende gleich wie der zu Verstehende. Der Name präzisiert weiterhin, was er nennt, und engt es ein auf das, was dem Akt des Verstehens Besonderheit gibt: durch das Präfix *ver...* – Diese Vorsilbe weist erst auf die Eigenart des hier zu Beschreibenden, auf dessen Einzigartigkeit, und benennt die Natur des Vorganges anhand der Zusammenfügung der beiden Wort-Anteile: *ver...* und *...stehen.*

Du verstehst mich, ich verstehe dich. Längst haben wir Pilot und Lotsen verlassen, sie uns vergessen. Das Exempel bleibt und lässt sich auf sämtliche Situationen, in denen Verstehen sich anmeldet, genau übertragen.

Jedoch: Wenn ich daran gehe, dich zu verstehen, so kann ich wohl trachten, dass ich so stehe, wie du stehst und dass ich auch dahin zu stehen komme, wo du stehst – oder doch so nah wie möglich. Allein, nun zeigt sich, das ist nicht ausführbar: situativ nicht, rein mechanisch nicht. Genau an dem Ort, an den du dich gestellt hast, kann niemand sonst stehen – da stehst ja du! Und wollte ich es also vorkehren, dass ich mich an deinen Standpunkt zu stellen gedächte, so liesse sich das nicht anders als derart wahrmachen, dass ich dich von diesem Ort verdrängen müsste, den du jetzt eben einnimmst. Dann – und einzig unter dieser Bedingung – könnte ich da stehn, wo du stehst; könnte ich mithin deine Perspektiven, die An- und Aussichten, welche die deinen sind, zu den meinen machen und den Ort deines Anredens mit dem meinen genau und konsequent identifizieren. Durch Vertauschen. Durch Beiseite- und zugleich durch Herunter- sowie, notwendigerweise, Abschieben also des zu Verstehenden, anders nicht, und anders auch nicht vorstellbar.

Was da eben beschrieben worden ist, trifft den Akt des Verstehens (und seines Danebengehens), zusammen mit dessen Namen. Wenn jemand sagt: «Ich verstehe dich», so reagiert eine jede und jedwelcher mit Abwehr und Unbehagen – und reagiert sinn- und sagensgenau, indem, wer so angesprochen wird, ahnt, wie genau diese Aussage das Vorhaben und dessen Vollzug benennt: die Selbstüberhebung, Anmassung sogar, eines jeden, der sich mit einer solchen Wendung einführt oder auch verabschiedet. «Ich verstehe dich», das sagt: Ich lasse dir alles zu, und alles sehe ich dir nach, alles – ich *(ich)* habe dich ja verstanden. Will sagen: Ich habe mich an den Ort gestellt, an dem du standest. – Nachdem ich dich von dort verdrängt habe; durch mein Verstehen – und du hast es noch nicht gemerkt, und ich auch nicht. – Für solche Gewissheiten ist ja, das ergibt sich aus alledem, Verstehen nie ein reziproker, vielmehr ein einseitiger Prozess, und ein solcher, der die Rollen bestimmt hat – vonseiten dessen, der sich die Gewissheit zutraut, -mutet, dass er, weil verständig, ein Verstehender sei.

Bleiben wir daher beim Namen; bei diesem Begriff, der sie so genau bezeichnet: die Szene, und damit die Not, die in ihr entsteht. Wir beide können nicht gleichzeitig, nicht genau gleichortig stehen. Dagegen unternehmen wir das, was sich als das Nächstmögliche anbietet: Wir trachten einander zu verstehen. Und dies in dem vielfältig umfassenden Sinn von *ver...* als *für* (pro).

Dreifach muss man also dieses Für-Stehen beschreiben, damit es seine Position erläutern kann. Nämlich:

1: Ich verstehe dich: Ich stehe – an meinem Ort, er kann nie ganz der deine werden – für dich; will sagen: *zu deinen Gunsten;*

2: Ich verstehe dich: Da, wo ich stehe, stehe ich für dich; nämlich: *anstatt deiner.* Damit du nicht da zu stehen brauchst, wo ich jetzt stehe. Ich verstehe dich, d. i.: *Ich vertrete dich,* als dein Stellvertreter.

3: Ich verstehe dich: Das *ver...* in der Vorsilbe schliesst von seinem Namen her wesenhaft in sich den *aufhebenden* Hinweis. Ver... führt immer einen Akt an sein Ende (verlassen, vergessen, verbrennen, verschweigen, verdauen). Danach ist fertig – die Handlung ist beendet, und die Sache, um die es ging, ist erledigt, sie ist exekutiert. Der Auftrag, der zuvor bestanden hatte, ist hinweg.

So auch das Verstehen: Es zeigt das Ende des Fürstehens an; es weist auf dessen Endlichkeit. Das ist die hintergründig wirkende Bedrängnis im Verstehen: Es endet im Leeren.

Stehen, wenn es, gegen alle Bedingungen der Natur und seiner situativen Voraussetzungen, darauf aus ist, ein gleichzeitig gleichortiges beidseitiges Stehen in die Wirklichkeit zu bringen, schliesst von seinem Wesen her, unabänderlich deshalb, die Gewalt der integritätszerstörenden *Ein*dringlichkeit mit ein, und es bringt mit sich ein solches Mass an *Durch*dringung, dass Erschöpfung – der Verstehenden gleichwie des Verstehens – dessen gewisser Ausgang sein muss; und binnen Kürzestem. Verstehen als das Vorhaben, sich dort hinzustellen, wo schon jemand steht, kann, wenn ernst genommen, nicht von Dauer sein. Allzu anspruchsvoll ist es in seiner Forderung nach Gegen- und Gleichsinnigkeit, in seiner Intensität. Verstehen initiiert einen Prozess, welcher aus seiner Natur heraus: diesem *Ver...*, und das ist dem *Zer...* so nahe, jedesmal, kaum angegangen, alsbald erlischt. Und wenn es nicht zum Erlöschen kommt, so endet, resp. ver-endet es in der Verödung der Langeweile; und darin dann, wenn die Erschöpfung ins Leere ausläuft, liegt das Schicksal der ver... *(nichtenden)* Wirkung dessen, was man rechtens Verstehen nennen muss.

Und dennoch trachtet, was sich begegnet, danach, dass sein Zusammenkommen, dem ephemeren Zufall enthoben, *Wirklichkeit* werde. Wirklich wird es aber erst dadurch, dass die einander Begegnenden zu Partnern werden – und das werden sie, wenn sie sich ihre Beziehung gegenseitig bestätigen. Dann – und dann einzig – kann von Verstehen die Rede sein. –

Und da es nicht mit Stehen gelingt, muss ein anderes hin-gestellt werden: etwas, das Verständigung ermöglicht und sich in Anrede und Antwort teilen, hernach paaren lässt.

Was hin- und zurückgeht als Anrede und Antwort, das können Worte sein – Worte, noch einmal, die in derselben Sprache, im nämlichen System zu reden haben; Sprach-, also System-Immanenz macht nicht nur das Wesen des Verstehens aus, es ist dessen Definition. Es müssen aber nicht Worte, es können allerlei Zeichen sein, wenn sie bloss von beiden Seiten, anredender gleichwie antwortender, in derselben Art von Zeichengebung gehalten sind. Vieles ist wortlos möglich, und nicht minder genau, und nicht minder eindringlich in seiner verstehenmachenden Wirkung als die differenzierteste Wortsprache. Und ebenso genau beantwortbar.

Wie, das will ich jetzt zeigen.

Gestalten und Variationen des Verstehens

Der Lotse ruft einen Flieger an, und der Flieger antwortet: Dieser Akt des Verstehens ist nach Wesen und Auftrag so einfach und eingleisig, aber er trifft auch so genau den Vorgang des Verstehens, dass er kaum irgendwelche gründlicheren Erwägungen oder Erläuterungen hermeneutischer – auslegungskundlicher – Art für sich beanspruchen dürfte. Und um dieser genauen Simplizität willen haben wir uns von diesen zwei Gesprächspartnern mit ihrem umschriebenen Verstehensbezirk ins Thema einführen lassen.

In einem so einfachen Modell der Paarung von Anrede mit Antwort, dem Schaukelspiel gewissermassen des unveränderlich Gleichen, zeigt sich aber nur das Grundschema dessen, was Verstehen ausmacht, nicht jedoch dessen Vielfalt und Reichtum. Begegnung im selben Raum, im nämlichen System also, erschöpft sich keineswegs als Hin- und Zurückgeben des spiegelbildlich gleichen Textes, mitnichten: Verstehen ist nicht, just nicht, zweimal gleichartiges Verweilen beim immer Gleichen. Es ist nur – man wolle bitte den Unterschied gut beachten – beidseitiges Verweilen im selben Raum. Im selben Raum kann man einander manch Verschiedenes sagen. Also: Verstehen vollzieht sich systemgleich (das ist notwendig, ja definitionsgemäss so), aber keinesfalls unbedingt wesenhaft auch textgleich.

Dergestalt spiegelbildlich textentsprechend wie im ersten – dem von den beiden um unseren Fluglinienkurs Nummer 331 und dessen sichere Landung besorgten Partnern vorgelegten – Beispiel, läuft nur die erste von drei möglichen Gestalten des Verstehens ab, d. i. jene Form, die man am genauesten und treffendsten als Vorgang des *Begleitens* zu beschreiben hat. Be-gleiten, das zeigt sich als das Mit-Gleiten in derselben Form, Richtung und Intensität: So, wie du gehst, ebenso gehe ich – gleite ich – mit dir an deiner Seite. Ich bestätige *dich,* indem ich, begleitend, *dein Tun* begleite. Dein Sein kann ich ja nicht begleiten, noch auch dein Dasein. Was ich kann: präsent sein. Aber das musst du merken, und ich muss es spüren. Dies beides, Merken und Spüren, gelingt nur motorisch: im Tun. Und: im Tun des Gleichen[1].

Verstehen heisst Antworten: Aus der Begleitung und vermittels ihrer hast du Gewissheit, du bist nicht allein; woraus sich für dich ergibt, *dass* du bist! –

Allerdings, damit weisst du noch nicht, *wie* du bist und *wer*. Um dir hierüber den Raum der Gewissheit zu zimmern, brauchst du mehr als Bestätigung *des* Gleichen *im* Gleichen. Da ist es nötig, dass der Vorgang des Begleitens noch durch zwei weitere Akte bereichert wird, welche – auch sie beide – sich im nämlichen Raum vollziehen wie die Anrede, jedoch im Text der Antwort die Gestalt der Anrede verändern. Also: in derselben Sprache zurücksagen – aber: in dieser selben Sprache (in der man angeredet wurde) etwas anderes sagen. Folglich, und nochmals sei es festgehalten: nicht deren System, nicht also den Raum verändern oder verlassen, in welchem angeredet wurde, sondern *den Text* des Gesagten – den Text und nicht die Sprache.

Diese beiden Weisen von Anreicherung, die dem einfachen, textgleichen Begleiten beizuordnen sind, heissen: das Erweitern und das Stören.

Wenn die Antwort den Anrede-Text ausdehnt über den von ihm angebotenen Inhalt hinaus, so bezeichnen wir diese Form von Antwort als *Erweitern*. Als Erweiterung des gemeinsamen Raumes.

Erweitern: Du gehst. Ich gehe mit dir. Aber nun lasse ich mich, entgegen dem Akt des Begleitens, nicht lediglich von dir auf deinem, dem von dir vorgehabten Weg mitführen, nicht also gleite ich mit dir – dir nach –, sondern ich nehme deinen Schritt auf und führe ihn, meiner eigenen Eingebung folgend, über seine eingelaufene Richtung hinaus; Nebenwege bereichern deinen Weg und lassen uns, mich und auch dich, erfahren, was für weitere Aspekte der von dir vor- und eingeschlagene ursprüngliche Weg zu erschliessen vermag: neue An- und Aussichten – aber gewonnen auf dem von dir gegangenen und von mir gezeigten Weg. Aussichten, die du selber da, wo du doch gehst, noch nicht gewonnen hast. So zeigt sich durch den Akt des Erweiterns die Anrede als Anregung, und von daher ergibt es sich, dass der anredende Partner sich selber als ein Anreger wiederfindet; als Anreger des ihm Antwortenden wie auch seiner selbst. Sein Weg – der Weg, den er gegangen ist – hat, vermöge des Weiter-Gehens neue, zumeist noch unbekannte Bereiche begehbar werden lassen.

Noch ehe wir die dritte Art von Antwort (das Stören) hier vorlegen, sollen die beiden soeben beschriebenen Formen, das Begleiten und das Erweitern, durch illustrative Zugaben erläutert sein. Was das ist, Begleiten, und was dies, das Erweitern, das kann man anhand einfachster Zeichnungen darstellen. Etwa so, dass man die Anrede durch einen willkürlich, wie zufällig hingeworfen erscheinenden Strich darstellt. Ob willkürlich, ob hingeworfen oder nicht: Wenn dieses Strich-Gebilde nun durch ein ebensolches beantwortet wird, gibt es, vermöge Antwort, die Natur von Zufälligkeit, von Hingeworfensein auf. Von nun an, da auf deinen Strich durch meinen Strich, der Vorlage getreu, geantwortet worden ist, seit nun geht es nicht mehr an zu sagen, dass dein Strich auch anders aussehen könnte, als er jetzt aussieht; wie sehr du selber dein Strichgebilde auf Zufall zurückführen magst. Begleitende Antwort leitet den Zufall über sich selbst hinaus. Antwort macht Anrede wesentlich, auch wenn sie zuvor für unwesentlich gegolten haben sollte. Antwort macht Strich zu Linie. Die antwortende Person macht, einzig aus dem Akt des Antwortens heraus, die anredende Person zu einer wesentlichen Person. Die Antwort macht aus der anredenden Person einen anredenden Partner. Durch nichts anderes als durch den Vorgang des Antwortens, auch wenn dieses Antworten sich darauf beschränkt, die Anrede zu begleiten.

Einfacher, als die Abbildung es vorlegt, kann man das nicht zeigen. Die Anrede stellt sich dar als Strich. Zur Antwort wird ebenfalls ein Strich gemacht. Strich zu Strich: Jetzt ist der erste Strich nicht mehr allein; er hat einen Gefährten gefunden: den zweiten Strich, den antwortenden Strich, und mit diesem ist nicht nur dem (ersten) Strich Gefährtenschaft erwachsen, sondern auch der Person, welche diesen Strich aufs Papier gegeben hat. Dies ist bezeugt durch den zweiten, den antwortenden, den begleitenden Strich. – Und noch etwas lässt der hier so einfach dargestellte Schematismus – Strich neben Strich, gleicher Strich neben gleichen Strich gesetzt – erkennen: Mag der erste Strich ein Produkt des reinen Zufalls sein (wir unterstellen für den Moment, dass es so etwas gebe), mag man sich mithin vorstellen, dass ebenso gut, wie dieser hier vorliegende Strich jetzt erscheint, irgendein anderes Kritzelgebilde aufs Papier hätte geworfen werden können – wie auch: Dadurch, dass ein zweiter, akkurat gleich gestalteter Strich hierher gesetzt worden ist, ein anderer, antwortender Strich, verliert der erste Strich alle Belanglosigkeit gleichwie Zufälligkeit. Jetzt steht das Strichpaar da und ist ein Linienpaar geworden, nicht mehr auszuwischen, nicht mehr wegzudenken, und dies nicht auf Grund dessen, dass jemand diesen Strich – oder die Absicht, die zu seiner Aufzeichnung geführt hat – oder auch die Person seines Zeichners – interpretiert hätte, just nicht, sondern, viel einfacher und viel wesentlicher zugleich, lediglich vermittels dessen, dass da jemand *mit* Strich *auf* Strich geantwortet hat. – Nochmals: Da ist nichts von Erweiterung, nichts also von irgendwie gearteter oder nur intentionierter Zutat; da steht Strich neben Strich, so kongruent wie möglich. Weniger geht nicht, und dennoch ist diese Antwort in ihrer Kargheit und Einfachheit genug, um dem initialen Strich, samt seinem Streicher, zu vergegenwärtigen: Es gibt dich.

Nichts weiteres ist beigefügt, nichts ist hinweggenommen worden. Namentlich auch hat, der da neben den ersten Strich einen zweiten Strich gesetzt hat, keinen Anlass gefunden, dem Hinsetzen seines antwortenden Striches irgendeine Frage vorausgehen zu lassen, also etwa zu fragen: Warum hast du da einen Strich gemacht? – Oder auch: Was bedeutet der Strich? – Noch vielleicht: Was erwartest du von mir, dass ich tun soll? – Vielmehr hat er – Verstehen heisst Antworten, jetzt und manches Mal noch – seinen Stift genommen und Strich neben Strich gesetzt. *Jetzt* ist verstanden, vermöge Antwortens; vorher konnte nicht verstanden werden, es waren die Bedingungen dafür nicht gegeben. Und nun, da der Strich hingesetzt ist, zeigt sich: Mehr ist nicht gefordert. Verstehen – hier, in dem vorgelegten Beispiel: nicht ein worthaftes, sondern ein zeichengegebenes Verstehen – hat sich bereits vollzogen; unversehens wohl, und vielleicht auch unvermutet, und eben deshalb so intensiv, so eindringlich verstehen machend. Ob Wort oder Zeichen: Wo Antwort möglich ist, kann Anrede geschehen – vollzieht sich Verstehen. «Die Nachfrage macht das Angebot» – wie genau richtig! Und aus der Ökonomie auf hier übertragen: Es ist die Antwort, die es fertigbringt, aus der Expression eine Anrede zu machen. –

Wenn nun aber jemand daherkommt und erklärt: Das war keine Anrede, dieses erste Hinsetzen eines Bleistiftstriches, das war nichts – nichts anderes, genauer gesagt, als Expression, Ausdruck oder, Expression also wörtlich übersetzt, blosse Heraus-Drükkung, -Pressung ohne allen Sinn, somit hat das ex-primierende Wesen auch keinerlei Reaktion, namentlich nicht eine irgendwie geartete Antwort erwartet, und bitte Sinn nicht zu unterstellen, wo ich, Exprimierender, keinen Sinn suche – wenn jemand so argumentiert, so kann man ihm zunächst recht geben. Und danach beifügen: Genau so mag es sein; wie du sagst: Es hat keinen Sinn gezeigt, vielleicht keinen gehabt. Es hat auch gewiss schon nichts beabsichtigt. Und am wenigsten hat es erwartet, dass es Antwort finde. Jedoch: Verstehen ist Antworten, und folglich macht Antworten das Verstehen. Und folglich bewirkt die Antwort ipso facto, dass das, was sie auslöst, zur Anrede wird, auch wenn es nicht Anrede ist – oder war. Und vermag das aus sich selber heraus, aus nichts sonst. Dadurch, dass im gleichen Raum ein zweites Mal Gleiches getan worden ist wie zuvor – damit also, dass mit Expression auf Expression reagiert wurde –, hat die primäre Expression ihren Charakter verändert: ist daher aus «purer» Expression anderes und zwar mehr, Anrede nämlich, geworden. Wo aber Expression (durch das Mittel der Antwort) zur Anrede *(gemacht)* wird, da ist, aus sich selbst, in der Leere des Nichts, ein Raum des Verstehens, und damit von Beziehung, erzeugt worden – ohne, ein weiteres Mal sei es gesagt, alle weitere Zutat; ohne, namentlich, Fragen, ohne Kommentare, ohne dass zum Verstehen selber noch etwas gesagt wird. Antworten, das *ist* Verstehen. –

Wer jetzt statt der hier beispielhaft vorgelegten «Expression Strich» irgendeine andere Art von Expression hinzu denkt, dem wird sich dasselbe Phänomen einstellen, wie es sich ihm anhand eines Bleistiftstriches, hingeworfen, aus-gedrückt, exprimiert auf ein Blatt Papier, hat darstellen lassen. Was immer an Expression beantwortbar ist – und es gibt wenig, in der Tat, es gibt kaum etwas, das nicht beantwortbar wäre –, das wird, wenn beantwortet, zur Anrede, darüber zum Verstehen, und hat, einher damit, auch schon Sinn angenommen.

Solcherart Strich neben Strich, Antwort an die Seite der Anrede, Gleiches zu Gleichem gebracht, stellt Sinn sich vor – was für ein Sinn, das ist im Moment noch nicht zu erschliessen, zudem belanglos; ein neuer, d. i. ein Sinn, der sich Vorgegebenem nicht bei- oder unterordnen lässt. Ein solcher also, der nicht von anderswo hervorgeholt und dann, kaum abgestaubt, hier wiederum in Gebrauch genommen werden kann. Den *einen* Sinn jedoch zunächst, und das ist der Sinn, der sich ergibt, wenn die Anrede, per Antwort, zu sich selber kommt, und damit – aktgleich, sinnidentisch – der/die Anredende zu sich.

Actio = reactio: Als die bild- und wirkungsstarken Kräfte der Mechanik zur Weltsache des Menschen wurden, hat diese Gleichung den Weg gewiesen. Actio = reactio/Anrede = Antwort: Was von dir ausgeht, wird wirklich, durch mich verwirklicht; es wird sinnvoll; es wird zu *deiner* Sache dadurch, dass es (von mir) an dich zurückgegeben worden ist. Dann wird es, aus Strich – Gebilde des Zufalls – zur bestimmt bestimmenden, richtungweisenden (d. i. sinnvermittelnden) Linie. Das hat dann, wenn meine Antwort es aufgenommen und an dich zurückgegeben hat, nicht mehr irgendein Zufall gezogen, gut gezogen oder schlecht gezogen, das hast dann du gemacht: so gemacht, wie ich es nachgemacht habe. Auch wenn du alles mehr im Sinne hattest, als es mir vorzumachen.

Es mag an die Klärung des hier zu Beschreibenden beitragen, wenn der Akt des Antwortens als Begleiten noch mit Hilfe eines weiteren Beispieles illustriert wird. Neben das Schema von zwei Strichen, die, vermöge Partizipation eines Anredenden und eines Antwortenden, ein Liniengebilde ergeben, sei ein Beispiel aus der Tonkunst genommen, und mit Absicht ein Motiv, das der populärsten Schöpfung der gesamten Musikliteratur entnommen ist. Die Rede ist von dem aufsteigenden Motiv, das in seiner herausfordernden Simplizität und Offenheit – immer fordernd, dass noch etwas nachkomme und die Melodie, die keine ist und doch eine werden will, abschliesse – wie das Markenzeichen seines Trägers und seiner harmlos unbedachten Geschwätzigkeit dahertänzelt, flötelt:

Verstehen heisst Antworten – aber der Vogelfänger wartet nie auf Antwort und entzieht sich – was dasselbe ist – dem Verstehen oder Verstandenwerden ... So meint er, oder behauptet er: bis er, eine Karikatur des alten Pan, der die Mädchen erschreckt und sie doch gewinnen will, das Melodiefragment aus seiner Hirtenflöte, bisher als sinnleer-groteskes Expressionsmittel ausgestossen, zum Anruf, zur Anrede will werden lassen. Er wartet auf Antwort, mag sie spiegelbildlich zurückkommen:

oder auch seitengleich.

Aber von beidem geschieht nichts, und das kostet, auch wenn es noch so burlesk in Töne und Worte gefasst wird, um ein Haar das Leben. Verstehen ist Antworten, und ausbleibende Antwort tötet – auch wenn man Papageno heisst.

Dass man Papageno heisst: das birgt dann gleich schon das Motiv mit sich, in welchem sich Anrede und Antwort – der Anredende mit der ihm sinngleich Antwortenden – zur Sinngleichheit paaren. Das bildet sich ab in dem Pa-Pa-Pa-Duett von Papageno und seiner Papagena. Durch ihre liebenswerte Karikierung gewinnt die Grundthese «Verstehen heisst Antworten» in ihrer einfachsten Form, dem Begleiten (Pa... begleitet Pa...), eine zwingende Bestätigung:

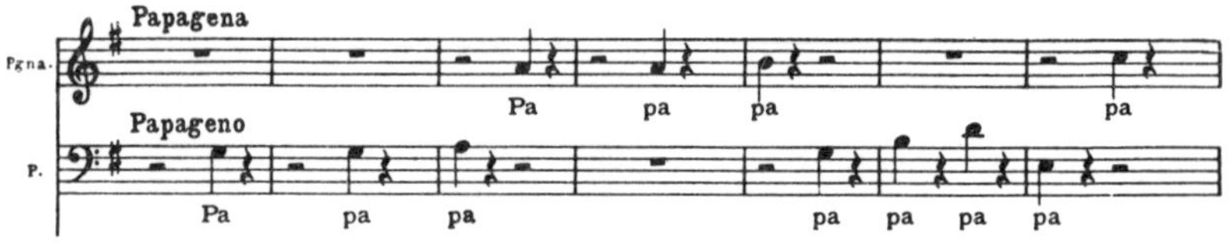

*

Längst wartet mittlerweile die zweite zuvor erwähnte Form des Antwortens, wir hatten sie als *das Erweitern* schon benannt, noch nicht beschrieben, auf ihre konkretisierende Verdeutlichung. – Wiederum soll das zuvor eben benutzte Beispiel zugezogen werden: ein Strich, über das Blatt geführt, als Anrede. Auf sie soll geantwortet werden; und zwar immer noch sinn-, also raum-, jedoch diesmal nicht zeichengleich. Wenn ich – erweiternd – auf dein Zeichen, und es sei dieses wie zuvor durch einen einfachen Strich markiert, zu antworten mich anschicke, so werde ich mich nicht einzig in der Wiederholung des genau gleich gestalteten Striches bescheiden; dann, vielmehr, antworte ich weiter weisend – eben: erweiternd – auf deine Anrede, und über diese hinaus. Immer noch, es sei festgehalten, system-, also sprach-, resp. raumgleich, aber mit systemimmanenten, neuen Zutaten innerhalb dieses Raumes. Bezogen auf das bewährte Strich-Beispiel kann dieser Akt des Erweiterns so zur Darstellung gebracht werden:

Du hast, wie zuvor, mich in einem einfachen Strich angeredet. Dein Anreden wird aufgenommen; die Antwort aber gibt mehr zurück, als sie aus der Anrede bekommen hat. Sie macht etwas daraus – und macht mehr daraus. Aus dem von dir offerierten Strich könnte ich zum Beispiel in meiner Antwort eine Pflanze machen. Oder ein menschliches Wesen.

Dabei verbleibe ich, bitte dies zu beachten, durchaus in der von dir durch deine Anrede gegebenen Dimension. Ich erweitere innerhalb derselben, aber ich füge deinem Strich nichts Systemfremdes, also keine Worte, keine Melodie bei. Deine Anrede sind Striche. Meine Antwort sind Striche. Mehr Striche, andere

Striche – aber immer Striche, mit denen ich dir, dich erweiternd, antworte. –

Meine Antwort ist Zutat. Sie bestätigt deine Anrede. Sie sagt dir: Es gibt dich – weil es deine Anrede gibt. – Jedoch, ungleich der rein begleitenden Antwort, die sich darin bescheidet, behutsam mitgehend zu konfirmieren: «Es gibt dich, und meine Antwort sagt dir auch, dass es *dich für mich* gibt», tut die Antwort, wenn sie erweitert, noch ein mehreres. Nämlich sagt sie:

Deine Anrede – in unserem Beispiel also der Strich von deiner Hand – trägt in sich die Kraft, Erweiterungen anzuregen. Potentiell gibst du es mir also aus deiner Hand in meine Hand, den zunächst vielleicht «leer» scheinenden Strich, den du anbietest, so zu erweitern, dass sich mir daraus die Linien entwickeln, aus denen etwas Neues: eine Pflanze unter Umständen oder ein menschliches Gebilde, wird.

Nicht unterstelle ich mit einer solchen Antwort, dass du, als du einen Strich «gesagt», resp. gezeichnet hast, etwa eine Pflanze oder ein Menschlein habest abbilden wollen, ja dass du auch nur irgendwann an etwas dergleichen gedacht habest – keineswegs so! Ich sage durch meine erweiternde Zutat einzig dies – aber immerhin dies und nicht weniger als dies eine: dass *deine* Anrede es vermag, *mich* zu Weiterem, also dem Darstellen von Pflanze oder Mensch, anzuregen. In dir ist die Kraft dazu. Das will aber nicht heissen, es sei in deiner Linie auch schon das behalten, was ich aus ihr mache. Das Vermögen des Anredenden, im Antwortenden etwas zu erwirken, weist ohne Grenzen weit über seine eigenen Intentionen hinaus. – Es kann deshalb auch sein – und kommt häufig vor –, dass du, der Anredende, meine Antwort aufnimmst und nun, auf meine Antwort deinerseits antwortend, vielleicht etwas wie dieses daraus machst:

18.10.91

Nein, das sollte also nicht eine Pflanze sein, auch kein Mensch, was du in deinem Strich anredend an mich herangetragen hattest und ich, von dir in Bewegung versetzt, in meiner Antwort daraus entwickelt habe, sondern – nun, was auch immer mein jetzt eben dich anregendes Anreden dir eingeben mag. Was es auch ist, das in dir ein Weiterführen dessen anregt, das ich dir vorgelegt hatte, allemal wird es sinnvoll, und wird es vermittels dieses Aktes von Paarung aus Anrede mit Antwort: eines Vorganges, den wir als Verstehen zu bezeichnen gelernt haben.

Ob das, was ich zur Antwort auf deine Anrede beigefügt habe, meine Erweiterung also, oder ob dann deine neuerliche Zutat *richtig* sei: darüber kann nicht ich und brauchst auch du nicht zu befinden. Deshalb nicht, weil es keine Kriterien irgendwelcher Art und Herkunft gibt, denen zuzugestehen wäre, sie könnten – dürften – für sich beanspruchen, dass sie über Richtig oder Unrichtig entscheiden. Niemand kann sagen, was das ist: richtig, oder was dieses: unrichtig – falsch gar. Es gibt keine Instanz, es gibt kein Gesetz, um eine solche Macht für sich zu beanspruchen. Von Bedeutung ist einzig dies: Meine Antwort hat deine Expression zur Anrede gemacht; und daraus hat sich in dir die Bereitschaft entwickelt, Äusserungen zu tun, die längst, im Verborgenen schlummernd, darauf gewartet haben, sich mitzuteilen. Vielleicht für immer gewartet hätten, wären sie nicht durch meine Antwort ermutigt worden, hervorzukommen, ihre Eigenständigkeit durch Weiterung meiner Antwort auf deine Anrede bezeugend und diese betonend. –

Zu*tat* ist nicht Zu*stimmung,* braucht sie jedenfalls nicht zu sein, soll sie mit Vorzug auch nicht sein, sondern eigenständige Weiterführung, erzeugt durch das Wechselspiel aus Anrede und Antwort. Diese Weiterung ist nicht minder der Natur des Verstehens zuzuordnen als der einfachere und besser zu überschauende Akt des Begleitens, des gleichen Tuns, des einfachen Mitgehens. Wirklich: Es bezeugt eine bedenkliche und, von ihren Auswirkungen her, fatale Einengung jeder Auffassung von Verstehen, von dessen Freiheiten, Möglichkeiten und Wirkungen, wenn man darauf beharrt, es habe Verstehen einzig bei der Übereinkunft im immer Gleichen zu verbleiben: im gleichen Vorgang, dem gleichen Denken, dem Verweilen also innert der Grenzen des Vorliegenden und Angebotenen, in der Engnis des Gleichklanges, der sich in seinen unmodulierten Sequenzen, mit den Stereotypien des ständig Wiederkehrenden, der Gewissheit einer für prästabilisiert gehaltenen und für immer andauernden Harmonie überlässt.

Die gern geäusserte und noch lieber gehörte Auffassung von Verstehen einzig als Bewahren eines Verhaltens von durchgehend gleichbleibender Kongruenz der Partner findet wohl darin den Grund für ihre Persistenz, dass ein derart einengendes Verstehenskonzept jenen Rausch befördert, den das Verweilen im ständig gleich Bleibenden mit den schlagenden Rhythmen seiner Wiederholungen erzeugt und bewahrt. Das ist es ja, was die Attraktion des Unveränderten ausmacht, seine Erzeugung von kommunikativ orgiastischer Betäubung: Strich neben Strich, Schlag auf Schlag, Silbe nach Silbe, Wort für Wort, und immerfort hin-, dann gleichsinnig zurückgegeben – diese Orgie des Gleichlaufs, des Kreislaufs, des Leerlaufs: in sich, dort, wo es sicher ist und die Gewissheit besteht, nichts Neues kommt hinzu.

Gewiss, dieses Verweilen im Rhythmus kann für sinnvoll und wesentlich gelten, sofern es Ausgangssituation bleibt, der Anfang allen Verstehens, das Einanderprüfen, die Vergewisserung dessen, dass eine gemeinsame Sprache gefunden ist – als Voraussetzung für mehr. Und mehr, das ist: Erweiterung, über das zunächst Gegebene hinaus. –

Jedoch, auch im Akt des Erweiterns findet noch der Prozess von Verstehen nicht seine Grenzen. Dahinter wartet dann eine dritte Form von Äusserung darauf, dass sie beschrieben werde, um die Gesamtheit dessen, was das Verstehen ausmacht, zu umschliessen. Nämlich, nach dem Begleiten und dem Erweitern zuletzt noch: *das Stören.*

Damit ist dann, mit diesem letzten Vorgang, das Verstehen in der Gesamtheit seiner Erscheinungs- und Gestaltungsformen beschrieben. Es setzt das Verstehen sich also zusammen aus der Triade: Begleiten/Erweitern/Stören. Mehr als diese drei Formen von Antwort auf Anrede sind nicht bekannt; mehr sind aber ganz offenbar auch nicht gefordert, um den Vorgang des Verstehens in allen vorstellbaren Situationen sich vollziehen zu lassen. Mehr auch nicht, um ihn in sämtlichen Erscheinungsweisen zureichend genau zu beschreiben[2].

Nun denn: Verstehen als Stören! – Antworten kann Stören

18.10.91

sein: Das hört sich irritierend an, und das soll es. Stören, das ist eine Form des Zurückgebens – des Antwortens –, die einen Bezug hat zur Anrede, deren Anregungen sie aufnimmt und, aus diesen heraus, ein neues Element, ein nicht erwartetes, dennoch systemgerechtes, also sprachgleiches, in den Akt des Verstehens hineinträgt.

Durch einen Schematismus in seiner reduktiven Einfachheit – aber auch Eindeutigkeit – dargestellt, wäre der Akt des Störens abzubilden als Antwort auf den initialen Strich (der ein weiteres Mal die Anrede schematisieren soll) in dem Duktus einer mehrfach geschweiften Linie, durch die ein entschieden und ein sehr genau anders geartetes Moment, eine neue Bewegung in das Gebilde gebracht wird. – Diese unerwartete, unerwartbare Zutat ist weder Zustimmung, noch liefert sie Beigabe im Sinne der eben beschriebenen Erweiterung; vielmehr stellt – stemmt – das Störende sich dem entgegen, was man sich als Antwort erwartet.

Jedoch, die störende Linie bildet in ihrem Lauf auch nicht lediglich eine blanke Verneinung der Initialgeraden ab – weder dialektisch noch dialogisch –, sondern sie offeriert, von den Geraden angeredet und durch sie angeregt, eine entschieden gegenläufige Linie. Verquer entgegen laufend jedoch mit solcher Wirkung, dass sie Form, Duktus und Ausrichtung der initialen Linie aus ihrem Anderssein heraus um so deutlicher hervorkommen lässt und, vermittels Querlaufes, in ihrem Lauf bestimmt. Erst durch den anderen Verlauf der störenden Linie kommt die Initiallinie zu ihrer Gewissheit; zu dem *so und just nicht anders.*

Stören behaftet also, entschiedener als Begleiten und Erweitern es vermöchten, durch die Natur seiner Antwort erst die Anrede. Mag diese sich vordem gleichsam zufällig vorgekommen sein – ich habe so gesagt, ich hätte auch anders sagen können –, so wird das So sich jetzt, unter der Wirkung des Störens, verbindlich gegenwärtig, was es gesagt hat. Und von jetzt, von dem Augenblick an, da das Stören eingewirkt hat, kann es sein So nicht mehr der Willkür des Zufalls überlassen. Und dies in solchem Sinn und Mass, dass nicht nur du dir jetzt vergegenwärtigst, dass du so (nicht anders) gesagt hast, sondern vor allem: dass du *der bist,* der so sagt (und nicht ein anderer). Als dieser hast du dich bei mir eingeführt. Als dieser bleibst du gegenwärtig.

Der Akt des Störens verliert seine genaue und verbindliche Hinweiskraft, wenn man ihn der Negation an die Seite, gewiss schon wenn man ihn dieser gleich setzt. Dies deshalb, weil das scharfe und zugleich plumpe Nein zunächst einmal ist: die dumpf globalisierende Nichtung dessen, was in der Anrede zu Wort und Zeichen gekommen ist. Wogegen der Verlauf des Störens nach Intention und Ausrichtung, obwohl vielfältig, dennoch eindeutig ist, behaftbar im Text seiner Störung. «Nein»: Das hat nichts an sich, womit es zu sich selber stehen könnte – weder vom Inhalt des Wortes her noch mit Hinweis auf die Person des Negierenden. Wogegen das Stören sich zu dem Akt bekennt, den es in Gang bringt. Das Störende sagt nicht nur «nein»; es sagt: «anders» – und findet sich damit auf-, ja herausgefordert, Ausrichtung, Sinn und Inhalt dieses Anderen verbindlich zu bestimmen; und dann auch zu dem zu stehen, was es bestimmt hat.

Damit wird deutlich, was es besagt und wohin es führt, wenn man das Stören als wesentlichen Anteil in den Vorgang des Verstehens hereinholt. Stören ist Anreichern des Laufes durch Gegen-Lauf. Es erzeugt eine Ver-Gewisserung, und dies im genauen Sinn des Wortes als Gewisswerdung dessen, wie der Lauf läuft; und weshalb so, und warum nicht anders. –

Wenn schon gesagt wurde: Verstehen setzt sich zusammen aus der Triade Begleiten, Erweitern, Stören, so sind damit jene Möglichkeiten, mitsamt ihren Verwirklichungen, beschrieben, die sich – dem Akt des Verstehens konform – antragen, um in der Beziehung auch die Abgrenzung zu erzeugen. Ohne Stören kann Abgrenzung nicht gelingen.

Soeben ist der Akt des Störens durch Vorlegen eines graphischen Modells sinnfällig gemacht worden: einfach, aber auch etwas einfältig in der Plumpheit, die jedem Schematismus zugehört. – Jetzt soll ein eindrücklicheres Beispiel vorgelegt werden. Es trägt den Titel *Reklame* und hört sich so an:

Wohin aber gehen wir
ohne sorge sei ohne sorge
wenn es dunkel und wenn es kalt wird
sei ohne sorge
aber
mit musik
was sollen wir tun
heiter und mit musik
und denken
heiter
angesichts eines Endes
mit musik
und wohin tragen wir
am besten
unsere Fragen und den Schauer aller Jahre
in die Traumwäscherei ohne sorge sei ohne sorge
was aber geschieht
am besten
wenn Totenstille

eintritt[3]

Man scheut sich, ein Wort beizufügen an diesen Text, zusammengesetzt aus Anrede und Antwort – die Antwort aber beschränkt sich durchgehend und mit konsequenter Genauigkeit darauf, den Inhalt der Anrede zu stören. Ihn zu akzentuieren durch genau ausgerichtete, interferierende Gegenrede, bis nicht mehr zu bestimmen ist, welche Rede wessen Rede stört. Was wodurch gestört wird. Daraus spricht das Aufstörende. Das Offenlassen ist das Einsichtsbefördernde an diesem Text. Dadurch erst bekommt die Anrede Sinn und Gewicht; dadurch erst nimmt sie Verbindlichkeiten an. Dadurch wird sie genau, und mit ihr wird genau, sinnvoll und gewichtig auch die Person, die so anredet.

Seine besondere Tragik entwächst dem eben zitierten Text von Ingeborg Bachmann daraus, dass hier (ähnlich den zuvor angeführten Beispielen aus der Tonkunst, aber diesmal besonders eindrücklich nachvollziehbar) Rede und Gegenrede, Anruf und Antwort, die Offerte und deren Störung nicht durch zwei Gesprächspartner markiert sind, sondern dass sie durch die Feder *einer* Hand geflossen sind: der Hand, die, in ihrer Verlorenheit, beide Instanzen, die anredende gleichwie die antwortende, in sich versammelt und den Text als *Aussage* vorgelegt hat. Anrede und Antwort als innere Zwiesprache: Auf die Dauer kann solch ein Kreislauf sich nicht selber in Gang halten. Irgendwann richtet dieses Spiel sich gegen die Spielende. Und dann wird Stören zum Zerstören. Dann erlischt der Versuch, an der Antwort Gewissheit zu wahren, im Schauer der Stille, von der Ingeborg Bachmanns Gedicht redet. –

Aber in dem *kommunikativen diadischen* Akt des Verstehens kann Stören die Kräfte bewahren und – vor allem – das *Zer*stören gleichwie das Sichselbstzerstören vermeiden. Und besser vermeiden als irgendein Akt sonst. Dies deshalb, weil unter den drei Verstehensformen einzig das Stören etwas von der verführerischen, ja faszinierenden Kraft ahnen lässt, die nun einmal – schlimm, dass man es zugestehen muss, unverzeihlich, wollte man es verschweigen – von der Macht des Destruktiven zu allen Zeiten auf alle Menschen ausgegangen ist. Die Andeutung von Wesensähnlichkeit, die auch in der Namengebung (Stören/Zerstören – disturb/destroy) zu Worte kommt, mag es sein, die das Destruktive sich im Responsiven wieder-erkennen macht.

Ein weiteres Mal bietet sich jetzt der Schematismus der Bildsprache, der eben von uns selber verunglimpfte, an, diesmal um zu erläutern, wie man sich den Vorgang des Zerstörens vorzustellen hat. Bei aller Trivialität kann dabei das Schema auch den verdeutlichenden Hinweis geben, dass sich das Zerstören nicht allein in Äusserungen von stumpfer, unmittelbar vernichtender Gewalt merk- und erleidbar macht, nicht also nur durch all die viel zu bekannten und schon alltäglich zu nennenden Methoden von Terror, von sicht- und fühlbar sich äussernder Grausamkeit zu erkennen gibt. Nicht nur wirkt nämlich Zerstören vorwiegend so:

will sagen: nicht lediglich mit der Absicht auf plumpe, grobe Auslöschung, nicht faschistisch allein, nicht nur in der sogleich geschehenden Vernichtung von Bestehendem und Sichentwickelndem. Das Zerstören, vielmehr, hat für seine Zwecke auch feinere Methoden gefunden – gediegenere –, mit denen es seine auslöschenden Wirkungen ins Spiel bringt. Und das sind, weil sie sich weniger auffällig gerieren und ihre Absichten nicht sogleich zu erkennen geben, auch die gefährlicheren Kräfte, über die das Zerstören verfügt.

Diese Kräfte kommen wie folgt ins Spiel: Es wird die Rede, die Handlung (hier, wie stets, durch den Lauf des Striches zur Illustration gebracht) quasi antwortend aufgenommen. Ganz so, wie es für den Vorgang des Begleitens geschildert worden ist, greift also struktur-immanent, den Duktus der Anrede gleichwie deren Inhalt wiederholend, das Spiel, welches jetzt Antwort imitiert, die Züge der Anrede auf. Dann aber gibt diese Travestie von Antwort, deren Mummenschanz, ihren Text nicht mehr an den Anredenden zurück, sondern führt sie, verselbständigt, weiter. Was dann daraus wird, ist die Groteske der Anrede, sie selber, unverkennbar, aber mit dem tötenden Gift der ihr inhärenten Lächerlichkeit geimpft und, obgleich in ihren Grundzügen genau auszumachen, ja nachzuzeichnen, schliesslich bis zur Unkenntlichkeit aufgebläht.

So kann das anredende Wesen, aus seiner Anrede heraus und vermittels ihrer, an sich selber zerstört werden, durch das Mittel seiner eigenen Expressionen. Diese Art von Zerstörung, das responsive Travestieren bis tief in die Grube der eigenen Absurdität, scheint mir die grausamste Form von Zerstörung zu bergen. Die bösartigste jedenfalls, was die dahinterstehende Absicht angeht.

Anhand eines Strichbildschemas und in dessen trivialer Eindeutigkeit soll dieser Prozess sichtbar gemacht werden:

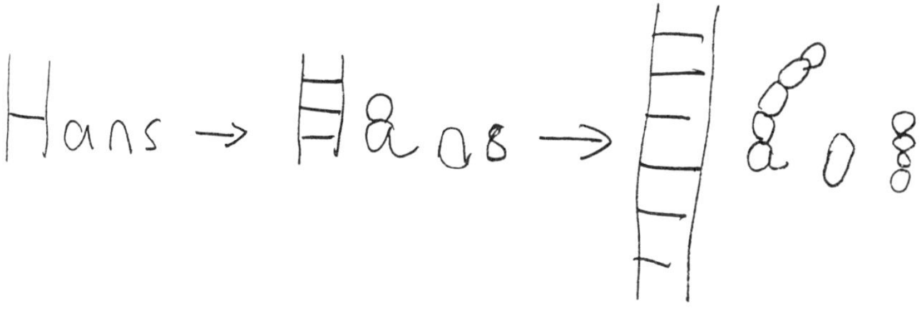

Jetzt kann man mitverfolgen, was sich hier abspielt in diesem Akt von Zerstörung durch travestierende Weiterführung des Anredetextes: Was sich zunächst anhört (-sieht), als wäre es Antwort in Gestalt des Begleitens, geläufig als Übernahme des Angebotes, das umwickelt, umspinnt, durchzieht, oft zunächst unbemerkt, was es aufgenommen hat. Es tut dies in alle Richtungen, drum herum, durch hindurch, immer mit der Attitüde der Anrede als leitender Formel, und gibt das anredende Wesen sich nicht eher zurück, als bis das Werk der Zerstörung beendet ist.

Mag längst das anredende Wesen noch für Antwort nehmen, was nie als solche intendiert gewesen ist – bis es endlich innewird, was ihm da widerfährt, entdeckt es sich immobilisiert: eingepackt in die Groteske seiner eigenen Kundgaben; lächerlich also aus den Zügen seines Wesens heraus, in der Entstellung sich selber – verzeichnet – wiedererkennend, und deshalb hilflos.

Jedoch, man darf nicht übersehen, dass der Vorgang des Zerstörens, wenn er in seiner differenziertesten und nachhaltigst wirksamen, daher auch gefährlichsten Form, der eben beschriebenen, daherkommt, den Prozessen nicht fremd ist, die wir zuvor als Triade des Verstehens zu beschreiben hatten. Die zerstörende Übernahme von Anredensweisen in gestaltimmanenter Fortführung derselben – diesmal bis hin zur Travestie, bis in die Groteske: Nein, das ist nicht so gänzlich unterschieden vom Verstehen, diesem vielmehr verwandt, und zeigt sich ihm bisweilen erschreckend nahe, bar der Mittel, durch die es sicher und zuverlässig vom Verstehen unterschieden werden könnte. Dann kommt es so heraus, dass das Weiterspielen, -spinnen des Anredens sich unversehens in seiner bösartigsten Verzerrung wiederfinden kann. –

So ist das: Antworten, das – bis zur Synonymität – befördernde Element des Verstehens, kann sich, *aus demselben leitenden Prinzip heraus,* ins Zerstören wandeln. Und es kann sich ergeben: Was mit der Absicht auf ein Verstehen begonnen hat, wandelt sich, unter der Zeit, ins Zerstören, ohne dass es, wohlgemerkt, dabei seine Methode zu ändern brauchte! –

Einer Untersuchung des Verstehens gebührt es, dass sie emotionsträchtige Begriffe wie Liebe und Hass, so lange, als es möglich ist (lang ist es nicht möglich), aus ihren Darstellungen ausschliesst. Wer bis dahin gefolgt ist, dem steht es frei, dass er sich selber seine Gedanken darüber entwickle, inwiefern und nach welchen Gesetzen es zugehen kann, wenn Liebe sich (bei gleichbleibenden Regungen, zwischen unveränderten Charakteren!) in Hass umwandelt: Was hier vorgelegt wurde, liefert keine Erklärung, es zeichnet nur eine Illustration dessen, wie man sich so etwas vorzustellen hat.

Es ist kein Anlass gegeben, sich von solchen Feststellungen erschrecken zu lassen. Wenn man erkennt, was da geschieht – und wie es, der Einsicht vorgezeichnet, zugeht, dass Verstehen sich in Zerstören wandelt – dann ist auch ein Hinweis darauf gegeben, wie es gelingen kann, das Zerstörerische ins Verstehen hinein zu nehmen, und erst noch nach Massgabe der Dynamismen, die sich dem Verstehen bewährt haben, unter Vermeidung moralisierender Maximen.

Aber das muss man erkennen: Nicht nur vor der Öffentlichkeit, nicht in der Politik allein geschieht es, dass missliebige und gefährliche Systeme am gewissesten und wirksamsten dadurch zu zerstören sind, dass ihre Methoden sich in der Travestie ihrer eigenen Erscheinungen karikiert finden. Das Besondere, nämlich besonders wirksam Zerstörende an der Sache ist: Die Betroffenen können dagegen nichts tun, weil das Eingeständnis, dass hier travestiert wird, ein weiteres Eingeständnis, wie lachhaft nämlich das angepeilte Objekt schon immer gewesen ist, nach sich zieht.

Und nicht auf dieses Beispiel allein darf man sich beschränken, wie sehr es sich auch aufdrängt; vielmehr sollte man bedenken, dass die Überwindung des Bedrängenden und Behelligenden in den weitesten Bereichen der Somato-, Psycho- und der Soziopathologie sich Regeln zum Gebrauch erworben hat, die dem bisher beschriebenen Vorgang – Zerstörung durch die Methode der Travestie als Extremform begleitenden Verstehens, und von diesem abgeleitet! – nicht fremd sind.

So verhält es sich denn und kann nicht übersehen werden: Der Lauf des Verstehens ist schwierig und sehr unsicher, er führt über einen engen Grat, und immer muss, wenn Verstehen angestrebt wird, vergegenwärtigt bleiben, dass dieser Vorgang aus sich selber, nicht aus fremd hinzukommenden, sondern aus seinen eigenen Methoden heraus, in der Zerstörung enden kann. –

Es sei nochmals gesagt und verbindlich festgehalten: Die Rede ist hier, wie durchwegs in diesem Buch, vom Verstehen als dynamischem Prozess. Als Auslösung eines anderen dynamischen Prozesses. Als Antwort auf Anrede. Unter solchen Bedingungen wird Verstehen zu einem risikoreichen und gefährlichen Unternehmen, und wenn es misslingt, dann kann es aus dem Begleiten ins Zerstören hinüber gleiten.

Manchmal wird Verstehenslehre als etwas anderes aufgefasst: als beschauliches Auslegen eines Objektes, von dem, das ist Voraussetzung, verlangt wird, dass es schön stillhält, wenn man ihm nähertritt. Das kann ein ausgeklügelt Buch sein oder ein Gebilde in Öl, eingefasst von Goldrahmen; vielleicht etwas aus Marmor. Unter solchen Bedingungen bleibt Verstehen ein beschauliches Geschäft.

Zeigt es sich jedoch, dass der Gegenstand des Verstehens sich regt – und unversehens ist zu merken: das da lebt, es redet an, es antwortet und richtet, ungleich dem Marmorgebilde, erst noch seine Antwort auf den Anredenden aus und wandelt sich gemäss dem Inhalt seines Textes –, dann erweist Hermeneutik sich als Abenteuer von besonderer Art, voller Gefahren und reich an eigenen Schönheiten.

Ob Nachtigall, ob Lerche

Verstehen ist: Zurückgeben in der Sprache der Anrede, innerhalb ihres Systems. Geschehe es durch Begleiten, unter Wahrung also des Anredetextes, sei es in der um Erweiterungen angereicherten oder durch Stören veränderten und profilierten Form: Immer hat das Verstehen es wesenhaft an sich, dass es auf beiden Seiten, von Anrede gleichwie Antwort her, sprach-, d. i. systemgleich bleibt. Die Sprache der Antwort ist die Sprache der Anrede[1], und es ist kein Platz für Übersetzerarbeit irgendwelcher Art. Was sich wandelt unter dem Wechselspiel der Partner, ist einzig der Text.

Man kann also sagen: Verstehen ist bezeichnet durch System-Immanenz; es sei durch sie definiert. Die Antwort, wenn sie zurückgeht, übersteigt keine Zäune. Auch nicht, wenn sie stört.

Die Fürstehenden bleiben untereinander in dem Bereich ihrer Verständigung[2]. – Von daher der Name: ver-stehen. Wenn verstanden ist, hin- und zurückgegeben und dann fertig, so ist alles ausgestanden, durchgestanden. Danach vorüber. Und nichts bleibt davon zurück. So, wie, paradigmatisch, das Einander-Anblicken, das (systemimmanent verlaufende) Hin- und Zurückgehen der Blicke erlischt mit dem Augen-Blick, in dem die Blicke sich gefunden haben, so kommt durchwegs das Verstehen mit dem Prozess, der so genannt wird, auch an sein Ende, sosehr die Wortsprache darauf aus ist, die Sprache der Blicke über den Augenblick hinaus zu dehnen.

Woraus sich ergibt: Verstehen lässt, wenn es ausgelaufen ist, nichts zurück. Es verweigert sich jeder Form von Geschichte, des Einzelnen wie der Partner. Es trägt an die Biographie nichts bei, wie intensiv es auch in den Augenblicken seines Ablaufens gewesen sein mag, wie lebhaft von seinen Austragungen her. Und wenn noch so standhaft geantwortet worden ist, es ermattet bald, Verstehen erschöpft sich immer nach kurzem. Von aussen kommt ihm nichts herzu, es verläuft sich in dem Kreis, den es selber angelegt hat, und erschöpft sich darin.

Anrede hin, Antwort zurück – und bald ist es hinweg, und nichts bleibt bewahrt; es gibt nichts zum Mitnehmen. – Das ist es, was die Ernüchterung macht, den Katzenjammer: Von allen Geständnissen, Beschwörungen, auch Auseinandersetzungen bleibt nichts; die Zeit nimmt sie mit sich, insgesamt, ausnahmslos. Und um so gewisser – und um so bedrohender –, wenn Verständigung völlig die Grenzen der Vernunft und der Sinngemässheit hinter sich lässt. Und dann Liebe heisst. Sie ist es, die am gewissesten merkbar macht, am konstantesten, am grausamsten auch, wie unerbitterlich das Schicksal der Verständigung in Hinsicht auf ihren Ausgang ist: wie tödlich.

Die Geschichte aller Liebe ist die Geschichte ihres mörderischen Endes. Und dies ohne eine Ausnahme, eine lange Welt- und Kulturgeschichte hindurch. Liebe ist unvergleichlich viel mörderischer als der Hass. Vom Hass kann man feststellen, es sei ihm die Befähigung gegeben, dass er sich abkühlt: in die Kreativität hinein. Sämtliche Schöpfungen der Kreativität, sofern sie nicht in die geschäftige Produktivität aus- und dort leerlaufen, stellen sich als solche Hass-Kondensate dar. In ihnen schlägt Hass sich nieder, löst sich auf, und durch sie befreit er sich. – Die Liebe kennt vergleichbare Vorgänge nicht; sie lässt es bis dahin nicht kommen. Sie verzehrt, sich selber zusammen mit denen, die von ihr befallen sind. Und dies nahezu ausnahmslos (wobei das «nahezu» nur dasteht, um Situationen auszunehmen, in denen ein System sich der Liebe bemächtigt hat und diese nun befiehlt und reguliert[3]. Wo Liebe als selbständig wirkende Macht herrscht, da verbrennt sie alles – und sie selber mit. Man gehe längs durch die Zeiten und quer durch die Kulturen: Vergebens wird man die Geschichte einer Liebe finden, deren Bericht sich nicht wie von ihrem Eingang her auf ihr tödliches Ende hin angelegt liest. Die Phantasie der Erzählungen kreist dann nur noch darum, wann und in welcher Gestalt der fatale Ausgang sich einstellt. Wen er mit sich reisst. Aber mörderisch ist es allemal, und am grausamsten, wenn es langsam, fast unbemerkt daherschleicht, ohne dramatischen Bruch. Man nennt es dann Gewohnheit, oder Routine, oder auch den Alltag. Diese letzte Spielart von Liebe und Liebestod – Tod in der Liebe gleichwie das Absterben der Liebe in sich selbst –, bei weitem die häufigste, ist zu ihrer besonderen Grausamkeit hin auch noch derart banal, dass die Lyra ihr, entgegen der klangvollen Schilderung aller anderen Verläufe, ihre Akkorde vorenthält. Wenn sie davon zu berichten hätten, würden ihre Saiten nicht, wie sonst, zerreissen, sondern lahm werden. Und das gäbe Katzenmusik.

Jede Verständigung, wenn sie sich neu einstellt – und jedesmal die Erneuerung einer Liebe –, hat es in sich, sie ist darauf aus, sich ausserhalb dieser Erfahrungsregel zu stellen, und daraus den Trotz für ihre eigene Entschiedenheit zu holen. Was bisher war, so sagen die neu Einbezogenen, dem gebührt keinerlei Anspruch, zu fordern, dass es auch hier und jetzt und also für uns gilt. Die Welt hat auf uns gewartet, damit wir ihr beweisen, wie sehr sie sich geirrt hat mit ihren Todesgeschichten von der Liebe. Wir zeigen es: Liebe ist nicht der Tod, sie ist das beständige, ewige Leben.

Diese sanfte, glückliche Illusion, diese, wie auch sonst jede Wahnidee, den Zugriffen der Ratio entzogene wunschvolle Gedankenfügung bewahrt uns am Leben. – Dank solchem verzaubernden Wahn bleibt dennoch das Leben bestehen, zusammen mit der Traube von Hoffnungen um dieses herum. Trostlos wird es erst, wenn versucht wird, Liebe und Wahrheit in eins zu bringen. Wenn die beiden zu einem Untrennbaren zusammengefügt sich hören lassen, dann ist das Morden nicht mehr aufzuhalten. Liebe ist niemals wahr, sie braucht deshalb nicht verlogen zu sein, sie steht einfach ausserhalb der Wahrheit. Jenseits auch aller Erwägung um Wahrheit und Lüge. Und Wahrheit ist von Natur und Anspruch her lieblos, sie kann nicht anders sein, das muss man wissen[4]. –

*

Mit dieser Situation ist zurecht zu kommen; irgendein Arrangement muss gefunden und getroffen werden, damit die vernichtende Wirkung des Verstehens, und namentlich in seiner unkontrollierten Lebensform, die man Liebe nennt, vor der Verbrennung, der sie sich aussetzt, verringert, womöglich aufgehoben werde. Das muss eine Methode sein, welche es vermag, die Intensität, die dem Verstehen eignet, zu mindern, sie abzukühlen und die sich Verständigenden gewissermassen vor sich selbst zu schützen.

Ein solches Verfahren ist zu finden. Aber nicht lang zu suchen. Es bietet sich von selber an. Es scheint dem Verstehen von dessen Anlagen her mitgegeben; man möchte sagen: um die nichtende Wirkung, die ihm eigen ist, zu mildern, und man braucht es nicht von fern herbeizuholen oder -zuzaubern, es stellt sich grundsätzlich von sich aus ein – grundsätzlich, das heisst: soferne nicht die in den Prozess Einbezogenen alles daran setzen, aus eigener Willkür und Zutat seine Wirkung auszuschalten – um der Hitze der Beziehung willen, unangesehen ihres verbrennenden Effektes. –

Diese Methode, angetan und auch berufen, um dem Verstehen, noch in seinen unbesonnensten Formen, durch Abkühlung eine längere Dauer zu überlassen, stellt sich ein durch den Prozess der *Vermittelung* oder *Medialisierung* von Beziehung. Durch ein Verstehen, das seinen Kreis öffnet und den Umgang der Partner um ein Drittes bereichert.

Damit also nicht alles zerfällt, wenn Verständigung erreicht ist, lassen die Partner es zu, dass etwas sich zwischen sie stellt – und wenn nicht dazwischen, dann doch darunter oder darüber. Etwas, oder jemand, worauf sie sich beziehen und das, zugleich, sie auf sich bezieht, welches auch noch, drittens, es ermöglicht, dass sie sich mittels seiner aufeinander beziehen.

Dieses auf dreifache Weise Verständigung ermöglichende und durch Vermittelung bewahrende Dritte sei als *das Mittel* oder *das Medium* bezeichnet[5]. Die so erwirkte Verständigung oder Beziehung kann man folglich eine *medialisierte* nennen.

Abzuheben ist das Medium vom Symbol[6]. Dieses nämlich ermöglicht weder noch bewahrt es Verständigung; es bezeugt sie lediglich. –

Was das ist, ein Vermittelndes oder Medium, und wie es wirkt, das sei sinngemäss an jener Situation von Medialisierung erläutert, von der sich, wenngleich behutsam, sagen lässt, die Natur selbst habe sie herbeigebracht, um an ihr modellhaft zu zeigen, wie sie dafür sorgt, dass Verständigung nicht an sich selber zugrunde gehe. – Diesen Vorgang demonstriert die menschliche Natur auch noch anhand jener Situation, die am feurigsten das Verstehen, nenne man's Liebe, vorführt. Dort geschieht es doch, dass irgendwann, wenn das Liebesspiel, als lebendigste Choreographie von Begleiten/Erweitern/Stören, sich erschöpft – und oft genug die Liebe damit –, «dieses Verhältnis nicht ohne Folgen bleibt». In solch einem Vorgang kann etwas wie der Ruf der Natur zur Bewahrung gehört werden. Und dies vermittels natur-immanenter Medialisierung. Dem Wesen, welches einem solchen Modell von Verstehen in seiner intensivsten Form entspringt, kann noch gelingen, was direkte, unvermittelte Verständigung oft nicht mehr vermag: Es bewahrt das Verstehen, bisweilen vermehrt es dasselbe. Es bringt zusammen, hält beisammen, und die beiden Erzeuger halten zum Kind, selbst wenn sie nicht mehr zueinander halten, und tun es jedenfalls so lange, als dieses hilflos von den Eltern abhängig ist. Oft läuft das Verstehen der Partner wesentlich nur noch über das Kind ab, und die Verständigung trifft gesamthaft kaum noch mehr als dieses. Aber in der Kühle, herbeigeführt durch Dazwischenkunft des vermittelnden Dritten und durch dieses bewahrt, bleibt die Beziehung erhalten, welche man, wenn dabei an die Austragungen gedacht wird, die ihr ein andauernd hohes Mass an Kraft und Dramatik erhalten, Verständigung nennt.

Dann wird der nächtliche Vogelschlag nicht mehr gehört, und es muss auch nicht mehr ausgemacht werden, ob:

> It was the nightingale, and not the lark,
> that pierc'd the fearful hollow of thine ear;

ob es die Nachtigall war oder die Lerche, die der Liebenden banges Ohr durchdrang. – Es war der Säugling, der will Milch.

*

Dieser Nachkomme, oder Zukömmling, gewachsen aus intensivster Beziehung, ihr verbleibend, sie bezeugend und also dazu berufen und fähig scheinend, die Dynamik der Partnerbeziehung durch Weiterung ihrer Kreise aufzulockern, ist freilich selten gesonnen, sich für lang an die ihm zugedachte Aufgabe zu halten. Recht bald entwickelt er eigene Ansprüche, durchaus nicht konform den Hoffnungen, die das Elternpaar in ihn gesetzt hatte, nämlich als Mediator – Ver-Mittler – zwischen seinen Erzeugern zu verweilen und zu wirken. Und er zögert selten lange, die Auffassung von seinen Ansprüchen sogleich kundzutun. Spätestens mit dem ersten Trotzalter lässt er wissen, welcher Art und Ausrichtung diese Ansprüche sind. Er wünscht klarzustellen, dass eigene Vorstellungen von Beziehung ihn lenken und dass irgendwelche Verpflichtungen sonst, von wem sie kommen mögen, ihm nicht gelten. Sein Argument, ausgesprochen oder verschwiegen, gilt unumstösslich: dass man schliesslich sein Einverständnis nicht erbeten habe. Ob er nämlich willig sei, aus der wohligen anonymen Tiefe seines Milchbrunnens in das Gatter der Familie einzusteigen.

Das Experimentum naturae, anhand dessen zunächst belegt werden sollte, was das ist, medialisierte Beziehung, und wofür sie sich einstellt, erweist sich mithin als ein schlechtes Experiment. Es nötigt dazu, auf Experimenta culturae auszuweichen. Und da zeigt es sich alsbald, dass cultura sich dafür von selbst anträgt. Ja dass sie, die Kultur, dieses Experiment *ist*. Dass Kultur umfassend, die Beschäftigung mit ihr und ihren Erzeugnissen – nicht allerdings deren Schaffung! – wesenhaft bestimmt ist dahin, die Partner, sobald sie der Vereinzelung anheimfallen, miteinander zu verbinden, jedoch: sie immer medial zu verbinden. Kultur lässt es zu, dass man sie als *das* Medium zwischen den Einzelnen auffasst, sie als solches geradezu beschreibt. Dies im Sinne, wird man vielleicht nicht umfassend ihre Berufung, gewiss aber ihre Funktion, deshalb auch die Gegebenheit benannt haben, dass sie nicht statt sondern neben aller Barbarei als Lebenselement erhalten bleibt, resp. aus der Asche immer neu erwacht. Und dies von selbst, aus ihrem Wirken als Mittlerin zwischen Individuen, wenn durch Individualisierung der Raum zu klaffen droht, und als Konservatorin einer Verständigung. Die immer neuen Gestaltungen der Kultur sind es, und ausser ihnen nichts, die den Austragungen der Partner ihre Spontaneität und Intensität, damit ihre Unberechenbarkeit, also auch die Gefahren, ihre Lebensgefährlichkeit nehmen und stattdessen der Verständigung, zum Preis gewissermassen für den Verlust an Feuer, die längere Weile des stilleren Glimmens überlassen.

Cultura – Bebauung, Erbauung – dehnt Verständigung und bewahrt sie über die Zeit. Sie tut es dadurch, dass sie die an ihr Teilhabenden nur noch vermittelt zusammenhält. – So sehr gilt diese Bestimmung der Kultur als Mittler-Instanz, dass sie es vermag, selbst solche Verrichtungen, die man als naturgegeben und -bedingt, mithin auch nur naturhaft zu befriedigen auffasst, über sich hinaus hebt auf die Ebene von Kultur. In der Abkühlung liegt dann die verständigungsfördernde Qualität des um Kultur angereicherten – oder verarmten – Grundprozesses. Kultivation widerfährt etwa der Ernährung, wenn diese aus der Aufnahme von Brennstoff, Mineralien, Vitaminen und anderem Unsinn sich, durch den Vorgang der Medialisierung, in die Mahlzeit wandelt, mit all den Ritualien und Verzierungen, die zur Kultivierung gehören. Der Appetit allerdings weicht damit (was beabsichtigt ist). – Deshalb sollte, wer um die Wahrung von Esskultur bemüht ist, sich nicht nur bei MacDonald's ernähren. Um derselben Rede willen ist es aber auch um nichts besser, wenn man es zulässt, dass jemand das Speisen durch Befehle und Verordnungen von Diätkundigen zu steuern beginnt. Sobald nämlich darauf geschaut wird, dass Essen doch auch gewiss für die Gesundheit, für ein langes, vorzüglich auf das (eigene) Wohlergehen bedachtes Leben tauglich sei, hat es schon alle Kultur verloren, damit auch jeden Gehalt, der ihm als einem der bedeutendsten, übrigens auch am höchsten entwickelten Mediatoren zukommt.

Als ein weiteres Beispiel sei noch der Tanz erwähnt: Er kultiviert wesentlich die Akte um die Sexualität herum. Er dehnt sie, er schiebt sie hinaus und bewirkt es, dass die Partner nicht zu rasch der Erschöpfung und auch dem Vergessen unterliegen.

Und weiterhin: Stellen Sie sich zwei Leute im Duett musizierend vor, dann wissen Sie, was medialisierte Beziehung ist und was sie bringt, und welchen Ort das hat, was ich hier – ungern – Kultur nenne. Dass sie dies erzeugt: Bewahren des Augenblicks durch Medialisierung der Austragung. Schweigend, das Reden der Musik überlassend, verständigen die Partner sich in die Zukunft hinüber. Und dies durch Vermittlung eines Dritten, das alles Verstehen ins Indirekte hinüberverlegt. Das direkte Verstehen nämlich, welches sich der Medialisierung verweigert, ist zukunftslos.

Im Bild soll nun vorgestellt werden, wie Verständigung sich zuträgt und wie sie, um sich zu bewahren, in Medialisierung übergeht:

Zwei Partner sieht man da zunächst unvermittelt aufeinander bezogen. Um diese intensive direkte Verständigung zu bewahren, um damit dem Augenblick Dauer zu verschaffen, fügen sie ihrer Beziehung etwas bei. Dieses Beigefügte lässt sie länger zusammen verweilen. Überdies bleibt ihnen, durch die Einwirkung des Beigefügten, dieser Zeitraum vermittelter Beziehung, wenn er längst vorüber ist, noch immer gegenwärtig; vielleicht lebenslang; wogegen alles direkt Erlebte in den dunklen Sack des Vergessens gefallen ist. – Das hier bildhaft gewählte Beispiel wird durch ein Buch gegeben. Und die gemeinsame Lektüre desselben Bandes bewirkt: Das Buch teilt sich den Partnern mit; die Partner teilen sich dem Buch mit; schliesslich teilen sich die Partner vermittels des Buches einander mit. Und alles in – vergleichsweise – gelassener, dennoch nachhaltiger Austragung. Gemeinsame Lektüre als Modell medialisierter Beziehung: Bitte stellen Sie sich jetzt vor, das grosse Buch, gelegt zwischen seine zwei Leser, trage Titel wie „Die Bibel", vielleicht auch „Das Kapital" – und Sie wissen, was ein Buch als Mediator vermag. –

Wieviel es vermag, das kann man täglich erfahren, und nicht nur, wenn man Psychotherapeut ist. In meiner Tätigkeit kommt es aber besonders oft vor, dass ich beobachten kann, wie Paare, die in ihrer Verständigung ermattet sind – oder bei denen jeder Ansatz zu einem Verstehen in Missverstehen eskaliert –, auf die reine Medialisierung übergehen; «ausweichen» muss man, genauer als «übergehen», sagen, wenn schliesslich jede direkte Verständigung gemieden und nur noch per medium verkehrt wird. Seit wir die Bibel miteinander lesen (oder – Das Kapital – seit wir beide politisch tätig sind), haben unsere ehelichen Streite-

reien aufgehört: Oft hört man das, und könnte zufrieden sein, wenn diese rein durch das Medium gepflegte Verständigung nicht bald zur Atrophie aller Beziehung, zur langweiligen Formalisierung des Verhältnisses, zu deren Verarmung führen würde.

Es braucht eben beides: den immer sich erneuernden, dann verlöschenden Feuersturm der direkten Austragung und die besonnenere Form der Verständigung durch gemeinsame Teilnahme an etwas oder Verrichtung *von* etwas, das eine mit dem andern in ergänzendem Widerspiel. – Wenn nur eines da ist – oder gewünscht wird –, kann das Verstehen sich nicht erneuern, und die Hoffnungslosigkeit überfällt jeden Versuch, noch ist er nicht gestartet. –

Öfters lässt einen die Lektüre von Kontaktinseraten in den Zeitungen daran denken, dass hier etwas gewünscht wird, was nicht gelingen kann. Da sucht etwa einer ein Mädchen zum Pferdestehlen – ja, das verheisst Prächtiges: so eine Genossin durch Dick und Dünn, so ein Kerl, ein Pferdedieb von Frau! –

Aber Vorsicht: Ihr könnt nicht immer *(miteinander)* Pferde stehlen, irgendwann ist der Stall voll. Dann müsst ihr *beieinander* sein, aufeinander wirken, euch gegenseitig und direkt auseinandersetzen. Es muss nicht unbedingt leichter sein, immer aber wird es anders sein, dieses Einandererleben gegenüber dem Miteinander-etwas-erleben. Und das eine ersetzt nicht das andere, das andere aber, die direkte Austragung, und nur schon der Gedanke daran, bedrängt die Abenteurer in der Phantasie. Miteinander in der Steppe Pferde stehlen – und danach sich verständigen: Das ist zweierlei. Wenn du willst, tu es: Stiehl Pferde mit deinem Mädchen, stiehl Elefanten, stiehl Walfische mit ihm zusammen. Aber besinn dich, was danach zu tun, wenn das Spiel vorüber ist.

Und die andere Seite: Nur und einzig direktes Bezogensein, dieses lässt nicht nur denken an die sexuelle Erfüllung – und an den Katzenjammer danach. Dahin gehören alle Regungen, die dem Vermittelnden mit Verachtung begegnen. Der Faschismus ist nicht nur deshalb mörderisch, weil er darauf aus ist, dass seine Anhänger, wie einer seiner führenden Vertreter (ein Schriftsteller) gesagt hat, den Revolver ziehn, wenn sie das Wort Kultur hören, sondern weil sie es bis dahin gar nicht kommen lassen, dass sie sich der Vermittlung durch Kultur anvertrauen. Weil sie einzig das Beziehungsfeuer propagieren und anfachen, die unmittelbare, von ihm ungekünstelt genannte Verständigung, und weil, aus Mangel an Ausgleich, aus der Unmöglichkeit zur Entspannung, in dieser Kulturlosigkeit der Keim zum tödlichen Brande ruht. Wir brauchen, sagen die Anhänger des Faschismus, nichts, kein Drittes, um uns zu verbinden, um einander zu verstehen, wir haben unsere Kameradschaft, trallala, die hält uns zusammen. Das ist Zündstoff, das ist Gas- und Atomdrohung! – Das nimmt alle Besonnenheit. Von daher auch die Faszination der Faschismen aller Couleur, bis heute: von ihrer Intensität, die Vitalität nicht nur vortäuscht, sondern *ist* – Vitalität bis zum Verbrennen.

Nur, die Kultur an sich, die Kultur aus sich allein, vermag es – ich bedaure – ebenfalls nicht, gelassene, ausgeglichene Verständigung zu garantieren. Das lehren, und leben vor allem, diejenigen, welche der Kultur jene Werte verschafft haben, die den sich Verständigenden helfen, dass sie daran ihre Vermittlung aufbauen. Es waren ausnahmslos allesamt einsame, verlorene Wölfe, die Wertschaffenden, heulend in den Waldverstecken, aus denen ihre Erzeugnisse gekommen sind. Die Einsamkeit in der Wolfshöhle ist der Preis für den Wert, der es den langweiligeren Besonnenen zumindest erleichtert, dem tödlichen Ende des Verstehens ein aufschiebendes Arrangement abzuhandeln.

Whether the nightingale, whether the lark: Der beruhigenden, aber illusionären Hoffnung folgen wir, es könnten beide Boten zu hören sein. Die Nachtigall ruft zur Liebe, die Lerche zur (gemeinsamen) Arbeit.

Aussagen und Deuten: Wer deutet, schlägt vor. Wer vorschlägt, kann weder recht noch unrecht haben und will von beidem keins.

Durch Antwort auf Anrede wird Verstehen wirklich: Das ist ein reziproker symmetrischer, es ist auch von seinem Wesen her ein Vorgang, den man als privat, als intim sogar auffassen sollte; als ein Hin- und Zurückgeben in der Gemeinschaft von zwei Partnern. Und weil es sich um einen Akt handelt, der sich in der Abgeschlossenheit zuträgt, ist es auch ohne Belang, ja man kann sagen: Es bleibt bedeutungslos, welchen Inhaltes das ist, was zwischen den beiden Stellen, den wechselweis anredenden und antwortenden, hin- und wiedergegeben wird.

Ihre Bedeutung hat – und behält – die Sache *der* Verständigung, und sie ist dieselbe wie die Sache, *über die* es zur Verständigung kommt, einzig unter den Partnern: in dem geschlossenen Raum, worin UNDERSTANDING, das Für-stehen, oder, wie das Hebräische es beruft, BINA, das *zwischen* den Partnern sich Abspielende[1], geschieht. –

Dieser Sache, in Paarung von Anrede mit Antwort, kommt vermöge dessen, dass sie zur gemeinsamen Sache wird, Bedeutung zu. Ihr wohnt Bedeutung inne: die Bedeutung, die den privaten Raum der Verständigung ausfüllt. Und mehr als dieser Raum ist weder gefordert noch möglich. Das ergibt: Es fällt von selbst jede Tendenz dahin, die dem Zwiegespräch, diesem Wechsel von Worten, Zeichen, Blicken oder Chiffren, diesem, vielleicht, Hin- und Zurückgeben von Schweigen irgendeine Bedeutung, über die sorgfältig bewahrte Enge des gegebenen Kreises hinaus, anzutragen hätte. Privates hat es an sich, es soll für alles, was sich ausserhalb seiner aufhält, bedeutungslos bleiben. Wenn man sagt, Verstehen entziehe sich der Nachfrage auf Bedeutung hin, so hat man etwas Wesentliches an die Bestimmung des Verstehens beigetragen. Und wenn man sagt, Verstehen entziehe sich dieser Anfrage, hat man es verbindlich benannt.

Daraus ergibt sich, dass alles Wesentliche, was im Bereich des Verstehens bleibt, auch nicht gedeutet werden soll – muss – kann. Man darf so weit gehen zu sagen: Es kommt zur Zerstörung des Verstehens, wenn jemand sich dahinter macht, der Anrede gleichwie der Antwort, dem Verstehen, auch dem Missverstehen, mit Deutungen zu begegnen. Das Verstehen geht daran kaputt, die Partnerschaft gleich mit.

Und die Expression, die systemgleich aufgefangen, systemgetreu zurückgegeben wird, Anrede geheissen, bleibt Anrede ganz ohne Ansehung ihres Inhaltes.

Von ihr nun, der Anrede, unterscheidet sich ein Ausdruck, der, anders als die Anrede, sich nicht darin genügt, dass er im gleichen System verbleibt, sondern darauf wartet, dass er in einem andern Bereich, *systemtranszendent* also, verwirklicht werde. Diese andere Art von Expression, die umgewandelt wird, wenn sie in die Wirklichkeit kommt, die Ausdrucksformel, die den Stall des Privatraumes verlässt, in einen andern Bereich hinüber, hebt sich von der Anrede ab als die *Aussage*.

Es geht jetzt also darum, neben die Anrede eine andere Expression zu stellen. Und das ist die Aussage.

Aussage hat es an sich, dass sie sich, anders als die Anrede, nicht richtet an die Person, die sich dem/der Aussagenden gegenüber befindet. Wer sie wahrnimmt, kann deshalb auch nicht Partner genannt werden. Die Aussage gewinnt und führt daher etwas wie ein Eigenleben, losgelöst vom Augenblick und auch befreit von der aussagenden Instanz.

Dies alles ergibt sich daraus, dass der Aussage, kaum ist sie getan, ein anderes Schicksal von Verwirklichung als der Anrede widerfährt. Wir hielten fest: Die Aussage wird aus ihrem System in ein anderes System hinüber verlegt. Diesen Akt des Hinüberführens nennt man das *Deuten*.

Der Name sagt es: Verstehen *hat* Bedeutung, es trägt sie in sich, es behält sie bei sich, es bewahrt sie für sich in Anrede, gepaart mit Antwort. Die Aussage dagegen muss Bedeutung *erfahren*. Und bekommt sie verliehen – nur verliehen, nicht definitiv zugedacht – im Vorgang des Deutens, und erst vermittels seiner.

Systemtranszendenz macht das Wesen des Deutens aus, seine Definition sogar. Wer deutet, übersetzt, -trägt von einem Bereich in einen andern Bereich, so auch von einer Sprache in eine andere Sprache. Der diese Arbeit verrichtet, wird Interpret genannt.

Wir haben somit drei Namen für den Vorgang zur Hand, um die Verwirklichung der Aussage zu benennen. Sie lauten: *Deutung, Übersetzung* (Übertragung), *Interpretation.* Und beziehn sich dreimal auf dasselbe. Es sind aber, wie alsbald zu erläutern sein wird, nicht synonyme Begriffe.

Du deutest: Einen hingeschriebenen Text liest du vor. Wenn du das verrichtest, übersetzest du aus der Sprache der Bilder – der Wortbilder, zusammengesetzt aus sichtbaren Buchstaben – in die hörbare Sprache. Lesen ist Deuten, Vorlesen bekundet den Deutungsakt (das Abhören eines Textes vom Tonband hat dagegen mit Deuten nichts zu tun). Wer die Zeichen, die im Systemgebilde von fünf Linien mit vier Zwischenräumen und einem Schlüssel am Anfang hingesetzt warten, durch Gesang oder das Spiel auf einem Instrument in Melodien hinüberführt, hat gedeutet, übersetzt, interpretiert. Und dasselbe verrichtet, wer einen Traum aus dem System oder der Sprache dessen, was wir mit kurzem Code als das Unbewusste (das System Ubw, nach Freud[2]), mit seinen eigenen Formeln, mit seinen verdichteten Bildern, zu bezeichnen gewohnt sind, hinüberbringt – übersetzt – in den geläufigen Sprachstil des „Bewussten".

Durchaus im Rahmen dessen, was soeben zum Übersetzen oder Interpretieren gesagt worden ist, bewegt sich dieser Vorgang: Der tüchtige, fachkundige Handwerker oder Kaufmann, von dem ich das leise tickende Gerät erworben habe, welches mir jetzt vom linken Handgelenk aus verlässlich die Stunde anzeigt, hat interpretiert: Er hat eine Sprache, oder Währung, übersetzt; den Wert für den Preis, den Wert *in* oder *um* den Preis. Er hat mir eine Uhr gegeben, dafür habe ich ihm manches Hundert Schweizer Franken über den Tisch gereicht. Für eine Anzahl Gutscheine der schweizerischen Nationalbank hat er eine Sache aus einem andern Bereich geliefert, ein Produkt der Uhrmacherkunst.

INTER-PRETARI heisst diese Tätigkeit des Uhrmachers. Der sie verrichtet, ist der INTERPRES, welcher den Wert einer Leistung oder Ware genau kennt und sie, systemtranszedent, wandelt in das, was sein PRETIUM, seinen Preis kostet.

Deshalb nennt man eine Gestalt, die zwischen der Instanz des

Göttlichen und dem Menschenbereich vermittelt – also etwas tut, was dem Amt meines Uhrmachers durchaus entspricht – den PRESBYTER, PRÊTRE, Priester: So heisst einer, der kennt den Preis für den Wert des Numinosen und fordert, wenn er ihr den Wert vermittelt, dafür einen entsprechenden Preis von der Gemeinde der Gläubigen. Nicht für sich, sondern für die Instanz dort, die er hier vertritt. Man bezeichnet ihn, der über*setzt*, man kann auch sagen: *über*setzt, einem Fährmann gleich, über das Trennende hinweg, mancherorts als PONTIFEX, d. i. Brückenbauer. Er wechselt göttliche in menschliche Sprache, um schwer Vereinbares auszusöhnen und Menschenbedürfnis mit Gotteswillen zusammenzubringen. Seine Methode heisst: Deuten, göttliche Hinweise dem Menschen verdeutlichen und dem Gotte dort die Laute derer vortragen, die von hier aus nicht selber mit ihm zu reden wissen.

Jedesmal gilt: Was herüber gebracht wird, über den Ladentisch beim Uhrmacher, über den Marmor des Altars, über den Vorlesetisch oder den Notenständer, jedesmal von jenem Ufer hinüber auf dieses Ufer, das lässt auch jedesmal von sich sagen, sein Vorgang sei bestimmt – und zwar definitionsgemäss bestimmt – dadurch, dass es dem Vorgang der (System-)Transzendenz unterliegt[3].

Übersetzen, Interpretieren, Deuten: So benannten wir in einer Triade mit dreimal verschiedenen Namen als Zeichen für drei verschiedene Auffassungen einen dreimal vom Grundsätzlichen her identischen Vorgang. Die Gewichtung dessen, was jeder von ihnen anzeigt, wird durch die drei Wörter dreimal anders gesetzt; deshalb drei Bezeichnungen für *einen* Vorgang:

Wer von *Übersetzen* spricht, gedenkt das Begebnis selbst mit einem Namen zu rufen; die Verrichtung des Brückenbauers, Fährmanns, Priesters und Dolmetschers – all derer, die irgendwann irgend etwas irgendwie von irgendwo nach irgendwo so verlässlich und genau, auch so bescheiden wie möglich übertragen –, und das sind, in irgendeinem Bereich, fast alle von uns. – Mit *Interpretieren* werden hingegen die mehr subjektiven Momente, die persönlichen Bedingungen derer benannt, die mit der Ausführung dieses Aktes beauftragt sind. Der Interpret tut nicht nur, was sein Amt und Name von ihm verlangen, er bleibt sich auch seiner Verrichtung bewusst und bringt deshalb sich selbst in diese hinein. Daher spricht man in der Musik und in der Deklamationskunst vom Interpreten, seltener wenn man ans Priesteramt denkt. – Und schliesslich das *Deuten:* Der Begriff hat das Ziel ins Wort genommen, um dessentwillen der Akt in Gang kommt. Und das ist: Das Erschliessen einer Bedeutung (BEDOELING = Anpeilung, Anzielung auf Holländisch), die geahnt, noch nicht wahrgenommen wird.

*

Der *Bedeutung,* wurde gesagt, nicht des *Sinnes.* Dieser kann, weil der Sache inhärent, nicht übersetzt werden, auch nicht verschieden gedeutet. Er bleibt immer gleich. Sinn wohnt inne, Bedeutung wird verliehen. Sinn weist mithin den Weg *(sinān),* Bedeutung regt die Erlebnisqualität an. Um es anhand der Wegweisung zu illustrieren: Der Pfeil, der anzeigt: Hier geht's zum Matterhorn, belegt zur unveränderlich eindeutigen Gewissheit seinen Sinn, ob er auf Blech, Holz, Stein seine Weisung gibt; was sie dann ist, die der Pfeil anzeigt – für mich, für dich, für den Alpinismus, für die Geographie, Geologie, Meteorologie oder die Dichtkunst –, diese alleinstehende Pyramide in den Walliser Alpen: Das zu erarbeiten und ständig und jedesmal neu zu verschaffen, dieser Deutungsverweis bleibt dem Wegweiser versagt. Es ist einzig dem Deuten anbefohlen, der Übersetzung der Wegweisersprache in irgendeine andere Sprache. Und dieses Deuten hat seine Eigenart darin, dass es Bedeutung nie verbindlich zuerkennt, sondern immer nur verleiht.

Hier lässt sich die Einschaltung eines Exkurses nicht umgehen. Ein solcher drängt sich auf anhand der Feststellung, dass man wohl diesen Unterschied zwischen Sinn und Bedeutung, dass man die Abhebung der Sinnerschliessung vom Verleihen der Bedeutung für trivial – und daher überflüssig – halten möchte. Und das ist sie auch, nicht überflüssig, aber trivial; ein Stück TRIVIUM, also elementar propädeutischer Lehrstoff für die Unterstufe eines jeden Studiums. Dennoch – oder deshalb – lässt sich nicht vermeiden, dass hier diese Trivialität vergegenwärtigt werde. Und dies, weil ihre Kenntnis öfters durch viele Leute nicht nur vom Erwerb ausgeschlossen sondern planmässig verweigert wird. Man will den Unterschied zwischen einem Sinn, der gelesen werden kann und zu lesen erlernt sein will, auf der einen Seite, gegenüber, auf der andern, einer Bedeutung, die willkürlich, flüchtig und subjektiv ist – sein muss –, nicht wahrnehmen. – Freilich, manche Bereiche des Wiss- und Deutbaren sind bekannt, in denen es keine oder zumeist nur geringe Schwierigkeiten bereitet, diese Separation von Sinn und Bedeutung zu akzeptieren. Gegenüber der Musik zum Beispiel mag es allgemein Zustimmung finden, und zwar beim Kundigen wie Laien gleicherweis, dass zunächst der Sinn sämtlicher Zeichen im System zu kennen ist, all der Punkte und Kreise, der geschlängelten und gerade durchgezogenen Liniengebilde, ehe man sich hinter das Eröffnen der Bedeutung machen kann. Ebenso dürfte weithin akzeptiert werden, dass die Abrakadabraformeln, in denen sich die Chemiker wie die Mathematiker ausdrücken, zuerst in ihrem Sinn vertraut werden sollten; danach erst zeigt sich eine Möglichkeit, Bedeutung durch das Mittel der Deutung anzugehen und vorzulegen (dass hinterher – aber nur in dieser Reihenfolge: Sinn-Erfahrung, dann erst Deutungsarbeit – auch neue Sinn-Erschliessungen und Sinnverweise, aus der Deutung heraus gewachsen, sich einstellen können, sei hier anzeigend erwähnt). – Weshalb dann aber diese selbe Regel, die in den Künsten und Wissenschaften allgemein gilt, und sosehr gilt, dass ohne deren vollkommene Beherrschung überhaupt niemand mitzureden hat, unvermittelt durchstossen, verkannt, abgeleugnet wird, wenn es um angewandte Anthropologie im weitesten Sinn, namentlich um die anthropologischen Grundzüge der Psychotherapie, um deren Trivium geht, das will zunächst wie ein Spiel der Willkür erscheinen. Woher es also – beispielsweise – kommt, dass fast niemand bereit sein will, den Sinn von Träumen, ihrer Gesetzlichkeiten und Bedingungen, die man erlernen kann (und erlernen sollte!), abzuheben von deren Bedeutung, die den Trauminhalt als Aussage wertet und durch den Vorgang von Interpretation, Deutung, Übersetzung umarbeitet (dasselbe gilt von psychotischen Manifestationen; dasselbe gilt für Sinn versus Bedeutung von Psychosomatosen; dasselbe bleibt gültig für den weiten Bereich der Fehlleistungen), das kann, wer auch der Willkür Bedeutung zuerkennt, nun erläutert finden: daran, dass die Beschäftigung des Menschen mit sich selbst und seinesgleichen es schwerer macht, die Erwerbung der Sinnkenntnis von der Arbeit des Deutens zu unterscheiden. Und dies, weil viele Leute es ungern wahrnehmen, dass der Sinn aus genau verbindlichen Formeln erschliessbar wird, wogegen die Bedeutung auf ein bewegendes Sagen angewiesen ist. Auf ein Sagen, das den Anhörenden mitbewegt. – Weil es schwierig ist, zuzugestehen, dass Sinn erwiesen werden kann, Bedeutung aber dem Beweis entzogen bleibt. Und weil es unsicher macht: das Ahnen davon, was durch Bedeutung verwirklicht wird. Und weil um den Menschen herum, und nur in diesem Bereich, das Ahnen zumeist dem Grauen benachbart ist.

Deshalb darf der Physiker, der so vieles weiss und manchen Sinn erschliesst, auch dem Ahnen einen Raum belassen. Wogegen vom Menschen über den Menschen kaum etwas zu wissen ist. Alles Wesentliche bleibt in der Ahnung; das Gewusste und Wissbare setzt sich zusammen aus Belanglosigkeiten und Banalitäten, zumeist aus Futilitäten von flüchtiger Geltung. Sobald der Mensch vom Menschen weiss, entschlüpft der gewusste Mensch dem wissenden – dem zu wissen vermeinenden – Menschen, und schon hat er sich verändert, damit auch dem Wissen entzogen. Sobald im Zusammenhang mit dem Menschen von Sinn die Rede ist, verfällt deshalb der Wissensgläubige sogleich ins Faseln, ins Ungenaue. Er redet von Transzendenz und Metaphysik, wenn er Eschatologie meint[4]. Gleichzeitig hält er sich an ein Wissen, dessen Gegenstand ihn längst überrollt hat, und versagt sich dem geduldigen, behutsamen Deuten, das akkurat treffend verlauten lässt, was es zu sagen hat, auch wenn, ja weil es – und hier nun sollte sich der Ansatz zum genau geltenden Begriff einstellen – nie beanspruchen darf, auch nicht will, dass es recht hat. – Davon alsbald mehr. Zuvor sei das nunmehr Erschlossene verbindlich zusammengefasst:

Es wurde von dem Verwirklichungsakt des Verstehens abgehoben das Deuten. Verstehen bleibt bei sich und fällt, wenn vollzogen, in sich selbst dahin. Wenn die Anrede auf ihre Antwort gestossen ist, erlischt das Verstehen in der Verständigung. – Neben der Anrede gibt es noch eine Form der Äusserung, und sie wurde Aussage genannt. Die Aussage löst sich los von der Person, die sie getan hat, und schwebt verselbständigt im Raum. Um aber verwirklicht zu werden, wartet die Aussage auf Deutung. Dieses Deuten, welches Bedeutung erschliesst, geht, ungleich dem Antworten auf Anrede, nicht auf die Person zurück, von der die Expression sich losgelöst hat, sondern sie richtet sich an die Aussage selbst. – Also gilt: Antwort meint den Anredenden, Deutung nur die Aussage; wer es ist, von dem die Aussage herkommt, das bleibt für die Deutung gleichwie den Akt des Deutens ohne Belang. Daher ergibt es sich auch, dass die aussagende Stelle oftmals so betroffen ist von der Deutung, die sie auf ihre Aussage zurückgegeben erhält: Sie hat selbst nicht ahnen können, welches Potential an Bedeutungen in ihrer Aussage enthalten ist. Und wie jetzt der Text der Aussage – ihrer eigenen Aussage – durch Deutung verwirklicht, zu ihr zurückkehrt, findet sie, sie vielleicht am meisten, und mehr als die deutende Instanz, sich konsterniert von dem, *was* sie ausgesagt hat.

Und diese Deutung, die so sehr betroffen macht, ist dann nur eine, eine freigewählte Deutung unter vielen anderen möglichen Deutungen, die allesamt darauf warten, dass eine deutende Person, jetzt oder irgendwann später, sie abruft und mit der Aussage, durch die sie erweckt werden, zur Konfrontation gelangen. Jede von diesen Deutungen ist richtig zu ihrer Zeit. Manche Leute mögen es vorziehen zu sagen, wenn jede Deutung richtig sei, so habe keine von allen möglichen Deutungen Anspruch darauf, dass sie als richtig taxiert werde. Ich möchte für die andere Lösung – jede ist richtig – plädieren und stütze mich dabei auf die alsbald vorzulegende Auseinandersetzung mit dem Begriff des Rechthabens (zu dem ja das Wort «richtig» in wesenhafter Beziehung steht).

Was die Antwort auf Anrede auszeichnet: Immer weist sie auf den Anredenden zurück – und nur auf diesen, auf niemand sonst. Die Deutung dagegen meint nicht die Person dessen, von dem die Aussage kommt, sondern allein die Aussage und nur diese. (*Was* meint, oder bedeutet, das? – und nicht: *Wen* bedeutet es? – fragt man).

Wie der/die Aussagende zu der Deutung seiner oder ihrer Aussage steht, ob von der aussagenden Stelle gutgeheissen oder nicht, das erweist sich in überraschendem Ausmass als belanglos. Diese Feststellung lässt sich besonders überzeugend nachweisen an Deutungen von Aussagen, die dem Bereich der künstlerischen Darstellung zugehören. Für diesen gilt es sogar exemplarisch. Sosehr gilt es da, dass der treffliche O. F. Bollnow an diese Beobachtung die Frage aufhängen konnte:

Was heisst einen Schriftsteller besser verstehen,
als er sich selber verstanden hat?

Diese Frage, schon immer im Raum, ist von ihrem sorgfältigen Beschreiber als ein rätselhafter Satz bezeichnet worden[5]. Durch den Hinweis, den dieses Kapitel vorlegt, wird der Satz nicht enträtselt, aber doch anders und neu illustriert. Und wird es namentlich, wenn wir uns darauf einigen, eine solche Gegebenheit – Verwirklichung von geschriebenem Text – wenigstens auf die Dauer, die es braucht, um der hier angestellten Studie zu folgen, nicht (wie Bollnow es tut) als Verstehen zu bezeichnen, sondern Deutung zu nennen. Jedoch, und ich bitte es zu beachten: Deuten nicht eines Schrift*stellers,* sondern von *Schrift.* Einer Aussage, nicht einer Person. Deuten, indem wir die Aussage aus dem Raum, der Sprache, dem System, woraus sie, diese Schrift, kommt, (hin-)über(-ver-)setzen in den uns zugänglichen Raum. Ebenso, wie man seit Langem – seit sie nicht mehr Anrede gewesen ist, sondern Aussage wurde und blieb – die Bibel deutet und nicht weiss, auch darum sich nicht interessiert, sich auch nicht zu scheren braucht, wer ihr Verfasser ist oder wer die Verfasser gewesen sind. Nicht einmal dies ist von Belang: zu wissen, ob der Herrgott persönlich die heiligen Bücher in die Welt gebracht oder ob ein von ihm begnadeter und beauftragter Schriftsteller diese Texte niedergelegt hat. Vielleicht war's ein schlimmer Sünder. Auszuschliessen ist das mitnichten – so sehr löst sich die Aussage von der Stelle los, aus der sie kommt, und so rigoros verselbständigt sie sich alsbald. Überreich sind die Beispiele von enttäuschten Bewunderern, von vergötternden Fans, um diese These zu belegen – jedesmal aufs neue, wenn sich wieder mal ergibt, was das für ein Mensch ist, der hinter einem bewundernswerten Werk aufgefunden wird. –

Ob Bibel oder sonst ein Buch: Die Aussage, die aus ihm redet, tut es von sich aus und losgelöst von dem Wesen, das redet. Man kann geradezu ein wertendes Urteil über Literatur in dem Sinn anstellen, lautend: Je genauer ein Wort Aussage repräsentiert und sich vom Anreden löst, um so höher steht seine Qualität.

Letztens, seit wenigen Jahrzehnten erst, haben Aussagende sich eine Technik zu basteln begonnen, von deren Hilfe sie sich das Ausgeliefertsein an die Willkür des Deutens und damit an die Freiheit der Deutenden abzuschütteln hofften. Auch das Deuten sollte damit in die Hände der Aussagenden zurückgegeben werden. Und das haben sie dadurch zu erwirken getrachtet, dass sie ihrer Aussage gleich auch noch eine Aussage über die Aussage mit auf den Weg gegeben haben. Sie sagen also nicht nur aus, sondern sagen darüber aus, was sie auszusagen vorhatten, wie sie mithin gedeutet zu werden wünschen. Und worin also die – hohooo – Botschaft ihrer Aussage zu hören sei. Alles ist ihnen Botschaft. Man erzählt nicht mehr eine Geschichte, wo denkst du hin, naiver Leser, sondern verkündet eine politische Parabel (das hat allerdings auch schon Jonathan Swift getan, vor mehr als zweihundertfünfzig Jahren, und Daniel Defoe ebenfalls; nur, die haben es nicht gesagt, sondern ihrer Deuterschaft zugetraut, dass sie von selber darauf komme, was sie zu sagen vorhatten). Ein Musikstück: Davon gilt dasselbe. Ein behauener Marmorblock: nochmals dasselbe. Jede Aussage in jeder Form: Es bekommt alles seine Gebrauchsanweisung gleich mit. So will man sich feien, gegen Missdeutung, und also auch gegen Missachtung. – Begonnen hat mit dieser Manier, soviel mir bekannt, ein Buch unter dem Titel: «Die Entstehung des Doktor Faustus»; nicht der alte Puppenspieldichter hat es geschrieben, auch stammt es nicht von den späteren Bearbeitern des Faust-Stoffes, nicht von Christopher Marlowe, noch von Lessing, Goethe, Grabbe oder Gounod. Erst Thomas Mann hat sich so etwas erlaubt, so etwas auch für nötig gehalten. Und seitdem hat diese schlechte Sitte sich breit gemacht unter den Aussagenden. Das wird ihrer Aussage schlecht bekommen, wenn das Werk nicht mehr zur Deutung freigegeben ist: zur sich wandelnden Deutung, mit ihrer Willkür, in sich wandelnden Zeiten, als stets erneute Anregung, durch alle Wandlungen hindurch. – Es ist eine Anmassung, dieses: Ich wünsche so gedeutet zu werden; so und nicht anders – dieses Sichentgegenstellen der Bollnowschen These, wonach der Deutende den Schriftsteller (und gewiss nicht nur diesen) besser «versteht», als dieser sich selber verstanden hat. Damit fällt die Aussage dem Frass der Zeit anheim. Man merkt es bereits. Das Misstrauen gegenüber der Leserschaft und ihrer Deutung liest sich als Misstrauen der Aussagenden gegenüber sich selbst: gegenüber der Relevanz und Genauigkeit dessen, was sie zu sagen haben. So will der Schriftsteller, von Sinn und Berufung her ein Diener seiner Leserschaft, sich zum Herrn über diese emporheben. Das ist nicht gut.

Tragisch wird es, wenn der Drang zum Anreden durch die Aussage hindurch sickert – und dennoch die Form der Aussage wahrt –, sodass die Verfasserschaft hinter dem, fast, dichten Gefäss der Aussage zu ahnen ist, aber nie greifbar wird, dann spürt man: Hier wird dir ein Dokument in die Hände gegeben, man muss es ein Document humain nennen, das du zu bewahren hast. Der Schriftsteller entzieht sich dem Verstehen und erwartet sich vom Deuten, was dieses nicht vermag.

In diesem Buch werden solche Dokumente, zumindest Proben davon und Hinweise darauf, vorgelegt. Ein Gedicht von Ingeborg Bachmann zeigt, was das ist: aussagen müssen, weil man nicht anreden kann; oder wenn eine Frau anzureden sich versagt, weil sie zu verschämt ist oder nur die Sprache der Aussage noch zugänglich hat, sosehr ist sie in dieser aufgegangen und hat darüber die Sprache der Anrede verkümmern lassen. – Hölderlins Verse, ebenfalls hier angetippt, sie zeigen dasselbe an: die Unmöglichkeit, in Aussage zu bringen, was Anrede sein möchte – und sich am Ende der Antwort verweigert (es sei denn, man setze sich über den Inhalt der Aussage samt der Bewertung derselben hinweg und antworte gleichsinnig, wie im Kapitel: «Guten Morgen, Herr Hölderlin» geschildert). – Neben die Namen dieser beiden Aussagenden, neben Bachmann und Hölderlin, sind nun manche Namen zu setzen. Unzählige. Nennen muss man da, als das wohl aufrüttelndste Beispiel neuester Dichtung, Namen und Werk von Paul Celan. Ich begnüge mich aber mit dem Hinweis auf Kafka, auf die Verdichtung der Anrede im Bild, und darauf, wie fast unerträglich kühl und emotionslos diese Bildersprache redet. Und dann, demgegenüber Franzens Brief an den Vater Kafka[6], von aller Bildhaftigkeit befreit, eine Anrede – und die Antwort ist ausgeblieben: Das war der Tod.

Deshalb, übrigens, hat es auch etwas Schamloses an sich, dass dieser private Brief – wie gesagt: Anrede diesmal, reine Anrede, und nichts von Aussage – in die Öffentlichkeit geleitet worden ist, wohin er nicht gehört. Anrede hat, ich wiederhole mich, draussen nichts zu tun. Sie muss im privaten Raum bleiben, sonst erkältet sie sich und geht, aller Therapie trotzend, zugrunde, mit ihr der Anredende, und Franz Kafka hat es gleich vorgelebt, dass es geschieht, und wie unweigerlich, und wie rasch. – Vielleicht, aber das ist Hypothese, sie soll dennoch hier vorgebracht werden, vielleicht, dass es etwas abgetragen hätte, wenn der Verfasser dieses Briefes zu einem verlässlichen Kollegen von mir gefunden hätte. Heut vor nicht weit von siebzig Jahren. Wobei «verlässlich» hier zu heissen hat: unambitioniert, an Literatur, an deren Verfertigern und am eigenen Ruhm so aktiv wie möglich *des*interessiert. Und vor allem, wichtiger noch: total verschwiegen. Niemand hätte je erfahren dürfen, dass ein gewisser Kafka František in seinem Sprechzimmer gesessen hat, auch Kafkas Sachwalter nicht, Max Brod, der zuletzt[7].

Dann hätte der Arzt die Kunde des Briefes wahrgenommen, eine Expression, die mehr eine Exklamation war. Und hätte, da der Vater nicht hören mochte – jedoch, der Vater hat eben nicht hören können, er hat nicht gewusst, wie man das tut: hören, dann einem so schwierigen Sohn auch noch antworten –, da der Vater nicht gehört hat, hätte der Arzt zuhören dürfen: der Arzt in Vertretung des Vaters und an dessen statt. Ein solches Anstatt kennt der Mathematiker unter der Bezeichnung «Hilfskonstrukt» als ein Deutungssystem auf Zeit, geeignet, um das Zurechtkommen mit Problemen möglich zu machen, die anderswie nicht zu bewältigen sind. Freud hat diesen Vorgang, die Errichtung eines Hilfskonstruktes, als Übertragung beschrieben[8], und Leute, die nicht imstande sind, wahrzunehmen, was für Aufgaben einem Arzte zugeworfen werden können, ob er es will oder nicht, stören sich daran, dass bisweilen der Arzt ein Vater sein muss, wenn dem Vater Ohr und Auge für das Anhören der Anrede verschlossen bleiben und der Mund gleich mit: der Mund, der antworten sollte. – Gewiss, nur ein bewegendes Wort, das auf eine Sache weist, die noch nicht da ist, aber werden kann – und sollte –, so ein Wort erzeugt erst die Situation, die dem Verfasser, der im Brief einen verstummten Vater sucht und nicht findet, die Ahnung erweckt, hier könnte einer sitzen, hier in diesem Raum ein Arzt, der hat mich nicht gezeugt und ist doch mein Vater. Oder repräsentiert ihn. Oder ruft ganz frühe Reminiszenzen zurück – an Tage, da, ich hoffe es, auch mein Erzeuger sich noch hatte trauen dürfen, mein Vater zu sein. –

*

Und nun, mit dem bleichen jungen Besucher Kafka im Sprechzimmer, sei der Vorgang von Verstehen und Deuten weiter erläutert. Es wird Zeit, endlich darauf einzugehen, dass die hier vorgelegte Unterscheidung so ganz nicht den sonst geläufigen Abhebungen entspricht, und weshalb sich diese Darstellung nicht auf die spätestens seit Dilthey übliche Ordnung beschränkt, welche besagt:

Die Natur erklären wir, das Seelenleben verstehen wir[9].

In der Tat: Von Verstehen ist in diesem Buch schon viel – wenngleich bei weitem nicht genug – die Rede gewesen, der Begriff «erklären» ist bisher nicht aufgetaucht. Er wird auch im weiteren nur selten zur Sprache kommen. Für die hier anzustellende Untersuchung nämlich, und für die Schlüsse, auf die sie hinarbeitet, bringt die Abhebung des Verstehens vom Erklären keine relevanten Probleme; gewiss schon löst sie diese nicht. Der ordentliche Philosophieprofessor Dilthey ist eben dem Seelischen nie als Anrede begegnet, nur als sordinierte Aussage kultivierter und sehr zahmer oder von ihm gezähmter Dichter hat er es an sich herankommen lassen. Die Seele hat von ihm nichts gefordert, sie hat artig auf ihn gewartet, auf seinen hermeneutischen Zugang. Auf das, was Dilthey und seine Gefährtenschaft dem öffneten, was ihnen dann als ihre – mit Dilthey – «innere Erfahrung» einfliessen durfte.

Das war die Zeit eines anderen Verstehens, damals. Es ist auch die Zeit eines andern Erklärens gewesen in den Tagen der Maienblüte eines noch unschuldigen Scientismus, der an Kraft und Stoff geglaubt hat[10], was die vernünftigen Naturwissenschaftskundigen unsrer Tage längst aufgegeben haben und nur noch in den Köpfen einiger wissenschaftlicher Psychologen oder Journalisten seine Retraite gefunden hat. In Köpfen, deren Träger eine Hoffnung bergen, die allen anderen Kundigen längst abhanden gekommen ist – zum Glück der anderen Wissensbereiche und zum Unglück für die Menschenkundigen und deren Opfer: die Hoffnung, der Mensch – und «Mensch», das geht hier gar keine aufgeblasene Edelpuppe, sondern eine ganz nüchterne Bezeichnung an – der Mensch habe nicht jederzeit seine Kniffe parat, um dem Untersuchtwerden, den Interrogatorien vorzubeugen, noch hat er sich ihnen nicht aussetzen müssen.

Jedoch, das Erklären *hat* seinen Ort, der Mensch als eine Sache der Naturwissenschaft. Wie sehr, und wie imperativ so etwas zu fordern ist, erläutert ein sehr einfaches Beispiel:

Ich huste, ich fühle mich unbehaglich und kann nur schwer sagen, weshalb, wie und inwiefern. Aber ich weiss, ich bin krank. Wenn jemand kommt, mir die Temperatur misst, meine Atmung abhört, mich in den Finger pickt und mein Sputum unters Mikroskop hält – so endet seine Untersuchung, und enden die Schlüsse, zu denen er kommen wird, nicht in einer Deutung, wiewohl auch mein Arzt systemtranszendierend interpretiert, wie es hier beschrieben wurde. Vielmehr geht diese ärztlich intendierte Interpretation in eine andere Richtung als die Arbeit des Interpreten einer Aussage. Mein Husten, mein schlechter Zustand, meine unangenehmen Gefühle, das alles ist ihm nicht Aussage, sondern zunächst Symptom, danach Indiz. Der Arzt, der mein Missbefinden per Diagnose erklärt, kann – und muss auch – beweisen, was ihn zu seinen Schlüssen geführt, man darf auch sagen: ihn dazu *berechtigt* hat, sie zu ziehen.

Wenn er zu etwas berechtigt ist, so besagt das: Er hat ein *Recht.* Das Recht zu einem Schluss, dann zu einem *Be*schluss, zu einer Beurteilung meines Zustandes; zu einem Urteil, welches er, nach freilich eifrigem Deuten, am Ende fällt. Womit wir unvermittelt unversehens in die Sprachformeln des Richters, des Strafrichters, geraten sind. Und dort gehört er hin: der Spruch dessen, der erklärt, einher mit der Instanz, die für zuständig gilt, um zu erklären. Diese Instanz hat nicht nur recht, sie muss *(das)* Recht haben. Wehe, sie hätte nicht recht und würde keine oder falsche Schlüsse aus meinem Husten, meinen unguten Gefühlen ziehen. Dann stürbe ich an einer Pneumonie, weil der Richter, der über meinen Zustand urteilt, falsch – unrecht – geurteilt hat. Oft darum, weil er, vorschnell und aus falschen Prämissen – zumeist weil der Gegenstand seines Richtens ihm unsympathisch ist – auf Seelisches schliesst. Dieses Seelische, gespürt nicht aus erhöhter, sondern ausbleibender Sympathie, das ist das Verderben, und für beide Beteiligten gleicherweise. – Das Seelische, nämlich die Anrede, die sich Antwort erwartet, zeigt sich, wenn es dem Erklären in den Weg gestellt wird oder ungerufen über den Weg läuft, immer als das Störende, und nur als dieses. Es kann nichts anderes, es kann auch nicht mehr als dies: das Erklären stören und damit, und vor allem, das Erklärende stören.

Wenn daher von Leuten, die zum Erklären angestellt sind, von Seele, von Seelischem geredet wird, so findet sich da sogleich eine Situation berufen, die ein eingeführtes modernes Gebrauchswort als Patt umschreibt: Leute, die von etwas reden, das sie stört, befassen sich mit dem, was sie stört. Aber sie gestehen nicht, dass es sie stört. Das ist ein schwieriger, es ist ein auf weite Strecken unerfüllbarer Auftrag. Am ehesten lässt sich noch mit ihm zurechtkommen – erfüllen kann man ihn nicht, nur mit ihm zurechtkommen, und das ist schon viel –, wenn man sich dies vergegenwärtigt und immer wieder eingesteht. Der redliche Pawlow hat das noch getan, Freud hat es getan. Die zeitgenössischen Seelenerklärer tun es nicht mehr. Die haben die Seele beständig im Mund. Sie verwechseln Seele mit Kaugummi.

Unerwartet, will es scheinen, hat sich über alledem ein Tertium comparationis vorgestellt. Ein Mittel, eine Kategorie genau gesagt, dienlich und berufen, um die Vorgänge, die wir bisher beschrieben haben, um das Verstehen, das Deuten und das Erklären, voneinander zu unterscheiden, sie auch gegeneinander abzuheben. Dieses Mittel, einen verbindenden und einen scheidenden Begriff enthaltend, trägt den genauen Namen: *Rechthaben.*

Vor dem Rechthaben, an den genau voneinander separierbaren Einstellungen ihm gegenüber, lassen sich die Prozesse nebeneinander stellen, von denen soeben die Rede gewesen ist. Das sei alsbald getan. Zuvor muss aber noch ein weiterer Vorgang, der in diesem Raum sein Recht beansprucht – und wie er es beansprucht! – kurz geschildert sein. Es ist dies der Vorgang, den wir Erkennen oder, zutreffender, genauer auch, *Erkannthaben,* immer schon erkannt haben, zu nennen genötigt sind.

Bitte zu beachten: Die Rede ist nicht von Erkennt*nis,* diesem Vorgang oder Zustand unerwartet sich einstellender Erleuchtung (die, wenn das Licht innen aufgeht und nach innen scheint, *Einsicht* heisst), sondern von einem Prozess, der von dem Erkennenden weg auf einen anderen gerichtet ist, und diesem Andern bleibt beides, Antwort auf Anrede wie Deutung von Aussage zweimal gleicherweis entschieden versagt. Sie nämlich, diese Art von Versagung, ist es, die als Bedingung dem Erkannthaben vorausgeschickt wird. Und sie dient dazu, die erkannthabende – die schon längst, vor jeder Beziehung bereits erkannt habende – Stelle zu autorisieren, dass sie über den Andern zu sagen weiss, was sie zu sagen (schon zuvor) beabsichtigt hatte. – Ich weiss, wer du bist; ich habe sogleich, du bist eben ins Zimmer getreten, schon gewusst, was für jemand du bist; ich weiss, was du denkst; ich weiss alles über dich; ich weiss sogar, was du tun wirst; ich weiss alles, was du nicht weisst: So beschliesst das Erkannthaben. Und es hat immer recht. Es sorgt dafür, dass es rechthat. Es hat alle Macht über die erkannte Person, um zu machen, was zu machen nötig sein sollte, damit es rechthat. Das Groteske am Erkannthaben ist: Es braucht nichts zu machen. Es braucht nur nach seiner Weise zu reden, und schon hat es den Beweis seines Rechthabens zur Hand.

Vielfältig sind die Bereiche, in denen Leute rechthaben können. Und beweisen können, dass sie rechthaben, weil sie ja erkannt haben. Alle Aussagen über Andere haben recht. Sie sorgen dafür, dass sie rechthaben. Sie tragen ihren Beweis in sich. Geh hin, sage dem Andern, er sei gar nicht so gut, wie er meine, vielmehr sei er (im Grunde) tief böse – geh hin, versuch es, wenn du's nicht lassen kannst. *Seine* Sache ist es ja, zu beweisen, dass er auch tief innen gut ist. Und das bringt keiner fertig. Also hast du recht, hast immer recht gehabt. Du hast richtig erkannt, kaum hast du den Andern gesehn. Quod erat demonstrandum[11]. –

Darüber haben die Voraussetzungen sich eingestellt, damit anhand des Ordnungsprinzips um den Zustand Rechthaben oder aber Nichtrechthaben herum die Vorgänge kategorial gegeneinander gestellt werden können, von denen hier die Rede ist. Und dieses Vorhaben kommt so heraus:

Vorgänge	*Stellung gegenüber dem Rechthaben*
Verstehen	kann weder recht noch unrecht haben.
Deuten	muss nicht, will nicht rechthaben.
Erklären	sollte bedingungslos rechthaben.
Erkannthaben	hat immer recht, hat a priori recht (oder behauptet es von sich; oder traut es sich zu; oder masst es sich an).

Aufmerksamer Nachbar hegt nun Befürchtungen

Wohl dem, der aufmerksame Nachbarn hat. Dem kann kaum etwas passieren. Einbrecher zum Beispiel haben (fast) keine Chance. Rainer Zahlten, Bäcker an der Siemensstraße, ist einer dieser aufmerksamen und hilfsbereiten Zeitgenossen. Und gestern morgen hat er sofort eingegriffen, als er Dunkelmänner entdeckte.

Bäcker beginnen in aller Herrgottsfrühe mit ihrem Tagwerk. Klar, daß man dann schon mal Kaffeedurst hat. Rainer Zahlten jedenfalls ging schon um 4 Uhr ins Geschäft, um eine Kanne aufzusetzen. Und entdeckte vis-à-vis beim Kiffe-Gebrauchtwagenhandel Erschreckendes. Taschenlampenlichter wanderten durch die Halle; vier Männer schließlich kamen aus dem Inneren, der fünfte wenig später ließ die Tür sachte ins Schloß fallen. Und leise, ganz leise, machten sich die fünf davon – in fünf gut hergerichteten Transportern. Organisierter Autodiebstahl . . . Rainer Zahlten schaltete schnell, vergaß den Kaffee und rief die Polizei an.

Die Beamten waren – trotz der frühen Stunde und der auf sie zukommenden Arbeit – dankbar für den Tip. Was sie dann machten, hörte Bäcker Zahlten später beim zweiten Frühstück von ihnen. Auf der Umgehungsstraße – dem nächstliegenden Fluchtweg – wurden Straßensperren aufgebaut. An die zehn Streifenwagen wurden in den Einsatz geschickt; die Beamten lockerten – sicher ist sicher – schon mal die Halfter ihrer Dienstwaffen.

Sie hatten Glück: Das Quintett ging ihnen in die Falle. Nur ein paar hundert Meter vom Tatort wurden die Herren gestellt. Und es war in der Tat eine „Bande“. Etwas ähnliches wenigstens. Jedenfalls hatten sie allesamt denselben Auftraggeber. Die Firma Kiffe . . . Die Transporter sollten in die DDR gebracht werden. Und die fünf Fahrer waren nur höflicherweise sehr leise beim nächtlichen Abtransport. Dem Vernehmen nach haben sie ihren Schreck überstanden.

Dafür zittert jetzt Rainer Zahlten. Zwar haben ihm seine Nachbarn von der anderen Straßenseite den Anruf nicht übelgenommen. Im Gegenteil, sie waren erfreut über seine Aufmerksamkeit. Aber die Kfz-Schlosser versprachen dem Bäcker, daß sie jetzt mindestens ebenso gut aufpassen werden. Seitdem rechnet Zahlten durchaus damit, daß er in seiner eigenen Bäckerei wegen Einbruchs festgenommen werden könnte. -ur-

So ist das mit dem Versehen!!

aria Regi-
e der Ge-
see, ist in
Wie jetzt
:de, starb
n Samstag
er langen
heit. Sie
erin der

ster geboren, studierte dort Theologie, Philosophie und Altphilologie. 1959 trat sie in das Karmelitinnenkloster in Bonn-Pützchen ein.

1964 wechselte sie zur Neugründung des Karmel Heilig Blut auf dem Gelände des Konzentrationslagers in

Kloster in Berlin vor. Als erste Frau erhielt sie 1982 den Romano-Guardini-Preis der Katholischen Akademie in Bayern. Der Berliner Bischof Georg Sterzinsky wird am kommenden Dienstag das Requiem für Schwester Hinricher halten.

.e Notbremse ziehen“

genbedarf „fatal“

ietpreisforderungen durchzuset-
n.“

Für die Misere auf dem Woh-
ıngsmarkt macht Voigt vor allem
n früheren Wohnungsbauminister
:hneider verantwortlich, der den
zialen Wohnungsbau zum Erliegen
bracht habe. Um die Wohnungs-
ot bis zum Jahr 2 000 so zu lindern,
aß man wieder von einem ausgegli-
ıenen Markt sprechen könne, müß-
n jährlich rund 500 000 Wohnun-
n gebaut werden. De facto seien es
doch nur knapp die Hälfte. Aller-
ings fehle es auch an Bauland und
n freien Kapazitäten im Baugewer-
e. Der Mangel an Arbeitskräften
erde sich noch fataler auswirken,
enn in der DDR der Bauboom ein-
tze und die großen Firmen in der
undesrepublik ihr Fachpersonal
ort einsetzten, befürchtet Voigt.

Gegen den rasanten Mietpreisanstieg gibt es nach der Meinung von Voigt nur ein Mittel: „Die Wohnungspolitik muß die Notbremse ziehen.“ Der Deutsche Mieterbund fordere deshalb: Die ortsübliche Vergleichsmiete (Mietspiegel) muß wieder aus allen Mieten des Wohnungsbestandes ermittelt werden und nicht nur aus den teuren Mieten der vergangenen drei Jahe. Die „Kappungsgrenze“ von bisher 30 Prozent in drei Jahren muß halbiert werden. Die Neuvermietungen dürfen um nicht mehr als fünf Prozent über der Vergleichsmiete liegen. Voigt will sich darüber hinaus dafür einsetzen, daß die Makler nicht mehr als eine Monatsmiete an Provision verlangen dürfen.

Die Wohnungsnot der Studenten-kann nach den Worten Voigts nur durch gezielte Förderungsprogramme von Bund und Ländern beseitigt werden.

In Sätze gebracht, besagt dieses Schema:

Wo *Verstehen* spielt, wo Antwort auf Anrede hin sich einstellt und also Antwort die Expression zur Anrede hat werden lassen, da kann von Rechthaben, und auch von Unrechthaben, die Rede nicht sein. Es kann gar nicht aufkommen. Es hat keinen Ort, an dem es sein Rechthaben belegen könnte. Ihm bleibt aber auch jede Situation versagt, in der die Antwort auf ihr Recht, auf ihr Haben des Rechts, einen Regress nehmen könnte. Vor allem: Es hat Rechthaben nicht nötig. – Recht hat im Verstehen nichts verloren. Und das Verstehen kann daher vom Recht, vom Rechthaben nichts gewinnen. Es wüsste, selbst wenn es wollte, mit ihm nichts anzufangen. Allzu verschieden, kategorial zu weit entfernt voneinander sind die Begriffe, und sind damit die Hinweise, die sie vermitteln: Verstehen und Rechthaben.

Was das *Deuten* angeht: Es sollte dafür besorgt sein, dass alle die Aussagenden, deren Expression auf Verwirklichung durch Deuten wartet, gewiss werden, dass die Deutung, die sie vernehmen, nicht für sich beansprucht, recht zu haben. Dass jedes Deuten die Bedeutung an seine Aussage nicht fixiert, sondern nur anlehnt, um auf Zeit die Aussage zu verwirklichen, ehe es sie wieder freigibt. Dass Deuten nicht rechthaben *will,* ein- für allemal, dass es vielmehr wünscht, dass die Deutung eröffne, dass sie anrege, erschliesse. Dass sie aus einer Sache eine andere Sache mache. Oder vorschlägt, welche Sache man aus dieser Sache machen *könnte* (könnte, nicht muss). Dass sie nicht die Deutung noch gar deren Inhalt gewiss werden lasse, sondern nur dies eine zu äussern wünsche:

dass Deuten Vorschlagen ist.

Wer vorschlägt, hat nicht recht. Er will nicht rechthaben. Nur schon die Bereitschaft, auf seinem Rechthaben zu beharren, der Gedanke daran, man könnte, man wolle auch rechthaben, zerstört das Wesen des Deutens, welches ist: anregen zum Weitermachen, zum Weiterdeuten oder, und dies vorzüglich, zu neuem, durch das Deuten seines Interpreten ermutigtem Aussagen.

Wenn Deuten beansprucht, es habe recht, so wird es hölzern, und zwar morsch hölzern. Und beides verholzt: das Deuten gleich mit der Aussage, durch die es angeregt worden ist. –

Deshalb sollten auch beide Instanzen, aussagende gleichwie deutende, sich gegenwärtig halten, dass das Deuten nur ein anstossendes Vorschlagen ist. Ein Hinweis darauf, dass man aus der Aussage etwas (anderes) machen, sie nämlich (in eine andere Sprache) übersetzen kann, sollte. Aber es muss mitnichten *diese* Übersetzung in *diese* Sprache sein. Wichtig ist vielmehr, dass der/die Aussagende merkt: Da ist *etwas,* man kann etwas draus machen; und es wird erst etwas daraus, wenn etwas (anderes) draus geworden ist – dies ist zu wissen, damit das Deuten aufgeht.

Dann das *Erklären* und dessen Verhältnis zum Rechthaben. Es ist, dieses Verhältnis, ebenso einfach wie eindeutig, und ist genau verbindlich so zu beschreiben:

Der Sinn des Erklärens öffnet sich in seinem Rechthaben. *Wer erklärt, muss rechthaben.* Tut es aufs Rechthaben hin und muss – vor allem – beweisen, dass er recht hat, und womit sein Rechthaben zu belegen ist. – Das Beispiel des Kollegen, der meinen Husten und mein schlechtes Befinden mit Pneumonie erklärt (und nicht mit Tuberkulose, nicht mit Hysterie, nicht mit Fremdkörperaspiration, nicht mit Mediastinaltumor), genügt, um zu zeigen, wo die Relevanz des Erklärens wesentlich gesehn werden will: in der Verpflichtung zum *Recht*haben, welche ein Recht auf Recht*haben* ist.

Rechthaben, das repräsentiert also eine Kategorie, die durchaus ihren Platz zu beanspruchen hat. Ohne dass es auf Rechthaben Regress nimmt, bleibt das Erklären leer, ohne dieses raubt es dem Erklärenden den Sinn seiner Verrichtung, und das ist: seine Verantwortung.

Allein, das Berufen von Verantwortung weist auch schon auf die Problematik des Erklärens – auf die problematische Situation, in die es geraten ist – in die wir, eine vertrauensselige Öffentlichkeit, froh, diese Verantwortung nicht übernehmen zu müssen, das Erklären, mit ihm das Erklärbare, mit ihm die Innung derer, die ihr Rechthaben durch Erklären beweisen durften, versetzt haben, aus unserer Schuld wohl eher als aus der ihren. Die Schuld liegt darin, dass das Gemeinwesen insgesamt sein Recht *auf* Recht(-haben) unbesonnen an die Leute von der Naturwissenschaft delegiert, auf sie abgewälzt hat, nachdem alle Institutionen, denen zuvor das Rechthaben überbunden gewesen war, ihre Kompetenz abgegeben hatten – oder wir ihnen die Ausübung ihrer Kompetenz verweigert hatten. Solchen Institutionen wie den Kirchen und Synagogen, die wir in ihre Beträume eingesperrt haben, woselbst wir sie nach eigener Laune auf kurze Stunden an wenigen ausgewählten Festtagen besucht haben, wie Gefangene in den Zellen. Institutionen wie die Rechtslehre, die sich allzuoft, und mit allzu wenig um so leuchtenderen Ausnahmen, der Staatsraison willfährig gezeigt hat. Institutionen wie die Philosophie, die zum langweiligen, recht- und verantwortungslosen akademischen Tüftelfach verkommen ist. – All diese Aufgaben haben wir, um sie, und die Pflicht zum Rechthaben damit, nicht selber übernehmen zu müssen, an die Wissenschafter, reiner gleichwie angewandter Richtung, gehen lassen. Und wir hielten sie für Gelehrte.

Das mythisierende, gläubige Vertrauen in die Spezialisten, und darein, dass sie rechthaben müssen, ist gewichen. Das weiss jetzt auch die Öffentlichkeit und nutzt es aus. Tschernobyl und Schweizerhalle haben das Erwachen gebracht. Sie haben die Grenzen des Rechthabens aufgewiesen. Glück wohl für alle Teile, für die Leute von der Naturwissenschaft wie für uns. Der Radau gegen die Träger dieser Verantwortung – der Verantwortung zum Rechthaben und in ihm – ist voll falscher Töne. Wenn wir das bloss einsehn wollten, dass man nicht seine Verantwortung so lang delegieren kann: die Verantwortung zum Rechthaben, wo es seinen Ort und Sinn beansprucht, ohne dass wir irgendwann den Preis dafür bezahlen müssen. Nun wurde es ein hoher Preis für hohe Schuld.

Bleibt das *Erkannthaben* und dessen Position gegenüber dem Rechthaben. Vom Erkannthaben weiss man, es hat immer recht. Ohne zu prüfen oder prüfen zu lassen. Ohne zwingenden Beleg. Und es sorgt das Erkannthaben auch jederzeit dafür, dass es recht hat. Es behauptet, dass es durch die Schale hindurch direkt auf den Kern schaue. Dabei schaut es nur an. Anschauen wird aber (wie im Kapitel über den Bösen Blick erläutert) eo ipso zum Durchschauen. Erkannthaben hat recht, weil es weiss, wie der Andere ist, was für einer er ist. Es weiss: Der Andere ist anders. Anders als er meint, anders als die anderen meinen, dass der Andere sei.

27.6.92 morgens

Manche Leute sind der Auffassung, Psychotherapie erkenne den Menschen, oder habe ihn erkannt. Zu diesen Leuten sind – leider – auch viele zu zählen, die sich selbst für Psychotherapeuten halten und als solche deklarieren. Unserem Beruf kann kaum Fataleres passieren. Da Psychotherapie, namentlich psychoanalytischer, scilicet Freudscher Richtung, doch wesenhaft ist: Verstehen als Antworten und Deuten.

*

Wie und inwiefern Psychotherapie ausüben sich im Verstehen äussert, das lässt sich, möchte ich meinen, aus der eben unternommenen Darstellung des Verstehens ableiten. Es geht nun noch darum, in Kürze das Wesen der Psychotherapie als Deutungskunde zu entwickeln.

Im Grunde kann dabei alles, was uns aus den klassischen Schriften der Hermeneutik vertraut ist (oder, weil oftmals schwierig ausgedrückt, vielen von uns nie ganz vertraut hat werden wollen), auf Psychotherapie übertragen werden. Was bisher hier zum Deuten gesagt wurde, hat für sich nun den andern Weg gewählt, den umgekehrten gewissermassen: den Weg, entgegen der Richtung, welche gemeinhin von den Kollegen eingeschlagen worden war. Alle Meister einer psychotherapeutischen Auslegungslehre haben, sofern sie diese sachbewusst zu betreiben trachteten, die Anwendung der philosophisch begründeten und von der Philosophie entwickelten Deutungslehre auf die Psychotherapie gelehrt. Hier sollen nun die Einsichten, die ein psychotherapeutisch inspiriertes, an der Psychotherapie erprobtes Deuten vermittelt, in Richtung auf übergreifende, ausserpsychotherapeutische Regeln weisen.

Dem, was bisher vorzulegen versucht wurde, braucht weiter nichts mehr beigefügt zu werden. Es sei nur, um der Verdeutlichung willen, nochmals vorgeführt; aber nicht nur hier und jetzt eben, sondern jedesmal neu in unserer Arbeit. Wer sich dies vergegenwärtigt, darf es sich leisten, dass er verzichtet auf alle die leer erbaulichen, am Ende immer peinlich herauskommenden Auslassungen über den Arzt als Menschen, über die Sendung des Arztes, sowie – am unangenehmsten – den Menschen, nein: auch noch Mitmenschen im Patienten, oder auch den kranken Menschen (als gäbe es das: den kranken Menschen; der ist nur vorstellbar vor dem Hintergrund einer Auffassung, die den Kranken im Grunde für ein Tier hält!). – Wer Vorschläge zu hören bekommt – ernste Vorschläge als Deutungen zu dem, was an Aussage überbracht worden ist – und keine Befehle der Art übernehmen muss, was für eine Deutung er als die treffende, die richtige, zu akzeptieren hat, der *ist* Mitmensch. Ist es von der Situation her und ohne jede wohlwollende Deklaration. Und darf es sich deshalb ersparen, eine solche anzuhören.

Deuten *übermittelt* Bedeutung, es *verleiht* sie. Aber es spürt sie nicht auf, wie der Polizist oder Jagdhund die Fährte des Wesens aufspürt, das diese Funktionäre am Ende des Weges, wenn die Verfolgten gestellt sind, sogleich zur Strecke bringen. Deuten trägt Bedeutung hinein in die Aussagen, es holt sie nicht aus ihnen heraus. Und diese hineingebrachte und da drinnen als Vorschlag offerierte Deutung weist, als eine unter unzähligen vorstellbaren Deutungen, auf eine unter ebenso unzählbaren Bedeutungen hin. Und wenn sie, diese Deutungen, von den Aussagenden angehört werden können, dann sind sie nicht nur richtig, sondern sie wirken auch. Aber nur – und ausdrücklich sei es wiederholt – nur einzig originäre Deutungen zu Aussagen, und nur Deutungen, welche auf diese besondere Aussage dieser besonderen Person bezogen sind.

Und dann gelingt es, dass eine Sache Bedeutung annimmt – bitte dies nicht zu überlesen, dass es hiess: Bedeutung *annimmt*, und nicht: Bedeutung hat, womöglich je schon hatte –, auch wenn sie zuvor keine Bedeutung gehabt hat, vielmehr für bedeutungslos galt oder als unbedeutend abgetan worden war. Und: dass sie Bedeutung nur empfangen kann, wenn der Deutende sie vorlegt und der Aussagende bereit ist, sich mit ihr auseinanderzusetzen. Sich auseinanderzusetzen mit ihr – nicht aber sie fügsam anzunehmen.

Ich gebe die Hoffnung nicht auf, dass vielleicht jetzt doch, allen Versuchen, so etwas lächerlich zu machen, zum Trotz, begreiflich werden kann, welcher Art die Bedingungen sind, unter denen beispielsweise ein Begebnis wie die Fehlhandlung Bedeutung gewinnen kann – nochmals, und bis zum Überdruss: nicht Bedeutung *hat,* wohl aber Bedeutung *gewinnt.* Und sie gewinnt einzig durch die Deutung, die ihr verliehen wird. Und sie gewinnt hier und eben jetzt, da das Deuten darauf weist, es könnte dem bisher Bedeutungslosen Bedeutung zukommen. Zukommen deshalb, weil der Fehlhandelnde so hoch eingeschätzt wird, dass er nicht weiter als eine dümmliche, von den Launen des Zufalls abhängige Kreatur gelten muss (wer weiterhin dümmlich kreatürlich bleiben will, der bleibe).

Und nun sei es einem jeden anheim gestellt, was er vorzieht: ob er alle Vergessensakte, alles Versprechen, alle fehlerhaften Handlungen weiterhin irgendeinem bösen Geist oder dummen, unbeseelten Zufall überlässt, als dummes Opfer dieses dummen Zufalls – oder ob er sich bereit zeigt, angeregt von der Deutung, dahin zu kommen, dass er beschliesst: Meine Fehlhandlung ist meine Sache. Sie ist ein Anteil von mir – geworden durch die Deutung. Und der Fehlhandelnde, der bin *ich*. Damit habe ich aufgehört, den Strömungen der fremden Beeinflussungen ausgesetzt zu sein. Und wenn nicht aufgehört, so habe ich doch die Bereitschaft übernommen, Verantwortung für etwas zu tragen, was zuvor irgendetwas, irgendwem in seine Schuhe geschoben werden konnte. In die Schuhe, mit denen dieses Etwas, dieser Poltergeist davonschleicht und irgendwann danach zurückkehrt – wann, das bestimmt aber er, der Poltergeist, das kann nicht ich bestimmen.

Was für die Fehlleistungen gilt, bleibt unverändert zutreffend für den grossen Bereich der Psychosomatosen. Wenn Sie weiterhin Ihre Grippe-Zustände dem sieghaft willkürlichen, unberechenbaren Walten einer grausam nach eigener Laune zuschlagenden Natur und den Gelüsten der Viren A und B überlassen wollen, tun Sie's. Sollten Sie aber bereit sein, eine Aussage dazu zu geben, und überdies noch bereit sein, sich mit einer Deutung auseinanderzusetzen, zu dem Thema, was es sein könnte, das Sie zum Opfer der Grippe macht, und wann so etwas geschieht: Nun, Sie werden erfahren, wie anders dann Ihre Stellung zum Virus, gleich ob A oder B, darüber wird – und unerklärlich, weil dem Erklären unzugänglich: Ihre Anfälligkeit für A, B, und was das Alphabet noch anzubieten vorhat, wird sich verringern.

Wo er aber endet: der Zugriffsbereich der Deutungsarbeit, das weiss ich nicht. Das weiss niemand. Allerdings, es braucht auch niemand zu interessieren.

Endet er, hahaha, nach deiner Ansicht auch nicht beim Krebs? – Die hämische Frage, man hört sie schon durch den

Raum schallen, die altbekannte Siegerfrage. Die Frage des Siegers – ja, wenn man nur würde sagen können, worüber der Sieger siegt, wenn er so fragt.

Seine Frage sei beantwortet: Nein, es endet dieser Zugriff auch nicht beim – hahaha – Krebs. Weil Auseinandersetzung mit ihm, diesem unbeschreiblichen, dunklen Vorgang, den die Ärzte des Mittelalters mit dem Sternbild des Cancer in Verbindung gebracht haben – woher der Name –, dessen Träger so verändern kann, dass sie, wenn der Versuch einer Bedeutungsgabe, das Ringen um sie, ernsthaft geschieht, bisweilen auch den Krebs verändert. – Freilich muss diese Auseinandersetzung sich in der Stille vollziehen, sie darf nicht vor der Öffentlichkeit geschehen – nicht also auf dem Papier von Bestsellern wie den Büchern von «Zorn» und Noll[12]. Weil damit, in solchen – fast muss man sagen: schamlosen – Auftritten vor dem Publikum das Wesentliche abhanden kommt. Und das ist das Ringen mit der eigenen, der persönlichen, der hier jetzt für dich, für mich geltenden Bedeutung dieser Sache, die dein, mein Krebs genannt wird. Dieses Ringen darf sich nicht coram publico zutragen. Dem Publikum kommt gerade die wesentliche Bedeutung in ihrer Privatheit lachhaft vor. Aber wenn es im Stillen vorgenommen wird, dieses Erfahrenwollen von Bedeutung, kann es schon geschehen, dass der Krebs – was immer das sein mag, niemand weiss, was durch diesen Namen benannt wird – sich besinnt, und dass er einhält oder doch langsamer zu schleichen anfängt. Ich glaube jedenfalls, belehrt von Erfahrungen um mich herum und von ihnen beeindruckt, Verläufe von Neubildungen solcherart verändert erlebt zu haben. Beweisen kann ich es nicht, dergleichen entzieht sich der Beweisbarkeit – in Richtung Verifikation und Falsifikation gleicherweise[13]. Wollte ich mich in die Region des Beweisens wagen, ich müsste rechthaben. Damit verlöre ich die Beziehung zum Partner.

Und wenn am Ende die Krankheit, Krebs oder was auch, mich fällt – irgendwann fällt der Tod uns alle: Dann ist es ein anderes Gefälltwerden, wenn ihm Auseinandersetzung vorausgegangen ist; wenn Auseinandersetzung es begleitet.

Wie Freud es, einmal mehr, gezeigt hat. Und nicht nur gezeigt, auch vorgelebt, als er seinen Kieferkrebs mehr als anderthalb Jahrzehnte mit sich getragen hat: genügend Zeit, um sich mit seinem kanzerösen Gefährten auseinanderzusetzen und mit dem Tod – seinem Tod – zugleich. Ich bin schliesslich kein Stück Vieh, so tönt es – dem Sinn nach exakt – durch Freuds Äusserungen zu seinem Krebs hindurch; ich weigere mich, so ein blöd vor mich hinlebendes Wesen zu sein, oder jetzt, durch Krankheit, eins zu werden, dass ich mich so ein paar hergelaufenen, wildgewordenen Zellen einfach ergebe.

Wenn Sie mich nun fragen, was das sei, Wahrheit am Krankenbett, so antworte ich Ihnen: *Das* ist sie, die sosehr zerredete Wahrheit. Dieses: Mein Krebs ist meine Sache. Und ist sie dadurch, dass ich ihn *zu meiner Sache mache*. Und dadurch mache, dass ich mir zu vergegenwärtigen trachte, was das denn von mir will, das da, was die Leute, Doktoren und Laien, Krebs nennen. Was also das Leben von mir will, und ich von ihm. Und was der Tod will. Und was ich von ihm.

Wogegen die ärztliche Erklärung: «Du hast Krebs» *nicht* als Wahrheit am Krankenbett gelten darf. Vielleicht muss man sie sogar die Lüge am Krankenbett nennen. Lüge deshalb, weil die Deklaration unterstellt, sie wisse, was sie sage, oder so tut, als wisse sie es.

Wenn er, dieser Kieferkrebs von mir, auch keinen *Sinn* macht, aber Sinn hat, eine *Bedeutung* kann ich in alledem für mich erkennen: so Freuds Haltung, wie sie sich durch seine Briefe und aus den Gesprächen mit seinem ärztlichen Begleiter heraushören lässt[14]. Bis zuletzt, als er allzu gebieterisch wurde, der Krebs das Leben unlebbar gemacht hat[15]. Und dies war dann der Moment für seinen Träger, sich ihm zu ergeben.

Das ist, was man Bedeutungsvermittlung nennen kann: ein Verleihen von Bedeutung am Ausgesagten, und in einer andern Dimension. Systemtranszendent also. – Wobei zu beachten bleibt, dass das Deuten nur so operieren darf: als Auseinandersetzung mit Vorgeschlagenem. Nicht, und bitte niemals, als ein Auf-den-Kopf-Zusagen von Deutungen, die keine sind, sondern Urteile, und erst noch Verurteilungen! Siegesbewusst daherkommende Exklamationen im Sinn und Stil von: Gelt, ich hab dich erwischt! – Ich hab dich bei deinem Krebs erwischt, oder ich hab dich, zum Beispiel, bei deiner Fehlleistung erwischt. Und erwischt hab ich dich dank und mit Dr. Freud. Jetzt hast du dich entblösst. Jetzt hast du gezeigt, wer du bist – was für einer du bist: So klingt es oft, viel zu oft, und pervertiert dann den Sinn dessen, was Deutungsarbeit (psychoanalytisch gesehen) ist und sein darf und jedesmal werden kann. Die so vorgehen, dass sie sagen, sie hätten dich erwischt, haben damit die Aufgabe des Deutens, seinen inhärenten Sinn, verlassen, pervertiert, und das Deuten unterderhand in eine Sache des Erkennens – des Schonlängsterkannthabens – umgebogen. Wie Uri Geller gerade Löffel zu unbrauchbaren Gebilden verbiegt, nur nicht so witzig, vielmehr hintergründig drohend: einem Richter vergleichbar, der Recht schon gesprochen hat, längst bevor die Auseinandersetzung sich einstellen durfte, die Erwägung mit ihren Ungewissheiten. Nur ungerechte Richter wissen, sie haben recht, noch ehe sie ihr Tagewerk begonnen haben.

Es muss festgehalten sein und sollte, bitte, nicht vergessen werden: So ein Deuten – was sich in solchem Sinn und Kontext Deuten nennt – ist kein Deuten[16]. Und wenn Kollegen, die geprüft haben, welche Intervention in der Psychotherapie hilft und was nicht hilft, oder wenig hilft, und dann feststellen, dass Deuten zu jenen Vollzügen zu zählen sei, die wenig helfen[17], so rührt das daher, dass sie mit Deuten dieses voraus schon Bekannte des (längst schon) Erkannt- und also Durchschauthabens im Auge hatten. *So ein* Deuten kann nicht helfen. Aber es ist auch kein Deuten. – Rechthaben und Unrechthaben, Rechttun oder Unrechttun, Recht gegen Unrecht: Es kommt dann das Sprechen von Recht oftmals in einer Form hervor, die erschrekkend zeigt, wie gefährlich es werden kann, wenn man das Recht bemüht in Situationen, die, der Rechtsprechung verschlossen, dennoch der Anmassung des Rechthabens verfallen.

In Situationen wie dieser: Jemand ist krank und trachtet nun, unterstützt vielleicht von einem Therapeuten, diesem Prozess durch Deuten eine Bedeutung zu verleihen aus der Absicht und mit der Hoffnung, mit einem schlimmen Schicksal auf diese Weise besser zurechtzukommen. – Dann taucht jemand auf und deklariert den Zustand als organisch, also materiell bedingt, mithin der Deutung unzugänglich, mithin auch bedeutungslos.

Gut bis zu diesem Punkt; dagegen lässt sich offenbar wenig tun. Wir leben in einer Zeit, die nur Tatsachen gelten lässt, harte Fakten, wie man genau treffend zu sagen gewohnt ist. Aber damit hat es noch nicht sein Bewenden; mit der Härte dieser Fakten wird dann auch noch alles andere totgeschlagen. Und so wird es denn auch üblich, dass diejenigen, welche mit ihren Fakten das Bemühen darum, einer Sache Bedeutung zukommen zu lassen, umbringen, sich auch gleich noch zu Richtern machen und beschliessen, durch Deutung habe man dem betreffenden Patienten Unrecht getan.

Sic: Unrecht getan. Weil die Bemühung des Geistigen – und Bedeutungssuche darf wohl als geistiger Akt bezeichnet werden – dem Materiellen als Unrecht vorkommt.

Das Zauberwort *organisch,* also materiell aufzeig-, und nicht nur aufzeigbar, sondern auch begründbar, dieses Prachtswort hat es an sich: Es erspart alles, Auseinandersetzung und zugleich die Anstrengung des Denkens. Der Stoff verdrängt den Geist, er verdrängt ihn nicht nur, er triumphiert über ihn und macht ihn sich hörig. Lachhaft, wer sich der Gewalt des Stoffes nicht beugen will.

Uns nicht gebeugt, ihrer umwerfenden Übermacht widerstanden haben wir in einer Situation wie dieser: als eine Pensionärin im Altersheim persistent und anscheinend hoffnungslos unbeeinflussbar ihren Zimmernachbarn, einen aufrechten betagten Gentleman, beschuldigte, dass er sie um ihr Geld, ihre Brille – und was eine Greisin sonst noch so braucht, um ihr kleines Leben erträglich zu halten –, dass er sie auch um dies wenige noch bestehle. – Ach ja, das kennt man doch, wenn eine graue Hirnrinde durch Senium verschmälert ist, und die Alte verlegt ihre Sachen, hält sie diese dann, um Schuld zu delegieren, für gestohlen; natürlich verdächtigt sie, nichts liegt näher, die Person ihrer nächsten Umgebung – was soll da dein Deuten? – Gesunder Menschenverstand gefälligst! –

Wirklich: Was soll es ? – Dies sollte es: noch nicht einmal, was man gemeinhin Deuten nennt, aber doch ein Überführen von einem Raum in einen andern Raum, mithin das, was hier, in diesem Kontext, als Deuten aufgefasst wird. Nämlich die Einladung an den Heimbewohner nebenan, der bisher, nach Manier eines pensionierten Offiziers, distanziert grüssend die Tür der alten Dame passiert hatte, auf die Dauer einer gemeinsamen Tasse Tee in deren Zimmer einzutreten. Diesem, nach vielen Monaten schweigsamer Nachbarschaft allerersten Gespräch folgten dann weitere Halbstunden von Mitteilung und Austausch, von Welt- und Küchenpolitik zwischen den zwei greisen Heimgenossen. – Was soll ich Ihnen sagen: Die Verdächtigungen haben aufgehört, und aufgehört hat die quälende Unruhe der alten Frau. Hat ihr Wahn. – Willst du etwa behaupten, du habest folglich die Grosshirnatrophie behoben? – Ich will das nicht behaupten, gewiss nicht. Nein, dieses Hirn, welches weit über acht Jahrzehnte Eindrücke gespeichert, welches Gedanken und Wünsche geformt und manche Tat beschlossen hat, soll sich jetzt in sich zurückziehen dürfen. Selbst wenn ich könnte: *dagegen* würde ich nichts tun. Aber um so eindringlicher soll gefordert sein, dass so ein altes Gehirn sich nicht nur noch in Hass und Zorn erhitze. Und dies scheint fürs erste – niemand weiss, für wie lang, und niemand weiss auch, auf wie manches ruhige Lebensjahr – geglückt zu sein. – Und willst du behaupten, der Bestehlungswahn sei eigentlich als Liebeswahn zu deuten? – Auch das behaupte ich nicht. Nie weiss ich, wie etwas «eigentlich» sei, oder zu deuten sei. Deuten ist mir vorschlagen. Mein Vorschlag war hier: Diese intensive Beziehung einer sehr alten Frau zu einem noch älteren Mann muss nicht eine Beziehung aus Hass bleiben.

Vielleicht kann man ganz anders deuten, was die Botschaft eines hochgespielten Verdachtes sagen will. Es kommt mir im Moment, also jetzt, da ich mit zwei alten Leuten in einem kleinen Zimmer Tee trinke, belanglos vor. Daheim kann ich darüber nachdenken, was solch ein Verdacht sonst noch bedeuten mag. Und auf Besuch im Hirnforschungslabor werde ich mit grossem Interesse durchs Phasenkontrastmikroskop schauen und mir die Feinstruktur einer durch Senium reduzierten Hirnrinde erläutern lassen. Auf vielen Gebieten kann man von vielen Seiten her vielfältig Erkenntnis gewinnen.

Man braucht sich nicht gegenseitig Kompetenz streitig zu machen, wenn es um gänzlich verschiedene Bereiche mit verschiedenen Denk- und Arbeitsweisen geht. Aber man sollte gewisse Grundsätze vernünftigen Denkens niemals preisgeben – auch nicht, wenn noch so schlagende facts das Denken überflüssig zu machen verheissen – oder vorgeben, sie machten es[18].

Denk-Ersparnis mutet jemand uns zu, wenn er Schizophrenie als Hirnkrankheit deklariert und dazu seine Deklaration mit Befunden von Reduktion der Hirnsubstanz unterlegt. Das soll, nach Absicht des Kollegen, der Beweis sein: Die Röntgenbilder, die er vorweist, lassen keinen Zweifel zu: Diese Gehirne sind atrophisch. Und also, wenn doch die Substanz verloren ist, was will dann euer Verstehen, was euer Deuten? – Unvermutet, unangemeldet schleicht sich so ein Imperativ, ideologisch ausgefüttert, in eine Beobachtung hinein. Befund und Ideologie: Atrophie pocht auf Moral.

Aber ein anfechtbarer Befund! So etwas passiert, wenn man über dem Beobachten das Denken vergisst – oder gar verbietet: Die Atrophie nämlich, solche Höhlen im Gehirn (Erweiterung der Hirnwasserkammern), solche Löcher im Kopf können nämlich, dies vermerkt der betreffende Autor selber, nur bei Kranken beobachtet werden, die alleingelassen in Anstalten vegetieren. Übrigens: Nur diese lassen es wohl auch zu, dass man sie, einfach so und ohne jede therapeutische Notwendigkeit oder auch nur Rechtfertigung, der unangenehmen und überflüssigen Auffüllung ihrer Gehirne mit Luft aussetzt, einer Massnahme, von der man zum Voraus weiss, sie hat keine therapeutischen Konsequenzen. Und was da wie ein biologisch bedingter Prozess aussieht («biologisch bedingt»: welch mystisches Zauberwort mit der Attitüde, es stamme aus den Höhen der Vernunft!), das müsste doch erst selber den Gedanken zulassen, dass in der belebten Natur jedes Organ und ein jedes System – aber ohne eine einzige bekannte Ausnahme – atrophisch wird, wenn man es nicht gebraucht. Und weshalb das Gehirn von dieser Regel abgehen sollte – ausgerechnet das sensibelste Organ, das wir beherbergen –, das ist schwer einzusehn. Nicht machen also die Löcher, die das Röntgenbild zeigt, etwa die Krankheit Schizophrenie, sondern die Verwahrlosung, der man diese Patienten überlässt, stanzt solche Löcher ins Gehirn. Die Verwahrlosung und die Gefühllosigkeit.

Löcher im Kopf, geboren aus Löchern im Denken: So kommt's heraus, wenn man die Mühe scheut, und das Risiko damit, sich dem Deuten, dem Verwirklichen von Äusserungen zuzuwenden, und so die Expression unverwirklicht sich selber überlässt, einsam im Raum schwebend, verloren – und die Patienten mit. Weil ihren Expressionen keine Bedeutung zugedacht wird, verharren deren Träger in Bedeutungslosigkeit.

*

Mit alledem dürfte es kaum gelungen sein, alle die Sieger über ein Bemühen um das Auffinden von Bedeutung zu einem vielleicht ergiebigen Gespräch eingeladen zu haben. Einem Gespräch, in dem es darum ginge, zu erwägen, ob es irgendeinen Wert haben könnte, wenn man Expressionen zu Aussagen werden und Aussagen durch Deutungen, Vorschläge also, zu einem Anteil an gelebtem Leben sich entwickeln lässt.

Vielmehr werden die Meister der Beobachtung sieghaft weiterfahren. Hahaha. Und Aids, hahaha: Soll Aids auch auf deine Deutungen warten?

Nun denn: Aids. Ich habe bis heute noch keine Aids-Patienten empfangen. Aber auf diese Aufgabe werde ich vorbereitet. Wurde ich letztmals heute, am Tag, da dieses Kapitel zu Ende geht, in gleich zwei Gesprächen vorbereitet. Das erste mit einem deklarierten und bewussten Homosexuellen, der auch Praktiken betreibt, welche Aids-Gefährdungen mit sich bringen. Er hat Angst vor Aids, sagt er.

Nicht kann es hier um Beruhigung, um Beschwichtigung gehen. Jedoch darum, die Angst zu deuten – es zu tun, ehe man abklärt, wie «berechtigt» diese Angst ist –, als gäbe es das: berechtigte oder dann unberechtigte Angst. – Aber dass Aids meinem Analysanden, damit der Art, wie er sein Leben führt, eine Bedeutung zu geben vermöchte, die ihm sonst abgeht, dass so ein Leben lebbar und so ein Tod sterbbar ist: Das wurde – zum Glück – so nicht angenommen, mit diesem Vorschlag, aber es hat eine Auseinandersetzung angeregt, die, obgleich noch nichts gewiss, weniger noch geändert ist, doch schon eine Beruhigung erzeugt. Durch deutenden Hinweis auf mögliche Bedeutung. Ich vermute, dass damit jetzt an die Stelle dieser gefährlichen Praktiken andere Freuden treten können, ohne dass das Gefühl von Verzicht auf Lebenswerte allzu bedrängend wird.

Und nochmals Aids: Jetzt als Thema von einer Besucherin vorgebracht, die eben daran ist, sich behutsam aus ihrer Depression zu erheben. Nun fällt ihr ein, wie da vor Zeiten, als sie nicht depressiv war, etwas gewesen ist, ein kurzes, offenbar erotisches Begebnis, von dem kaum gesprochen wird, auch nicht gesprochen werden muss. – Zu Ende dieser Sitzung gesteht die Patientin (ich bitte den lachenden Sieger, dies wahrzunehmen), dass es an ihrer Unruhe nichts geändert hätte, wenn man ihr ein negatives Resultat ihres Aids-Tests vorgelegt hätte.

Aber jetzt diese Unruhe: Welche Bedeutung Aids hat – Aids als Ganzes und Aids für uns alle, Aids für unsre Zeit –, das weiss ich nicht. Ich zweifle, ob jemand das weiss, gewiss nicht der verdiente Dr. Gallo. Von ihm erwarten wir anderes (wenn die Lösung des Aids-Problems nicht aus einem ganz anderen Winkel kommt). Jedoch: Aids hier, Aids jetzt, allein als ein Drittes neben meiner Patientin und mir, das wartet auf Deutung.

Ich versuche diese Deutung der Aids-Furcht – diese Deutung zu einer Aussage über Aids:

> In Ihrem so lang in Depression erloschenen Leben mit seiner unterdrückten Liebe könnte Ihnen das verzehrende Feuer von Aids das Feuer repräsentieren, das lodernde Feuer der Liebe. In Aids substantialisiert, weil es in anderer als dieser Erscheinung keinen Zugang zu Ihnen findet.

Dies ist, bittesehr, ihr Aids, meiner Patientin ihres. Es ist nicht euer Aids.

Zwei Beispiele von Aussagen und ihren Deutungen, und je ein Hinweis davor und danach, sowie ein Entr'acte inmitten

Geschlagen, abgeschlagen, niedergeschlagen: In diesem Zustand soll er sich, wird von ihm verlangt, aus dem Bett erheben. Zur Rehabilitation nach einem grossen Myokardinfarkt mit Schenkelblock – was immer der Herzspezialist meint, wenn er sich so ausdrückt. Für den Träger dieser Diagnose heisst das: Beengung, Schmerz überall, nicht nur in der Brust, Perspektive von Invalidisierung, und alles über ihn gestülpt, nein gestürzt in einer Phase, die ihm sein, oder endlich werden, sollte, was der Erfolgreiche gern als sein bestes Mannesalter bezeichnet. Zur Rehabilitation: Er kann nicht einsehen, auf was hin er rehabilitiert werden muss.

Jaja, die Managerkrankheit! – Und das sagt ihm auch noch einer, auf den er jetzt schicksalhaft angewiesen ist; jemand im weissen Kittel, das Stethoskop kleidsam um den Hals gehängt und mit silberglänzendem Hämmerchen in der Tasche sicht-, vor allem klingend hörbar, wenn es rhythmisch den Schritt akzentuiert wie einstmals die Sporen, als der Ritter abgestiegen war und zwischen Damen und Jungfern den Schlosssaal betrat.

Die Managerkrankheit – und dies jetzt, da offenkundig zu werden droht, dass ausgemanagt ist, für alle Zeiten. Und wie viele Zeiten können alle Zeiten schon noch bleiben …

Da ist zum Glück noch jemand. Noch ein Wesen funktioniert auf demselben Stockwerk der Krankenabteilung. Ohne Stethoskop und ohne Hämmerchen, jedoch bewaffnet mit Schrubber und Eimer folgt sie in gebührendem Abstand den klingenden Schritten des Heilers. Ihre Kenntnisse der Sprache sind karg. Wenn man von Apulien kommt, den ganzen Stiefel herauf muss und über die Alpen, um mitzuhelfen, dass drei Generationen in ihren Trulli zu leben haben, so hat man es versäumt, sich Sprache anzueignen. Jedoch, *il cuore* macht sich überall begreiflich als das, was man zwar benennt aber nicht spürt. Und *wenn* man es spürt, dann erst, wenn's zu spät ist: wenn es sich meldet, weil es beansprucht, dass man ihm die Aufmerksamkeit gebe, die es, für lange Zeit unbemerkt vor sich hinschlagend, hatte entbehren müssen.

Und das ist es, was Margarita aus dem tiefen Süden in einem einzigen Wort jetzt dem blass apathischen Mann sagt. Il cuore, ehe sie aus dem Zimmer geht und der Zurückbleibende nach den Pantoffeln angelt. Irgend etwas wie dies: Jetzt weisst du, du hast ein Herz. Nichts weiter.

Das aber war eine Deutung, was Margarita hier liegengelassen hat. Und als Deutung wirkt es lange nach. Deutung, das ist: Übersetzung aus einer Sprache in eine andere Sprache, aus einem System in ein anderes System – hier: aus Schmerz, Ab- und Niedergeschlagenheit, aus Apathie in ein Wort voll reicher Einschlüsse, il cuore.

Dass er bisher herzlos gelebt haben könnte: Margarita hat es nicht gesagt. Die echte Deutung wirkt durch das, was sie wissend verschweigt. Die gute Deutung wird nie persönlich. Die richtige Deutung belehrt nie. Die feine Deutung deutet *an*. Vielleicht deutet sie behutsam *auf* ..., weshalb sie Deutung heisst; nie will sie zeigen, was der Deutende weiss, wieviel mehr er weiss als der Empfänger der Deutung. Die treffende Deutung kann nicht rechthaben (niemand hat recht, wenn er sagt: il cuore, niemand könnte Unrecht haben mit diesem Hinweis). Die genaue Deutung stösst an, indem sie vieldeutig bleibt. Sie schlägt vor.

Treffend hat Margarita angeregt, vorgeschlagen. Sie hat nichts gesagt in der Art: Das kommt davon – von deinem Managertum. – Dein Herz ist es, was du spürst: Das hat sie gesagt. Nichts aber vom Symbolwert des Herzens und nichts von ganzheitlicher Schau des Menschen oder vom Herzen als Zentrum des Menschseins. Für dergleichen ginge dem ins Bett Geworfenen jetzt jedes Organ ab. Noch auch hat Margarita etwas verlauten lassen wie: Ich kann mich in dich einfühlen/ich verstehe dich/ich weiss, was das ist, ich habe es selber gehabt/mein Vater hat es gehabt, ich habe ihn gepflegt, bis er *(daran!)* gestorben ist. – Verstehen missversteht sich, wenn es beansprucht, dass es Einfühlen sei; oder das Verständnis für einen zu Verstehenden, der es gar nicht zulässt, dass ihm Verständnis entgegengebracht werde. Was sich solcherart für Verstehen hält und als solches gebärdet, ist Äusserung von Hochmut gegenüber einem Wehrlosen, noch schlimmer: von Wohlwollen, von Herablassung, am schlimmsten: von Leutseligkeit. Und bei weitem fataler als alle Auffassungen solcher Art kommt diejenige heraus, welche es liebt, sich auf gleiche Erfahrung als verbindliche Grundlage von Verstehen zu berufen. – Wenn der Patient im Zimmer hier sagen könnte, was er sagen wollte, hingestreckt in sein Bett, so würde er sich gegenüber Deutungs-Unterfangen wie diesen etwa wie folgt vernehmen lassen: Du hast einen Herzinfarkt gehabt – bittesehr, das ist deine Sache. Mit meinem Zustand jetzt hat sie nichts zu tun. Fraternisiere gefälligst nicht mit mir. Dein Infarkt gibt dir nicht das Recht auf Frère-et-Cochonnerien, welcher Art immer. Auch dann nicht, wenn mich jetzt ein solcher hingeworfen hat. Ich habe mich nicht um Mitgliedschaft im Club der Infarktionäre beworben, gedenke es auch nicht zu tun. Bitte dies zur Kenntnis zu nehmen.

All das scheint die weise Frau aus dem tiefen Süden geahnt zu haben. – Nicht einmal dies hat sie gesagt: Wenn man etwas spürt, so weiss man, dass man es hat. Il cuore hat sie gesagt. Sapienti sat – dem Wissenden genügt es. Eine Wissende und ein Ahnender sind auf Kurz in einem Zimmer vereinigt gewesen. Und jetzt ist ein Ahnender daran, zum Wissenden zu werden.

Bitte stellen Sie sich nun vor, was Margarita mit dem Hinweis darauf anfangen wollte, dass sie recht habe – oder unrecht habe. Für sie gibt es beides nicht: rechthaben so wenig wie Unrecht haben. Der junge Kardiologe aber, der Ritter vom Goldenen Vlies – oder silbernen Hämmerchen – weiss, er hat recht mit dem, was er seinem Patienten gesagt hat. Ursache ist ihm gleich Schuld: die, wie er zu sagen pflegt, anzuschuldigende Ursache. Aus dieser Gewissheit schöpft er sein Recht: zu erklären, das sei die Managerkrankheit. – «Aber das bringen wir schon hin, das machen wir schon», hat er noch beigefügt. Wer das wohl sei, was für ein achtfüssiges aufdringliches Untier, dieses *wir,* denkt der Patient. Aber er wird sich hüten, es zu sagen.

Mit der Erklärung «Managerkrankheit» hört alles auf; dahinter hat nichts Platz. Mit il cuore dagegen kann vieles seinen Anfang nehmen, so wie es jetzt zurückbleibt, gesagt aus jener Schweigsamkeit einher mit Beredsamkeit in selbstgewisser Ergänzung, und mit dem Takt, den man oft über dem Rand des Putzkessels antrifft, wenn man ihn auf sich zukommen lässt.

Es kann seinen Anfang nehmen – aber es kann warten. Es bleibt liegen, bis es seine Zeit hat. Nach Margaritas Besuch spürt er es immer noch gleich in seiner Brust. Aber es ist ihm weniger feindselig geworden, dieses fremde Wesen, in ihm drinnen tikkend wie die Totenuhr, sichtbar ihm nicht gehörend in den Wellen des Monitors, der den Schlag *seines* Herzens aufzeichnet.

*

Längst wartet die Abbildung vom Kopf dieses Kapitels. Sie muss mit einigen Negationen vorgestellt werden. – Zunächst diese erste Verneinung, dieser Hinweis: Das Bild hier liegt vor, als gäbe es eine Aussage wieder, den gezeichneten Text auf einem Blatt Papier, wie irgendein Stilleben von irgendeiner Hand – einer nicht sonderlich einfallsreichen und geschickten, auch ungeschulten Hand – wie es solche unzählige gibt, hingesetzt als Zeichen, welches sich zur Deutung anbietet, auch wenn es vielleicht die Mühe dafür kaum zu lohnen scheint.

Aber das ist anders bei diesem Blatt. Der Dialog, den dieses Bild anbietet, unterscheidet sich von der inneren Auseinandersetzung, wie eine solche etwa aus Van Goghs Stilleben geläufig ist: jenem Wechselspiel aus introjizierter Anrede mit ebenfalls introjizierter Antwort, dem gegenseitigen Einanderstören, bisweilen -zerstören der expressiven Kräfte. Von Kräften, die in ihrer Flammenschrift unsere Deutung herausfordern. Dieser innere Zweikampf bei Van Gogh ist hier, auf dem Bild vor uns, aufgeteilt in zwei: in das Zusammenkommen zweier verschiedener Leute, die da, miteinander umgehend, dieses Bild zeichnend zustande gebracht haben – und deshalb nicht mit derselben Leidenschaft zu fechten brauchen. Hier haben zwei sich über das Papier zu Anrede und Antwort gebeugt. Eine Person redet an, die andere antwortet. Dies ist es, das ruhige Anreden und Antworten, zerlegt in zwei, die jeder den andern gelten und sich gegenseitig bestehen lassen. Dieses andere Entstehen, aus zwei Händen, die sich ergänzen, lässt das Bild versöhnlicher erscheinen – harmloser als die Schlachtfelder Van Goghs, und seine Bilder sind immer Schlachtfelder, können nichts anderes sein, ganz ohne Ansehung ihres Inhaltes. Van Gogh: Ein Stuhl zeigt ein

Schlachtfeld, drei Sonnenblumen in der Vase: Sie tragen Schlachten aus, und das tut auch noch ein Billardtisch im verlassenen Bierlokal, selbst ein Paar abgetragene Pantoffeln gibt diese innere Auseinandersetzung zu ahnen. Belanglos doch und total nebensächlich, was darauf abgebildet ist: Die Striche kämpfen bei Van Gogh, sie weigern sich, zu Linien zu werden. Es ficht gegen sich, es ficht gegen es, und am Ende ist daraus – zufällig und wohl auch widerwillig – etwas wie ein Bild geworden. – Das ist Van Gogh. Die Auseinandersetzung zwischen zweien, ausgetragen von einem: Man wolle das nicht vorschnell Spaltung nennen (und an Spaltungs-Irresein denken), es ist das Wesen des Kreativen, dass die Anrede sich selbst antwortet, noch ist ihr Text nicht nach aussen gedrungen, noch hat niemand auch nur die Chance gehabt, zur Antwort anzusetzen. Was herauskommt – und sich wie Anrede gebärdet – hat seine Antwort längst schon einbezogen und gibt Aussage wahrzunehmen, unfähig und unwillig, sich der Antwort von aussen zu stellen, gleich wie sie lautet, gleich von wem sie kommt.

Wie versöhnlich sieht dagegen dieses Blatt aus. Und das ist, was es so unbedeutend macht: dass nichts von hineingenommener Auseinandersetzung in ihm spricht. Dass alles ruhig, in stillem Rhythmus herausgelegt ist, anvertraut diesem Bogen Papier. Das Bild, wenn es fertig vorliegt, präsentiert einen Ort des Verstehens, das Medium, über welchem zwei Partner sich getroffen haben, und nur auf kurze Zeit. Zwei – zum Glück gleicherweise mittelmässige, von Ambitionen freie – Zeichner, deren einer mit dem Verfasser identisch ist, haben es gemacht. Keinem von beiden eignet die zerklüftete Stirn, die ihrem Schöpfer Van Gogh auf all seinen Selbstbildnissen sichtbar so rätselhaft vorkommt, dass er sich selber durch sie hindurch suchen muss und niemals findet. Hier jedoch, auf diesem Blatt vor uns begegnen einander zwei durchschnittliche Köpfe. Und dennoch, einer von ihnen – es war mein mitzeichnender Partner – spürte in sich widerstrebende Kräfte, die er nicht hat benennen, auch nicht orten können.

Und jetzt, da es als Gemeinschaftswerk meines Patienten und meiner vorliegt, als bescheidenes, für uns dennoch wesentliches Dokument einer Austragung: Jetzt kann es als Aussage gewertet, mithin auch gedeutet werden. Nun ist es losgelöst von uns beiden. Es gehört uns nicht mehr. Jetzt kann jeder mit ihm anfangen, was ihm beliebt; es deuten, wenn es ihn dazu anregt, oder es ungedeutet zur Seite geben.

Und gleich noch eine Negation zum Anfang: Dieses Bild steht nicht verkehrt. So, wie es steht, steht es richtig. Richtig für den Aspekt, unter dem es sich mir vorstellte, als es aus gemeinsamer Bearbeitung durch zwei Hände entstanden ist. Auch mir hat es damals kopfgestanden, aufrecht dagegen für den andern Zeichner, den bestimmenden, und das war der Patient, mit dem es in Zusammenarbeit, Strich für Strich, Linie gegen Linie, gewachsen ist, bis es fertig war.[1]

Dieses Bild ist also kein Bild. Von der Absicht her, unter der es entstanden ist, sollte es nichts darstellen – und soll es dies auch jetzt, da Sie es betrachten, nicht; lediglich Striche abbilden: Striche unserer Bewegungen auf-, zu-, gegen- und voneinander. Das, was von diesen Bewegungen zurückgeblieben ist – jetzt, da wir beide längst andern Aufgaben verpflichtet sind –, das ist hier zu sehen: Striche, die erst aus dem Prozess des kommunizierenden Zeichnens zu Linien sich entwickelten: zu gerade ausgezogenen, geschweiften, gebogenen und gezackten Linien. Zu Linien namentlich, die im Lauf der Minuten, während derer wir beide uns über dem Blatt und vermittels seiner zu verständigen trachteten, von Seiten meines vor-, dann mit- und nachzeichnenden Gefährten immer deutlicher, namentlich entschiedener geführt wurden.

Was hier zu sehen ist, präsentiert sich somit als Beleg einer auf kurz medialisierten Beziehung. Nicht aber finden sich hier – und dies ist die dritte Negation – Abbilder von Gegenständen; jedenfalls: nicht von der Absicht her, die uns über diesem Blatt zusammengebracht hat. Sollte dennoch jemand auf kopfstehende Blüten, Blätter, Gräser, auf ein Gefäss, das sie umfasst, zu schliessen versucht sein, so tut er es, wie man sagt, auf eigenes Risiko, und jeder Vergleich mit bestehenden oder gewesenen Gegenständen wolle bitte als rein zufällig angesehen werden.

Sinnvoll jedoch, gemäss dem Sinn, welcher die Regeln des Verstehens, seiner Gestalten und Variationen bestimmt, kommen Duktus und Rhythmus der Linien hervor; sinnvoll präsentiert sich diese Resultante aus wortlos gebärdeter Zwiesprache. Als etwas wie ein Foto, worauf die Augenblicke der Spontanbewegungen fixiert bleiben, die mein Gegenüber und ich im Vorgang von Einanderbegleiten, -erweitern (noch nicht -stören) vollführt haben, vergleichbar der Verständigungs-Choreographie, mittels derer zwei von Taubheit betroffene Gesprächspartner miteinander verkehren. Damit das Zeugnis dieser Kommunikationsmotorik über die Zeit hinaus sich bewahre, in der sie gespielt hat, dafür haben die beiden in stumme Zwiesprache Einbezogenen sich mit Zeichenstiften bewehrt, gewissermassen zur Verlängerung ihrer gestikulierenden Hände. So blieben die Linienzüge der Bewegungen dem Papier überlassen, durchaus vergleichbar dem Vorgang, nach welchem im Elektrokardiogramm das ständige Wechselspiel der Induktionsströme, synchron ausgesendet von der linken und rechten Herzseite – ein Spiel, das unablässig läuft, ein Leben lang, aber im allgemeinen ebenfalls von niemandem aufgezeichnet wird –, während einiger kurzer Momente für immer über dem Papier verbindlich fixiert bleibt: als das in Kurven erstarrte Relikt einer Verständigung; oder des Versuches zu einer solchen.

Hier wurde also nicht in Worten geredet, sondern durch Zeichen, mittels Linien, von denen es gewöhnlich seine, des Partners, Hinweise waren, welche die meinen angeregt haben; angeredet. Und auf sie hat dann meine Hand geantwortet. So ging das weiter: Die Antwort von meiner Seite hat danach die Natur von Anrede übernommen, und es ergab sich ein Verstehen, das an- und fortdauerte, bis es sich erschöpft hat. Was hier heisst: bis das Bild – wie gesagt: nicht die Darstellung von irgendwelchen Objekten, sondern eine Sammlung von Zeichen des Verstehens, der Übereinstimmung, der Fortführung – nach Dafürhalten meines Partners an ein Ende gekommen war.

So präsentiert sich jetzt das fertige Bild: als Beleg frei ausgetragener Verständigung. Das ist: einer Verständigung, in welcher von beiden Seiten her Anrede und Antwort als äquale wechselseitige Stimulation aufkommen. Und weil hier Äqualität durchwegs den Rhythmus des Geschehens bestimmt hat, ist kaum auszumachen, welcher Anteil des Gespräches – hier: des fertigen Bildes – jeweilen von meinem Gesprächspartner ausgegangen, welcher von mir gekommen ist. Auch damit illustriert also das Zwiegespräch in Linien den Vorgang, der sich beim verbalen Dialog zeigen lässt. Für diesen wie jenen gilt ja: Wenn ein Dialog in Worten gelungen ist, so fällt es danach den Partnern immer schwer, zu memorieren, wann welcher von ihnen was gesagt hat. Und wie er es gesagt hat. Das Gespräch verwächst, verschmilzt, während es sich zuträgt, und erst recht wenn es vorüber ist, zur dialogischen Einheit, zu einem Ganzen, das die Beiträge derer, aus deren Wechselspiel es gewachsen ist, am Ende vollkommen gegeneinander verwischt; sosehr, dass man nicht mehr sagen kann, wer jeweilen was an die Entwicklung und den Verlauf der Einheit beigetragen hat, deren Resultat man Verständigung nennt.

Was diese Zeichnung anbetrifft, so weiss ich aber, dass ich mich, als sie entstand, namentlich zu Anfang sehr zurück- und also sorgfältig ans Begleiten gehalten habe. In facto: Ich habe den Linienführungen meines Patienten behutsam fast ausschliesslich Parallelzüge – zur Bestätigung seines Vorgehens, zu seiner Begleitung – beigefügt. Danach habe ich erweitert, zum Beispiel

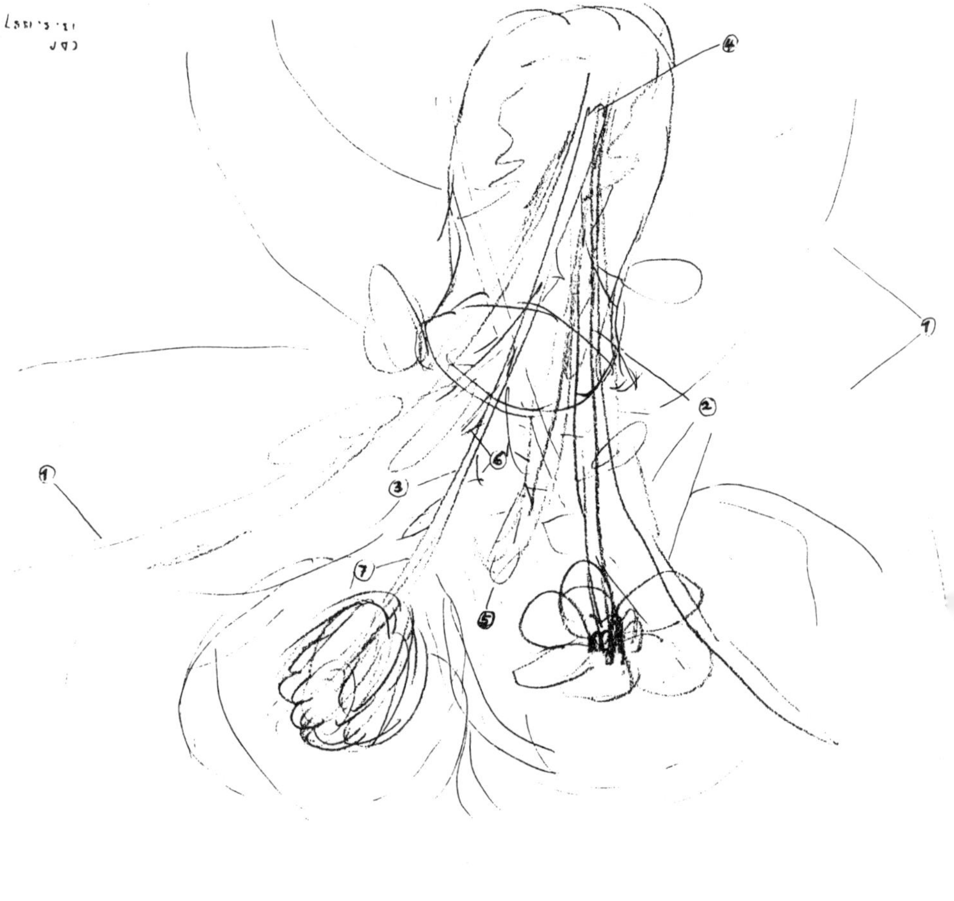

die bogenförmigen dünnen Zutaten auf beiden Seiten ausserhalb des Bildes hinzugegeben (Ziffer 1). Dies tat ich, um den leeren Raum aufzufüllen und die Bewegungen meines Partners freier werden zu lassen, damit dieser weniger bedrängt werde durch die saugende Leere des weiten weissen Raumes. Jede leere Fläche hat es an sich, dass sie endlich ist, jedoch sich vergrössert, sich ausdehnt, wodurch sie etwas ungemein Herausforderndes, man muss sagen: Beängstigendes in die Situation bringt: die Grenzenlosigkeit in der Endlichkeit. Cézannes Aquarelle, auch fast alle Picassos mit ihrem vielen Weiss, welches dem Nichts eine provokante Etwas-Qualität gibt, zeigen, und Rorschachs Auffassung von der Bedeutung der Zw-Gestalten bestätigt es[2], dass die Leere, als Abbild von Raum- und Zeitlosigkeit, mit ihrer Unendlichkeit an Offerten und damit – jetzt interpretiere ich – Versuchungen eine Bedrängnis mit sich bringen, die den einen lähmt, während sie andere zum Bewegungs- und Gedankensturm aufstachelt.

Aber jetzt muss endlich gesagt werden, was denn dazu veranlasst hat, in dieser Behandlung, ziemlich zu deren Anfang, Papier und Stifte vorzulegen: Nicht ist dies geschehen, um Kreativität, Kunst gar, in die Therapie hineinzutragen. Nach meiner Erfahrung ergibt sich das Kreative zumeist von selber als erfreulicher Nebeneffekt der Therapie in deren Verlauf, und es entwikkelt sich um so reicher und eigenwilliger, je weniger der Analysand dazu bewegt wird, seine schöpferische Kraft zur Wirkung zu bringen. Eine gute Therapie soll möglichst wenig «veranlassen». – Hier war ein anderes Problem vorwaltend, und dieses war gegeben durch die Neigung des Patienten, sein eigenes Anreden durch eigene Antworten zufriedenzustellen. Also etwa dies zu unternehmen, was soeben durch Hinweis auf Van Gogh angedeutet wurde und sich beispielhaft auch in dem «Reklame»-Gedicht von Ingeborg Bachmann vorgelegt findet. – Wer in sich redet, sich mit sich selber anredet, sich mit sich beantwortet, verläuft sich am Ende völlig in sich selber. So, wie es Ingeborg Bachmanns Schicksal war. Und dasjenige Van Goghs.

Herausholen dieses hineingenommenen Dialoges, Juxtaposition des zirkulären Selbstgespräches und Zurückgeben desselben an die Zwiesprache: Das ist eine Aufgabe, eine von den wichtigeren Aufgaben, der Psychotherapie. Zumeist braucht man nichts vorzukehren; man kann zuhören und warten, bis der Zirkel sich von selber öffnet. Es spricht aber wenig dagegen, dass der Therapeut sich aktiv in die Position der antwortenden Stelle versetzt, und da hat sich mir die Methode des Kommunizierenden Zeichnens (CDP, 1977 beschrieben[3]) angetragen und sehr bewährt. Dieses Verfahren regt an, ohne dass es zu viel fordert, und vor allem: Es zeigt am Ende, wie die innere Austragung zur paarweisen, wie damit das Spiel aus Anrede und Antwort schliesslich zur verselbständigten Aussage werden kann.

Wie dann, nach nur wenigen Minuten, das Bild fertig war, erwies sich mit Abschluss gemeinsamen Zeichnens auch schon diese merkwürdige Wandlung als vollzogen: Was entstanden war im Kurvenverlauf eines kontinuierlichen Duettierens der Gebärden, sich entwickelnd aus Begleiten und Erweitern, das lag nun, als es sich, beendet und im Bilde festgehalten, präsentierte, vor in der Gestalt einer Aussage; von uns beiden losgelöst, dieses Blatt voller Zeichen, sequestriert und nicht mehr uns gehörend, als wäre es nicht soeben aus unsern Händen heraus gewachsen. Und nun, weil zur Aussage geworden, erwartete es Deutung. Deutung, das ist – ich wiederhole es bis zum Überdruss und ein bisschen darüber hinaus – Transposition von einem System in ein anderes System. Hier also, in diesem besonderen Fall, Übersetzung aus den Gesten, wie sie aufs Papier fixiert vorlagen, in den flüchtigen wörtlichen Ausdruck.

So stellte sich sinngemäss die Forderung ein, dass ich zunächst mit Worten wiederzugeben versuchte, was wir vor uns in der Hieroglyphenschrift von Zeichen zu lesen bekamen. Soeben hatten wir da zusammen etwas gezeichnet, aber es lesen, das konnten wir nicht. Was Bollnows Wort über den Schriftsteller sagt, gilt für jede kreative Gestalt und deren Kreation. Auch wenn diese Gestalt sich in zwei Personen dichotomiert hat. Somit auch für dieses vor uns liegende Blatt[4]. Und ein Bild – jedes Bild – will ja gelesen werden wie ein Schrifttext, gedeutet wie dieser, in keiner Hinsicht anders. Ungedeutet bleibt seine Aussage verschlossen hinter den Figurationen eines nichtssagenden, belanglosen Helgens. Dies gilt für – nochmals – jedes Bild, ohne Ansehung namentlich dessen, ob es sogleich etwas Dargestelltes erkennen und beschreiben lässt, oder ob es seine Aussage in Linienverläufen äussert, die sich gegenständlicher Zuordnung verweigern. Es gilt gleicherweise für Bilder jeden Ranges, belanglos ob Rembrandt, Picasso oder Bodenheimer plus Gefährte.

Ich deutete also meinem Gegenüber, was ich zu sehen bekam – was wir beide eben miteinander fertiggebracht hatten. Zunächst schilderte ich, wie die Linien des Bildes verlaufen; eines Bildes, das keines sein sollte und nur zufällig eins geworden ist. Wie die Züge der Zeichenstifte aus zögernden initialen Exkursionen (Ziffer 2), aus Bewegungen von Verständigung, die als Stricheleien über dem Blatt liegengeblieben sind, im Verlaufe des Wechselspiels von Anrede und Antwort, als Dokument des Verstehens mithin, zusehends sicherer, nämlich aufzeigbar fester und länger durchgehalten dem Papier anvertraut wurden (Ziffer 3). Danach deutete ich auf die Verteilung der Zeichen im Raum und fuhr dem Duktus der Liniengebilde nach: wie da von einem nahezu punktförmigen Zentrum auf der Seite des mir gegenüber sitzenden Partners aus (Ziffer 4) die geschweiften Linien gegen mich, also nach aussen zu, dorthin, wo der Andere zu finden ist, sich ausbreiten. «Fast wie ein Blumenstrauss», wagte ich deutend beizufügen. Dass diese Linienkombination in der Mitte des Bildes, wenn man sie interpretieren will, einen Strauss darstellen könnte – als Strauss gelesen werden *könnte,* nicht muss –, mochte als behutsam vorgebrachter Witz angehen, zugleich aber und vor allem darauf weisen, dass unsere Aufmerksamkeit vorzüglich dem Spiel von Zeichen zu gelten hatte und eben nicht der platten Frage, womit deren Bildcharakter zu identifizieren sei, noch gar, was dieses Bild zu bedeuten habe. – Zu bedeuten hat das Bild nichts. Kein Bild hat je von sich aus etwas zu bedeuten gehabt. Nichts ausser dem, was die Beschauer in es hinein deuten und immer neu und womöglich jedesmal anders hineindeuten.

Über meine Bemerkung («fast wie ein Blumenstrauss») hinaus sollte der beiläufige Hinweis auf einen Blumenstrauss *an*deuten, und eben nur andeuten, welche *Be*deutung man (neben einer Menge sonst möglicher Bedeutungen) einem Bouquet geben kann, dem Blumengebinde – *jedem* Gebinde – dem gezeichneten gleichwie dem gepflückten oder gekauften, wenn es eingestellt in die Vase oder präsentiert von der Hand seines Spenders vorliegt: wie es sich von innen-unten erweitert, Händen vergleichbar, die sich aus- und entgegenstrecken, auf den Betrachter oder Empfänger zu. Und diese Hände vielleicht auch ersetzen müssen. So wird die Deutung übertragen auf das straussartige Gebilde auf dem Papier, welches mein Partner, seinem Zeichen-Gefährten entgegen, sich hat öffnen lassen.

Nun lag es nahe, dass im Anschluss daran mein Finger den Linien entlang fuhr, die mein Partner zunächst stets in sich selbst zurück hat gehen lassen, kaum auslaufend alsbald um 180 Grad gekehrt (hier mit Ziffer 5 angezeigt), zurück gehend an ihren Absender, bei dem es ihm – und schon deute ich, beschreibe nicht mehr – sicherer scheinen mochte als bei irgendwelchen andern Leuten. Retour also, um Anrede zu vermeiden, um sich der Antwort zu entziehen. – Treffendes Detail: die zackigen Linienzeichen, aus- und abrupt zurückfahrend (Ziffer 6), vom Aspekt her Dornen vergleichbar, welche gegen jede Annäherung, gleich mit was für Vorhaben, absichern. Wie danach die Linien sich zusehends entschiedener, kühner formten; wie sie draussen blieben, immer ausgeprägter und nachhaltiger im Verlauf dieses Gesprächs mit Zeichen, je länger dieses anhielt, und nicht mehr zurück mussten (Ziffer 7), bis sie, angeregt vielleicht – vielleicht, ich weiss es nicht, ich schlage es vor – von meinen erweiternden Zutaten, durch diese auch ermutigt, sich entschlossener öffneten[5]. Will sagen: Wie sie eindeutiger dem Beschaut-, damit auch dem Risiko des Verletztwerdens sich stellten und mithin, mag sein, darauf vertrauten, dass hier und jetzt ein Blick, eine Berührung, selbst eine Verletzung, zu ertragen sein würde, oder jedenfalls ein Risiko wert wäre. «Vergleichbar einer Blume: unten Dornen, danach Knospe, schliesslich die Blüte, wie sie aufgeht und offen bleibt»: Diese Deutung ist dann schon nicht mehr von meiner Seite gekommen, sondern von dorther, wo diese Linienverläufe, die man als geschlossene und geöffnete Rose interpretieren kann, ausgegangen sind.

Wer jetzt Überlegungen anzustellen genötigt ist, welche in Richtung des Auffindens von anthropo-kosmologischer Einheitssuche laufen, dem kann es nicht verwehrt werden: Ein zackiges Linienbild, ausgehend und unangekündigt zurücklaufend, wie es Annäherung zunächst andeutet und diese dann um so überraschender, schmerzlich stechend widerruft, kommt, wenn man die Bewegungen der Hand auf einem Stück Papier festhält, während sie solche Figuren ausführt, exakt heraus wie die Gestalt eines

Dorns – und dann bildet sie einen Dorn ab! – Während die weichen, runden Linien zum Abschluss von Gesten, die nach aussen gehen, dem Partner entgegen, sich, überraschend vielleicht, auf dem Papier zu einer Kombination zusammenfügen, die man als Darstellung einer geöffneten vollen Rose mit ihren weichen, runden Blütenblättern sehen kann. Zacken und Rundungen: Wenn die Bewegungen erstarrt sind, wenn sie festgehalten bleiben, bilden sie sich ab wie Gegenstände, die genau dem Ausdruck der Gesten entsprechen, mittels derer sie aufs Papier übertragen worden waren.

Woher es doch kommen dürfte, dass wir einander bisweilen Rosen schenken: zackige Dornen unten und darüber runde Blüten, um – ich interpretiere – gestaltgewordene Abbilder unserer Bewegungen vorauszuschicken, damit sie uns die Ausführung solcher Bewegungen ersparen. Von Bewegungen, die – da wir, ungleich den Tänzern, nicht gewohnt sind, durch Gebärden miteinander umzugehen – an deren Statt in Blumen Gestalt angenommen haben. Von Bewegungen also, die, müssten sie von uns ausgeführt werden, doch nur wie Faxen aussähen, jedenfalls als Faxen wahrgenommen würden. Und so sind es Blumen!

Das Bild, als es nach Kurzem fertig vorlag, ist noch eine Stunde lang vor uns liegengeblieben. Stets gegenwärtig. Wie ja öfters etwa ein Traum oder eine Eingebung, zum Anfang eines Gesprächs berichtet, zwischen den Partnern liegenbleibt – eine Stunde, auch länger. Als etwas wie ein zur Aussage gewordenes Dokument, welches belegt, dass es möglich ist, Anrede mit Antwort durch Einanderbegleiten und -erweitern auf eine kurze Zeit zur Einheit des Verstehens zusammenzubringen; und auch zeigt, wie so etwas vor sich geht.

Die kurze hier beschriebene Szene hat sich eingestellt in der Initialphase zur Therapie eines Mannes, der zu mir gekommen ist, weil er allzu ausgeprägt auf Abwehr und prophylaktischen Angriff ausgerichtet war, ohne dass er es sich vergegenwärtigt hätte. Nur die Ergebnisse dieser Haltung, schwere Ehe- und Geschäftskrise, waren ihm merkbar. Es brauchte nicht viel Hinweise darauf, dass diese Krisis hier, sichtbar zwischen uns gelegt, die Situation besser abgebildet hat, als Erläuterungen dies vermöchten. Die Situation, und gleich auch Vorschläge zu ihrer Änderung. – Das Evidenzerlebnis hat sich von selber eingestellt. Daraus ist freilich mitnichten eine abrupte Änderung, ein rascher Kurswechsel ins Spiel gekommen. Gewiss nicht, und eine solche war am mindesten beabsichtigt. Die Lebenskrise wäre sonst in eine weitere, nämlich eine Krise der Identität übergegangen. Und jede Krise, die man vermeiden kann, soll man auch vermeiden. Aber mit diesem Vorgehen ergab sich ein Hinweis auf Mögliches, oder eher weniger: die Andeutung eines Hinweises.

Psychotherapie – bitte dies zu bedenken – *ist* Hinweis, oder ist Andeutung von Hinweis. Selten ist sie mehr, ungern ist sie mehr. Was aus dem Hinweis, aus dessen Andeutung wird, das zu besorgen ist Sache des Analysanden. Ihm steht es zu, den Hinweis, die Andeutung aufzunehmen und als Anregung weiterwirken zu lassen. Damit bleibt ihm die Gewissheit: Er ist es gewesen, der die Änderung herbeigeführt hat. Er, nicht der Therapeut. Und so, meine ich, soll es sein. Sapienti sat, nochmals.

Das ist gewiss ein höchst einfaches Modell von Verstehen und Deuten, was da soeben vorgelegt wurde. Reduktiver geht es nicht, in der Tat. Und der Zufall hat gut gezogen: Ich hatte beschlossen, in dieses Buch als Beispiel eines solchen Deutungsaktes die Erfahrung einzubringen, die sich als letzte vor dem befohlenen Abschluss des Manuskriptes einstellen werde. Es *ist* die letzte geworden. Datiert ist sie vom 13. 3. 87.

Was, mit diesem Datum versehen, vorliegt, liefert also ein Modell dessen, wie die Paarung von Anrede und Antwort, wenn sie aus der introjizierten Zwiesprache herausgeholt wird, dem Redenden einsichtig werden und so sich zur Aussage verselbständigen kann; einer Aussage, die dann der Deutung zugänglich wird. – So sollte wahrnehmbar werden, wie die beiden Prozesse, das Antworten und das Deuten, wenn jeder zu seiner Zeit seine Angebote verwirklicht – die Anrede zuerst, danach die Aussage –, als psychotherapeutisch wirksame Agentien aktiv werden können. Unter der Voraussetzung allerdings, dass sie beide behutsam und zurückhaltend, die Antwort von Anfang an das Ausmass ihrer Intensität erwägend, die Deutung sich auf ihre Aufgabe – Vorschlag zu sein – besinnend, ins Spiel gebracht werden.

Jede andere Form von Deutung, wie originell auch und wie geistvoll, wie selbstgewiss sie auftritt und wie sehr sie den Interpreten selber beglückt, muss versagen und schadet mehr, als dass sie hilft. Das einzige Kriterium, mittels dessen der Wert einer Deutung sich messen lässt, wird offeriert aus der Vielfalt von Regungen, die von ihr erweckt werden. Der Vielfalt von Regungen sollte eine Vielfalt an möglichen Deutungen entsprechen. Diese Vielfalt belegt zugleich die Substantialität der Aussage, ihren Reichtum. – Es bedarf jener Gelassenheit, d. i. der Bereitschaft, seinen eigenen Beitrag ans Deuten als Anregung – und nicht als Urteil – zu werten, die der Beziehung Substanz und etwas von Dauer mitgibt. Nicht kommt es auf den Rang der Deutung an, nicht auf das, was sich so gemeinhin als Rang gewertet wissen will: als das selbstgewisse Deklarieren, *meine* Deutung sei *die* Deutung.

Wenn das Deuten nicht weitere Abwandlung zulässt, ist es dürr geworden. Wenn es Bewunderer anzieht und deren Gemeinde nötigt, anerkennend und immer zustimmend vor dem Deuter und seinen Deutungen zu verharren – statt die Verrichtung des Deutens von diesem zu übernehmen und sie kreativ und mutig weiterzuführen, auch, ja namentlich den Deutungen des Erstdeutenden entgegen, vor allem jedoch unbekümmert darum, wie andere zuvor gedeutet haben, jedoch bereit, das eigene Deuten zu verantworten: es dem Gespräch zu bewahren, es nicht sogleich vor jeder ausfragenden Autorität fallenzulassen – dann ist es im Nachbeten erstarrt. Wir haben gegenwärtig reichlich Beispiele von erstarrten, nachgebeteten Deutungs-Systemen. – Deuten muss, um etwas nicht nur in Gang zu bringen sondern auch im Gang zu halten, immer weiter spielen. Es muss sich immerfort erneuern, und stets sollte es, während es schon weiter deutet, seines Charakters als bloss anregenden, nie, niemals zufriedenstellenden Provisoriums gegenwärtig bleiben.

«Des Deutens ist kein Ende»: So donnerte vor Zeiten der Hohe Jaspers, womit er die Endlosigkeit, den immer offenen Schluss unserer Versuche blosszustellen gedachte gegenüber den Endgültigkeiten *seiner* Deutungen.

Wie recht hatte doch Jaspers. *Wie* recht! – Das ist es: Jaspers hat immer recht. Jaspers behält recht[6]. Seine Kalendersprüche, morgens genossene Weltdeutungen, fahren fort, Herz und Nieren zu stärken. Aber sie führen nicht weiter. Nicht übers Divinisieren des Praeceptors hinaus.

*

Entr'acte:

Deuten muss wirken, um zu verwirklichen: um der Aussage Wirklichkeit zu verleihen. Endlos sollte es laufen, respektlos gegenüber der Aussage, und so vermeiden, dass die Aussage sich verselbständigt; dass sie leerläuft und sich für bedeutend hält in sich selbst, und den Aussagenden gleich mit. Das ist verhängnisvoll – wohlgemerkt: verhängnisbringend nicht für das Wohlbefinden des Aussagenden, sondern für die Aussagekraft selbst, für deren Wirkkraft, die nur aus ihrer Verwirklichungskraft wachsen und nur so lange bestehen kann, als die Aussage es zulässt, dass man sie deutet. Verweigert sich die Aussage dem willkürlichen Deuten, so wird sie platt, leer, und um so leerer, je energischer sie darauf besteht, dass sie sich selbst bedeutend genug sei; so bedeutend, dass sie sich selber zureichend deute.

> Ich träumte einmal, dass mir die Haare ausfielen. Da sagte mir jemand, ich hätte Angst, impotent zu werden. Vielleicht bedeutete es aber einfach nur, dass ich Angst vor Haarausfall hatte[7].

Ein peinlicheres, ein *zweimal* peinlicheres Beispiel dafür, was Deutung ist, und wofür notwendig, hätte ich mit noch so viel Scharfsinn nicht erfinden können. Zweimal peinlich: Jemand tut, als deute er – oder meint, er deute –, wenn er auf den Kopf zusagt: Du hast Angst vor Impotenz. Haarausfall = Impotenz. So einfach deutet es sich nicht, namentlich auch nicht so losgelöst von der Person des Träumenden und seiner Situation. Da geht etwas ab – mit den Haaren. Da kommt etwas hervor, und nichts minderes als ein Kopf – mit der Glatze. Nein, das bietet einen Reichtum an Deutungen an. Und was sich über Impotenz vernehmen lässt, meint zu deuten, und erklärt. Aber es erklärt Unerklärliches.

Das grössere Übel jedoch des Kommentators: Er fixiert auch noch die Tendenz zum Kreis- und zunehmenden Leerlauf des Träumers in sich selbst. In den Bespiegelungen seiner, die er für

Spiegelungen der Welt durch sich hindurch hält. *Das* aber wäre der Ansatz zu einer wesentlichen, zu einer fruchtbaren Deutung des Traumes vom Haarausfall: dass der Träumer seinen Kopf, sein Haar im Spiegel beschaut – und nichts anderes findet als sich und immer wieder sich. Und wenn er diesen Kopf für die Welt hält, und die Welt geht unter, weil ihm die Haare ausfallen, dann geht *er* unter, Peter Handke.

Weil er einem schlechten Traumdeuter über den Weg gelaufen ist, ist Handke – nun, untergegangen ist er nicht, aber darnieder geht es mit ihm. Überall fallen ihm die Haare aus, und seine Welt ist längst haar- und zahnlos geworden.

> Manchmal die Vorstellung, was ich denn überhaupt noch weiss über die Aufzeichnungen hinaus, die ich hier mache; ich möchte mehr wissen und bei mir behalten, als was ich aufschreibe[8] …

Ach bitte ja, Peter, bitte bitte.

Schluss des Zwischenaktes.

*

Und schliesslich noch eine Erfahrung zum Thema Deuten. Eine ungern vorgelegte Erfahrung; dennoch eine, die – scheint mir – nicht fehlen sollte. Ich stelle mich damit Ihrem Tadel, wissend, ich kann nicht recht bekommen. Und bitte Sie, mich zu belehren, was Sie an meiner Stelle getan hätten. In einer Situation wie dieser:
Spätabends in der Poliklinik, und ich noch allein mit einer Patientin, die unangemeldet eingetroffen ist, als alle schon weg waren, ich eben weg wollte. Hätte ich bloss nicht den ohnedies hoffnungslosen Versuch gemacht, zum Feierabend in meine Papiere noch irgendetwas wie Ordnung zu bringen.

Aber jetzt steht sie da, und ich stehe da. Kurz davor ist die Patientin aus der Psychose heraus gekommen. Aber manchmal, jetzt eben zum Beispiel, lebt sie noch – oder wieder – in ihr drinnen. Dann sorgen die Stimmen dafür, dass sie all das zu hören bekommt, was sie längst nicht mehr hören mag und anscheinend doch anhören muss; was sie nicht loswerden kann – und auch nicht loswerden soll.

Stimmen: Das ist nicht ein Symptom; es sei denn, was man Sprache, auch was man Gedanken, Gewissen, Gefühle – von Liebe gleichwie Hass – nennt, wolle man als Symptom bezeichnen. Vielleicht sollte man. – Die Regungen, die hier zu Stimmen sich verdichten, kommen Sofie mit Vorstellungen und Forderungen, die sie jetzt, da sie in den Kreis ihrer früheren Gesellschaft zurückkehren sollte, weder befriedigen noch beantworten kann. In diesem Zustand stellt sich etwas wie der unausgesprochene Wunsch ein, es möchte wieder sein, wie es war, als sie ganz in jener andern Welt gelebt hatte, mehr in Einklang mit den Stimmen als jetzt, da die Voces sie gleichsam zurückrufen. Zurück dorthin, wo es verführerisch scheusslich war. Die Situation erinnert tragisch fatal an die Endszene aus C. F. Meyers «Hochzeit des Mönchs». Es sei erinnert: Warum man sie, die Ertrinkende, denn aus den Fluten gerettet habe, fragt dort die schwerbeleidigte Diana – und weshalb ihn den sichern Mauern des Klosters entrissen, fügt der unglückliche Astorre bei, der frühere Mönch, aus dem ein Ehebrecher geworden ist. Ähnlich klagt es aus vielen Psychotischen, wenn sie von der Tiefe ihrer psychotischen Abgewendetheit, ihren Fluten, ihren Mauern, den einsperrenden aber auch absichernden, herausgehoben wurden: Warum habt ihr mich nicht verrückt bleiben lassen?

So könnte Sofie jetzt fragen. Stattdessen sagt sie – und es will dasselbe meinen:

Jetzt geh ich heim, mich umbringen. –

Die das äussert, ist eine Psychotica – oder sie war eben noch eine. Und sie sagt es mit jener besonderen fanatischen, kalten Leidenschaftslosigkeit, die jedem nur halbwegs Kundigen ein Alarmzeichen setzt.

Gewiss, ich könnte sie jetzt sogleich hospitalisieren. Auf der geschlossenen Abteilung. Aber dann ginge mit Bestimmtheit alles wieder los, nur viel schlimmer, hoffnungsloser nämlich, als zuvor. Überdies besteht kaum Gewissheit, dass eine solche Massnahme sie davon abhalten würde, ihr Vorhaben wahrzumachen, sich also in der Klinik umzubringen. Im Wachsaal, was nicht selten vorkommt. Aber wenn sie es auch nicht täte, so wäre es um Sofie, die zukünftige Ärztin, geschehen. Ihre Zukunft würde, in der Region, in der diese Szene sich abspielt, zerstört sein.

Und das alles spätabends allein in der Poliklinik.

Verstehen heisst ... – zum Teufel mit all den Thesen, hier und jetzt, nachts mit einer Suicidantin! –

Was sich daraufhin zuträgt, geschieht nicht gänzlich unüberlegt. Der Täter, oder Untäter, und das bin ich, dürfte daher kaum die Rechtswohltat des Artikels 11, Schweizerisches Strafgesetzbuch, für sich in Anspruch nehmen, laut welchem wegen Bewusstseinsbeeinträchtigung oder mangelnder geistiger Entwicklung meine Fähigkeit, gemäss Einsicht in das Unrecht der Tat zu handeln, herabgesetzt, folglich meine Schuld geringer war. Nichts von Beneficium ignorantiae aut stultitiae.

Für das, was ich jetzt tat:

Ich habe ihr eine Ohrfeige gegeben. Jedenfalls einen ziemlichen und mitnichten nur flattierenden Klaps auf die Wange.

Womit es gesagt ist, und zwar eindeutig: Ein Mann hat eine Frau geschlagen, auch noch ein Arzt seine Patientin.

Jetzt allerdings, nachdem es geschehen ist, gilt: Verstehen heisst Antworten. Und gilt sogleich und bedingungslos. Weshalb ich meine Brille abgenommen habe und die Betroffene einlud, mir zurückzuliefern, was ich ihr eben angetan hatte. Ich habe dir eine Ohrfeige gegeben – bittesehr. Allerdings: Dies verändert nicht, noch verringert es die Wucht des Angetanen, und gewiss macht es dieses nicht rückgängig. – Aber: Ich habe keine Ohrfeige bekommen.

Und in der nämlichen Nacht hat Sofie sich nicht umgebracht. Sie hat sich bis heute nicht umgebracht, sondern lebt als bewährte und sehr geschätzte Ärztin. Ihre Therapie hat erst im Gefolge dieser spätabendlichen Szene richtig angefangen. In jenem Augenblick, als ich kein Wort für ein Wort, keine Antwort auf eine Ankündigung gefunden habe. In einer Situation von Nichtbeantwortbarkeit, d. i. einer Situation, in der ich nur Unrecht haben konnte. – Und das war vielleicht das Gute an ihr, das einzige, immerhin ein wesentliches Gutes: dass ich im Unrecht war.

Jetzt aber warte ich auf einen Wink der Leserin oder eines Lesers, denn ich weiss immer noch nicht, was ich stattdessen hätte tun sollen.

Wer will, kann selbst dieser Handlung die Bezeichnung «Interpretation» anhängen: im Sinne des hier Vorgelegten als Übersetzung von einer Sprache in eine andere Sprache. Hier somit: als Interpretation von Worten – drohenden Worten, gefährlichen Worten – hinüber in eine Geste, eine, sagen wir, ungewöhnlich zu nennende Geste.

Eine Geste, die durch Sofie, die Betroffene, als von Sorge intentioniert wahrgenommen worden und so auch ihrer Erinnerung verwahrt geblieben ist.

Jedoch, das kommt mir nicht am wesentlichsten vor. Diese Geschichte erzähle ich, um auf eine weitere Position aufmerksam zu machen, die dem Deuten bisweilen – und gar nicht selten – ebenfalls zugehört. Und eine Position, die man orten und benennen sollte, damit man als Deutender ihre Gefahr erkennt: dass nämlich Deuten auch Rechtfertigen sein – und dann unversehens so tief sinken – kann, dass es eine Ohrfeige in sein Systemgebilde einbaut.

Deshalb muss verdeutlicht sein: Nicht die Ohrfeige war schlecht. Sie war nebstdem noch lebensrettend; ich kann das nicht beweisen, aber ich vermute es. Bedenklich ist jedoch das Deuten drumherum.

*

Wo alles sein Ende findet, Deuten und Verstehen:

Im Tram, und es ist besetzt, stehn wir nebeneinander, Hans und ich. Da steigt einer zu. Und was auch Thomas Szasz über das Kunstgebilde dessen sagen mag, was wir Schizophrenie nennen – das da *ist* eine: Laut herausfordernd redet der Unbekannte die versammelte Zufallsgemeinschaft der Passagiere an; drohend verkündet er ihr, wie verworfen sie sei, und steigert sich, zunehmend wirr, monomanisch, in seine Erregung.

So, jetzt zeig, was du kannst, Psychiater, brummt es aus meinem Begleiter; hier, bitteschön.

Ich zeige aber nicht, was ich kann. Ich antworte nicht, ich deute nicht. Ich wende mich ab und schweige.

Vielleicht wäre Antworten besser gewesen. Nicht wirksam für den Moment, gewiss nicht. Nur störend vielmehr, peinlich für mich, daher ein Riesengaudi für das Publikum. Aber mit dem

Aspekt auf längere Dauer hätte es wohl wirken können, wenn jemand just in dieser Situation die Anrede aufgenommen und dem Anredenden gleichsinnig repliziert hätte.

Ich wollte aber meine Ruhe haben.

Sagen ist Bewegen

Da schau – sagst du. Und streckst deinen Finger aus: den rechten Zeigefinger halbhoch von dir weg, als letzten spitzen Ausläufer deines gestreckten Armes.

Ich soll schaun, und du sagst nicht was noch wohin. Da ist dieser Finger, in dem du endest. Von dort an spürst du dich, und bis dort spüre auch ich dich und mich, wenn ich dich anrühre. Bis dahin kannst du drücken oder kratzen: bis in das Ende deines Fingers. Deine Kraftlinien laufen in ihm zusammen, im äussersten Punkt deiner Fingerspitze.

Aber sie gehen über ihn hinaus, sie laufen weiter in einer Linie, welche die Gerade des Armes, des Fingers schliesslich, fortsetzt in die Weite, bis an einen Ort, der irgendwo ausserhalb deiner diese Linie schneidet. Dort ist etwas zu sehen: an diesem Ort der Brechung. Dort läuft deine Zeigelinie aus. Die Kraft des weisenden Fingers, die Kraft von «da, schau».

Die Wirkung dieses Fingers, des zweiten an der rechten Hand, ist es, die den Adam belebt; sie überträgt ihm, so bildet Michelangelo es ab, den Gottesgeist. Und seitdem ist dem ausgestreckten Zeigefinger diese Kraft mitgegeben. Die Kraft des Zeigens.

Da schau: Dein Finger bewegt meinen Blick – und lenkt ihn. Ich fahre mit dem Blick der Linie nach, die von ihm wegläuft. Nach dort, wo das «schau» mich hinführt.

Und unvermittelt lachst du: Nein, du hattest nirgendwo hin zu weisen beabsichtigt. Nicht dorthin, wo, in der Weite, der Blick einen Punkt sucht, an dem er sich bricht. Nicht also an den «gemeinten» Ort. Vielmehr, deinen Finger willst du mir zeigen. Da schau: Ich habe Schwarzes unter dem rechten Zeigfingernagel. –

Jetzt lache ich auch. Jetzt gibt es nichts mehr zum Sehen und nichts zum Sagen. Deshalb das Lachen. Lachen unterdrückt das Problem, aber löst es nicht. Problema, das Vorgelegte, bleibt vor mir liegen: Du weisest mit dem Finger, bewegst also meinen Blick von dir weg – und zugleich zeigst du mir deinen Finger, zweimal Verschiedenes, und zweimal mit demselben Text, im zweimal sinnvollen, auch – für zwei verschiedene Aufforderungen und die von ihnen angeforderte Ausrichtung meines Blickes – sinn-entsprechenden – Satze: Da schau. –

Die zwei Worte allein können nichts anweisen, sie müssen gerichtet werden. Ohne Finger leisten sie nichts – und mit Finger: ... Es gibt Leute, die sehen sogleich den Finger an und bleiben an ihm haften, ihre Blicke sind unfähig oder unwillig, sich weiter mitführen zu lassen als bis zur Spitze des Fingers. Andere übergehen die Zeigefingerspitze. Sie fahren der weisenden Linie nach, und oft verlieren sie sich in der Leere der Ferne, und dann kann es bisweilen schon geschehen, dass sie nichts gefunden haben, was es zu erblicken gibt. Jenseits des Fingers, bis hinaus ins Unendliche, hat dann nichts sich gezeigt, woran der Blick könnte haften bleiben. Das Auge verliert sich längs der Zeigelinie ins Leere hinaus.

Allerdings, manchmal sind manche an einen Punkt gelangt, einen Ort in der Verlängerung des Fingers; an ihm bleibt der Blick haften, dort endet dann auch die Aufmerksamkeit, und sie alle, deren Blick durch Hinweis und Zeigewort in die nämliche Richtung gewiesen wurde – nach dort, wo die Linie hinführt, die in der Verlängerung des weisenden Fingers weiterläuft –, sie alle haben dann einen Ort gefunden, einen gemeinsamen, sie verbindenden Ort: *ihren* Ort. Der wird zum Ort der Verständigung, und die daselbst sich treffen, ahnen – beweisen können sie es nicht, aber sie ahnen es –, dass an diesem Ort, und vermittels seiner, Verständigung sich substantialisiert hat.

Die Verständigung ist es also, und nur sie, nichts sonst, die dem Ort da oben, wohin die Blicke der Fingerlinie in die Ferne folgen, Substanz gegeben hat. Substanz, nicht aber Materie: Verständigung duldet keine Materialisierung, es sei denn reduktiv vermittels Symbolismen (im Ehering zum Beispiel, oder durch das Freundschaftsmal). Es ist aber, und dies zunächst, Verständigung auf Materialisation nicht angewiesen. Ihre Substantialisierung ist es, die ihr den tragenden Grund, und auch ihre Relevanz, abgibt; Substantialisierung trägt sich zu an dem Ort, wo alle sich treffen, die dorthin schauen, wohin sie gewiesen wurden.

Sollte es sich nun aber irgendeiner Instanz ergeben, dass dort oben, irgendwo in einer Brechung der Linie, welche vom Zeigefinger ausgeht und weiterweist, im anfokussierten Punkt der verbindenden Orientierung, nichts Greifbares zu finden ist, nur vielleicht ein Regenbogen oder auch etwas wie das Gebilde, das man als Fata Morgana beschreiben könnte, so hätte dennoch die

Triade aus zeigendem Finger mit sprechendem Hinweis und schliesslich dem Blick, der beiden folgt, etwas dorthin gesetzt, wo die Augen sich treffen. *Weil* sie sich treffen, ist es dort, und jetzt sitzt es dort! – Und mit ihm besteht der Weg dorthin, und auf seiner Strecke eröffnet er manch neuen Aspekt und erweitert er jeden alten, sofern der in seiner Linie läuft. Und gibt auf seiner Route jedem längst gewohnten Objekt, weil es sich aus ungewohnter Perspektive betrachtet weiss, einen neuen, oft verblüffend andern, ungewohnten Aspekt: dem geläufigsten, seit Langem bekannten Objekt! –

Der Sinn für diese Ausweitung des Blickes – und des Wortes, damit des Raumes – angeregt und ausgerichtet von dem Finger, der dorthin weist, bleibt jedoch denen entzogen, die dem Ruf: «schau» nicht weiter zu folgen vermögen als bis zum Fingernagel, bis zum Schwarzen darunter. Und sie sind es, die recht haben; nachweislich haben sogar *nur* sie recht – diejenigen, die unfähig oder unwillig sind, anderswo hin zu schauen als bis auf den Punkt, an dem das Schauen sich objektivieren lässt. Und das ist der Fingernagel. Es gibt den Fingernagelbeschauern nichts Reales, nichts Nachweisbares, nichts, woran sich festzuhalten, ausser diesem Nagel, und folglich keine gültige Schau, wenn es keine Nagelschau ist. Da schau – schau doch selbst. Und greif. Nun sage: Was kriegst du zu fassen, ausser den Nagel – was gibt es folglich an Fassbarem, wenn nicht den Nagel? –

Wie recht die haben, die so argumentieren, das können sie sogar tierexperimentell beweisen, um zu belegen, dass die Haltung des Zeigefingers, und wenn diese von einer noch so dringlichen Aufforderung zum Weiterschauen begleitet ist, nur diesen Finger – und einzig diesen, und sonst nichts – zu meinen hat: Der Hund nämlich hält es genau wie diese Leute; auch er wendet seine schnüffelnde Schnauze nur dem hochgereckten Finger zu, niemals über diesen hinaus, und wenn er kann, so schnappt er auch nach ihr – der Hund nach der Spitze des Fingers. Dieses Schnappen der Hundeschnauze, den Biss im Zeigefinger kann man als Sieg der experimentellen Psychologie über die spekulierende (= nachdenkliche) Menschenkunde bezeichnen. Und auf das klare Resultat dieses Experimentes verlassen sich Leute, mit dem Hund identifizieren sich all die, die sich weigern, einem ausgestreckten Finger zeigende, deutende, über sich selber hinweg weisende Wirkung zuzudenken: Wirkung wie ein Strahl, ausgehend von der Spitze dieses Fingers. – Und wenn sie so argumentieren, sagend, da sei nichts real Nachweisliches, so haben sie – um der Eindeutigkeit willen muss es ein weiteres Mal gesagt sein – erst noch recht. Sie sind es, und einzig sie, die sich ans Belegbare halten. Ihnen, die am Fingernagel, an dem schwarzen Rand, der ihn gegen die Leere des Raumes abschliesst, haftenbleiben, wird jede Bedrängnis erspart, namentlich die Ungewissheit darüber, ob das, was *sie* schauen, wenn ihnen gesagt wird: «schau», nun Wahrheit sei oder Wirklichkeit – und wie die beiden Qualitäten – Wahrheit, Wirklichkeit – sich zueinander verhalten möchten; und ob sie sich nahe seien oder aber feindlich gegeneinander. Namentlich ersparen sie es sich, dem Finger etwelche Kraft zuzuerkennen; andere Kraft als die, welche nötig ist, um die Hand zu heben. Das Vermögen, mit dem Finger dieser Hand etwas zu schaffen, das keine ableitbare Beziehung zu ebendiesem Finger herstellen lässt, bleibt unbeweisbar, daher unverbindlich. Und weil unverbindlich, deshalb auch unverpflichtend. Bei alledem brauchen sich die Realisten – diejenigen alle, die sich von ihrem gesunden Menschenverstand, den man, so belieben sie zu sagen, auch Wahrheitsliebe nennen kann, und von nicht sonst lenken lassen – nicht einzig auf ihre Experimente mit schnappenden Hunden zu berufen, wenn sie beweisen wollen, dass sie rechthaben und also gut daran tun, sich mit denjenigen Bereichen zu befassen, und auf sie zu konzentrieren, die greif- und fühlbar sind. In der Tat doch: dem Finger weiter folgen als dahin, wo er aufhört, wehzutun, wenn man ihn beisst (und nur dadurch beweist doch, so darf man sagen, der Finger seine Realität: damit, dass er sich zurückzieht, wenn er gebissen wird, damit auch seine Relevanz), so etwas kann doch nicht als würdiger Gegenstand ernsthafter wissenschaftlicher Beschäftigung gelten. Man bleibe beim Fassbaren, dann darf man gewiss sein, man hat sich nicht exponiert, sich nicht heraus-gestellt aus der Innung derer, die jederzeit jedermann Rechenschaft von dem geben, was sie tun, und wozu.

Der Finger: Wenn man sich mit ihm befasst und über ihn hinaus weder schaut noch ruft, dann bietet er so viel Erforschbares und Erforschenswertes. Man kann seine Kraft messen, auch seine Geschicklichkeit; seine Befähigung zum Bauen und Zerstören.

Man hüte sich vor solchen, die sich verführen lassen, dem Fingerzeig zu folgen, statt den Finger zu untersuchen – den Finger selbst, den man greifbar vor sich hat. Es bleibt auch weiterhin im Bereich des Unfassbaren, Unbeweisbaren, wer den Verführungen des ausgestreckten Fingers und seines sirenösen Begleitrufes «schau» nachfolgt. Man kann das jederzeit beweisen: Ausgestreckte Finger sind noch nie imstande gewesen, Schlösser zu bauen, grosse, feste, haltbare Schlösser aus Stein. Das einzige, was solche weisende Finger vermögen, ist: sie spinnen Luftschlösser; Gebilde wie Musselin aus Vorstellungen, Gedanken, Träumen. Verboten der Gedanke – verboten, weil lächerlich – es könnten Luftschlösser nicht nur wohnlicher, sie möchten erst noch anregender sein als die finsteren, steinernen Burgen – und am Ende noch haltbarer als die Herrschaftsburgen aus Stein, weil plastisch und weich, nicht starr. Und deshalb braucht keine aufgebrachte Untertanenschaft sich der Bedrückung durch die Zinnen und Verliese der Zwingburgen zu entledigen[1]. Luftschlösser, aus Luft gebastelte Gebäude, sind besser und haltbarer als die grössten, imponierendsten Zwingburgen; Luftschlösser, die nicht im Frondienst von Händen errichtet werden, sondern sich von selber erheben, wenn der Finger auf sie zeigt, und die Stimme ruft: «da schau» – nein: *dieser* Gedanke braucht von ernsthafter Wissenschaft nicht einmal untersagt zu werden, es genügt, wenn man ihn lächerlich macht. So ein Gedanke, dass der Hinweis, dieses «schau», das den Finger begleitet, Wesentlichkeit schafft, und dass Wesentlichkeit stärker ist als Wirklichkeit, der ist allzu lächerlich. Ein Gedanke, lächerlich genug, um auch noch Luftschlösser mit nackten Kaisern zu besiedeln. Nackte Kaiser aber, das sind jene Herrscher, die sich neue Kleider aus der Luft und aus Vorstellungen und Überlegungen, aus Gedanken, Wünschen, Hoffnungen anmessen lassen – solche Dummköpfe von Kaisern, wo doch jedes unschuldige Kind sieht und ruft: «Er hat ja gar nichts an!» –

Nun, dass der Kaiser zeigen könnte, wer er denn nun ist, von der Wesentlichkeit seiner Person her ist, und was er seinem Volk gilt, und dass er seine Herrschaft rechtfertigt durch sein Wort und durch sein Mass, nicht aber durch den starren, schweren Eisenpanzer noch durch die teure, farbige Pracht seiner Gewänder und das Gewicht seines Schmucks, diese bedrückende, flitterhafte Materialisierung seiner Gewalt in ihrer stossenden Stofflichkeit, die um so gewaltiger und erdrückender wirkt, je ärmlicher die Tücher sind, mit denen sein Volk sich zudeckt: diese Vorstellung ist lachhaft, sie ist verboten, und die Wächter, die den Herrscher umgeben, halten sich bereit, zu garantieren, und durch Materialisation des Wirklichen zu beweisen, dass Einheit besteht zwischen der Autorität der schweren Krone und ihrer Realität. Realität *ist* Autorität. Realität garantiert Autorität. Dessen ist offenbar nicht nur die feudalistisch autoritäre Weltauffassung gewiss, sondern in voller Treue deren Ableger in der Wissenschaft: die realitätsgetreue, psychologische Forschung. Sie ist, wie das Kind des Untertanen, auf die Unschuld der Untertanenseele ausgerichtet. Und sagt, diesem Kinde gleich: «Der Kaiser hat doch gar nichts an». Der würde ein allzu guter Kaiser sein, der es sich leisten könnte, nackt vor seinem Volk zu erscheinen, und bliebe dennoch Kaiser.

*

Was soll aber nun der ausgestreckte Finger? – Er weist in einen Bereich hinüber, welcher der Realität entzogen ist. Wenn er zeigt, und dazu zeigt der Zeigende: «schau», dann hat er durch sein Wort und sein Zeigen noch nichts geschaffen, er hat aber etwas *in Bewegung gebracht.* Und er hat auch *zusammen gebracht:* Zusammengekommen, vereinigt sind all die, deren Blicke dem Finger nachziehn. Dort ist vielleicht noch nichts – aber dort könnte man hingehn. Also *ist* etwas dort: ein Ziel. Alles, was dem Finger folgt, ist in Bewegung geraten. Und was sich der Zeigelinie in den Weg stellt, auch dieses wird bewegt. Was zuvor still war, und fernab unbewegt, wird jetzt angestossen und gewinnt Bewegung auf den zeigenden Finger zu.

Damit wird es – vermöge dessen, dass es vom Finger und von dem Ruf: «schau» aus der Ruhe seiner Inexistenz gehoben und von der Ferne her nach hier gebracht worden ist – zu einer Sache, aus dem Nichts vielleicht. Und zu einer Sache, das heisst: zur Sache dessen, der weist und ruft. Und zur Sache derer, die der Weisung und dem Ruf folgen; über die Fingerspitze hinaus. Zur Sache beider Anteile, des Rufenden und der Berufenen. Zu unserer Sache.

Wer zeigt und wer dieser zeigenden Bewegung folgt, kann sich danach nicht mehr entziehen. Kann sich nicht mehr auf das Schwarze am Nagel zurückziehen. Muss sich beziehen: auf das Gezeigte, welches, indem man es zeigt, sich selber zeigt.

Von dort draussen, von jenseits des Fingers, gibt es kein Zurück mehr bis auf die Grenze des Fingernagels. Der Raum zieht Rufende und Berufene hinaus, mit der Macht, den die Realisten aus der Sicherheit, mit der sie sich am Fingernagel, diesem letzten Ausläufer der ihnen gewissen Realität, festhalten, einen Horror vacui nennen mögen, in die Leere: um sie aufzufüllen. Sie voll werden zu lassen mit der Sache, die aus der Bewegung entstanden ist. –

Das alles ist nicht Realität, was da berufen und beschaut wird. Es ist daher nicht nachzuweisen, ist nicht vom Rechthaben zu belegen. Und wenn jetzt der Realist kommt und sagt: Da ist doch gar nichts – seht her, ich bin das Kind, das unschuldige, vom Psalmisten des Positivismus, von Andersen persönlich berufene, und ich habe den Mut der Unschuld, und ich sage: «Der Kaiser hat doch gar nichts an – seht hin, er ist splitternackt» – nun, dann ist nichts da für diesen Realisten. Und das bringt ihm dann den Sieg, nicht nur der Realität über die Spintisiererei, des Nachweislichen über das Vermutete oder bloss (einfach so, ins Blaue hinein) Behauptete, sondern der Wahrheit über die Täuschung; falls nicht gar: über die Lüge.

Was die Wahrheit anbetrifft: Von dieser weiss der Realist, sie kann nur dort gezeigt, auch dort allein bewiesen werden, wo sie zu greifen ist. Folglich am Finger, und nicht über diesen hinaus. Der Nagel ist schwarz: So die Wahrheit. Alles darüber hinaus – dem Realisten ist es nicht einmal Unwahrheit, es ist ihm das Nichts; es stört ihn, es bedrängt ihn fortdauernd, dieses «dort» von «schau», deshalb muss er es ständig bekämpfen – dieses dort oben samt denen, die nach dort zeigen. Obwohl dort nichts ist. – Die Irrealität der Realisten ist eine seltsame Sache. –

Was sich nicht berufen, sondern feststellen, festhalten, benennen und begreifen lässt, das gilt, je handfester, um so sicherer. Sie ist etwas wie abendländisches Evangelium: diese Handfestigkeit. Ihr gilt die Tat mehr als das Wort. Wort ist ihr Geschwätz, und aus diesem wächst ihr wie von selbst die Lüge, unversehens, unbesehen.

16.8.91

Words, words, words.

Das ist es, was ich lese: Worte, Worte, Worte, nichts als leere Worte: So die Antwort des Prinzen, wenn er vom Schwätzer Polonius, dem Intriganten und wortreichen Zwischenträger, gefragt wird, was er denn lese.

Aber wovon handelt es?

will Polonius wissen. Und gleich nimmt Hamlet das Frage-Geschwätz des Alten auf; mit der Gegenfrage:

Wer handelt?

Da ist sie, die Lügenhaftigkeit des Wortes, zu Worte gekommen im Geschwätz. Wenn man im Wort verharrt, kommt die Lüge hervor: Ein Buch «handelt». Ein Buch redet, ein Buch kann also, das geht daraus hervor, nichts anderes als lügen. – Nun denn: Wer handelt?

Worauf Polonius – Schwätzer, Wortreiche sind nicht unter-, nicht kleinzukriegen, und dumm sind sie auch noch, nämlich das Wort nehmend, als wär es Tat – Polonius also will wissen, oder gibt vor, er wolle wissen:

Ich meine, was in dem Buche steht, mein Prinz.

Und Hamlet zurück:

Verleumdungen, Herr ...

Du hast es ja gehört: Words, words, words. Words ≡ lies. Worte und Lügen sind eins. Das ist es: Worte, Worte – das sind Verleumdungen. Ihr alle, ihr Schwätzer, mitsamt euren geschwätzigen Wortsammlungen, den Büchern – ihr lügt wie gedruckt, den Büchern gleich. Dabei ...

Dabei sollte er handeln, er besonders, der wortverachtende, handlungpreisende Dänenprinz. Man wartet, dass er handelt. Er aber zögert, bis es zu spät und nichts mehr zu tun ist. Words, words, words – aber die Worte bringen nichts zustande, und namentlich keine Taten. – Was aber die Worte angeht, Hamlet bringt sie ständig durcheinander, er spielt mit ihnen (oder sie spielen mit ihm – das ist nicht auszumachen) und travestiert sie in die Komödie hinein; er beruft ihren Doppelsinn, ihre lügenhafte Doppelbödigkeit, und daran geht sein Mädchen zugrunde;

er erprobt die verleumdende Wirkung des Wortes, das führt zu Mord und Selbstmord. Der Argwohn gegenüber dem bewegenden Wort, seine Verachtung zerstört eine Welt – und über deren Trümmern hat nichts sich verändert. –

Aber nicht nur bei dem Zauderer Hamlet – der ein Tätiger sein sollte (und kein Wortkundiger ist) – stossen wir auf die Geringschätzung des Sagens, namentlich in dessen genauester und daher verbindlichster Gestalt: dem Wort. Da heisst es an anderer, nicht minder repräsentativer Stelle der abendländischen Literatur schon im Prolog, es seien nun der Worte genug gewechselt,

> Lasst mich auch endlich Taten sehn!

Abermals, wie eben gehört: Worte zählen nicht. Es ist doch alles unglaubhaft, ja unglaubwürdig, was sich da vermittels Worten an Artigkeiten zu hören gibt:

> Indes ihr Komplimente drechselt,
> kann etwas Nützliches geschehn.

Eben: Nützliches soll geschehen, und Worte sind unnütz. Komplimente sind konventionelle Lügen. Dem Abendländer gilt: ein Mann, ein Wort; und das will auch heissen: ..., *ein* Wort! Mann ist ihm Mann und Wort Wort, ein – wie der Mann des Abendlandes, weit in emanzipatorische Zeiten überhängend, zu präzisieren liebt – männliches Wort, ein mannhaftes gar. Und wenn er noch so wortgewaltig daherkommt, Worte bleiben ihm weibischer Ersatz für Taten, unnütz, am Ende unvertraut, wo nicht verdächtig.

Wo das Wort unumgänglich ist, da kommt es dem Tätigen – oder Tätigseinwollenden – zu, um Taten zu erwirken oder um von Taten zu berichten, für sonst nichts als aus *einem* Geist für tausend Hände. Für tausend werkende, schaffende Hände, die das Wort bestätigen und dessen Macht bezeugen. So kann ein Geist durch sein Wort tausend Hände bewegen. Aber erst der Rhythmus der Hände verwirklicht – und bewahrheitet zugleich – das Wort. Die Tat bestätigt dem Tätigen das Wort, einzig sie.

Das macht: Der Wortgewaltige ist ein Tatengewisser. Wie

sehr, und wie konsequent, erst aus seiner Ummünzung in die Tat das Wort dem Abendländer, namentlich demjenigen, der sich *diutisk,* den Deutlichen oder Deutschen sogar dann nennt, wenn er längst daran ist, im braunschwarzen Moor seines eigenen Tiefsinns einzusinken, seinen Wert belegt, das findet sich erläutert, schliesslich bestätigt am Bekenntnis des Wortkundigen, er könne «das Wort so hoch unmöglich schätzen». So lautete Faustens, Goethes, erste Reaktion auf das Bibelwort. – Seltsam und auf einen Moment zu bedenken: Das Wort, welches im Dithyrambus des Evangelisten zum Grundelement allen Glaubens erklärt wird, ihm wird, kaum ist es berufen, die Wertschätzung auch schon wieder entzogen; entzogen durch das Wort, von dem es zunächst heisst:

> Im Anfang war das Wort, und das Wort war bei Gott,

bis es sich erhebt zur vollkommenen, unbedingten Identifikation:

> Und Gott war das Wort.

Gott *war* das Wort! – Gott lebt verwörtlicht. – Der Satz ist umkehrbar. Man kann es andersherum formulieren, es bleibt dasselbe: Das Wort lebt vergöttlicht. So sagt es «das heilige Original», der Prolog des Evangeliums. Damit dann auch gewiss kein Zweifel noch eine Einschränkung an der genauen Verbindlichkeit dieses Satzes Platz beanspruche, wird der Kernsatz des Logos-Hymnus aus der Einleitung des Johannes-Textes erläutert und bekräftigt durch Wiederholungen von eindrücklicher Redundanz:

> Dieses (Wort) war zu Anfang bei Gott. Alle Dinge sind durch dieses (Wort) gemacht, und ohne dieses (Wort) gibt es nichts, was gemacht worden ist[3].

Dieserart ist die Einschätzung des Wortes nach Schrift und Sinn des Evangeliums, und auf ihr gründet das Gedicht der Offenbarung, auf welches der Dichter sich beruft, wenn er sein Selbstbild sagen lässt, dass es …

> … nirgends würdiger und schöner brennt
> als in dem Neuen Testament.

Aber eben: Kaum ist der Grundtext aufgeschlagen, um:

> Mit redlichem Gefühl einmal
> Das heilige Original
> In mein geliebtes Deutsch zu übertragen.

Da stockt er schon! Wer hilft ihm weiter fort, dem Tatengewissen, dem Tatgläubigen? – Die Not stellt sich dem abendländischen Leser der Offenbarung alsbald ein:

> Ich kann das Wort so hoch unmöglich schätzen,
> Ich muss es anders übersetzen.

Und, vom Geist erleuchtet, setzt er hin:

> Geschrieben steht: Im Anfang war der *Sinn.*

Nicht das Wort, Sinn macht den Anfang. – Jedoch, kaum steht es da, dieses Wort, welches das Wort vom Wort ersetzen soll, schon kommen aufs neue Zweifel auf:

> ...
> Ist es der *Sinn,* der alles wirkt und schafft?
> Es sollte stehn: Im Anfang war die *Kraft*!

Aber auch das will nicht zufriedenstellen, noch immer nicht, dieses Berufen der Kraft, auf die alles zurückzuführen ist. Ihn warnt etwas, dass er dabei nicht bleibe, bei diesem schroffen Namengebilde – «Kraft» –, dessen Träger nur zu spüren ist, nicht zu sehen oder zu hören und sich daher auch lediglich durch seine Wirkungen, nie aus Zuständen zu erkennen gibt. –

Jedoch, er bleibt nicht lange ratlos:

> ... auf einmal seh ich Rat
> und schreibe getrost: Im Anfang war die *Tat*!

Da steht er denn vor uns, tatgewiss, tatengläubig: der Bewohner des Abendlandes, mannhaft, der Mann, und vom Wort befreit – durch die Tat.

Aber auf dieses Bekenntnis hat sichtlich ein Wesen gewartet, bisher verborgen, aber jetzt macht es sich bemerkbar, jetzt eben, und dies nicht zufällig: Kaum findet sich die Tat an die Stelle des Wortes gesetzt und zum Wirkstoff des Anfanges erhoben, schon jault und stinkt sich Gefährte Mephistopheles aus des Pudels Kern hervor. Die Offenbarung, mit ihr das Wort, welches Gott ist und zur Tat wird, verschwindet hinter dem Spott des Versuchers. Was sollen denn Namen, was können Worte schon gelten, so fragt Mephisto:

> Für einen, der das Wort so sehr verachtet,
> Der, weit entfernt von allem Schein,
> Nur in der Wesen Tiefe trachtet.

Und aneinander verschworen gehn die beiden, zu Tat und Untat vereinigt, ab, erst in die kleine, danach in die grosse Welt. Zurück lassen sie den Zuschauer am Schauspiel, ratlos nachsinnend darüber, was es sein könnte, das im Anfang steht: ob Wort, ob Sinn, Kraft oder Tat. –

*

Im Anfang! – Wüsste man, was das ist, der Anfang, dieser Anfang, in dem das Wort war! – Ja, und wüssten wir, was mit dem berufen ist, das den Namen «Wort» trägt! – Zwei Hinweise: *Anfang* zunächst und dann sogleich *Wort*: ein hymnischer Prolog, und der Dichter, der ihn auf den Sinn seines Abendlandes, für den Gebrauch auf seinem dunklen Kontinent, den Ort der Tatgewissen hinüber zu kommentieren trachtet, indem er das Wort aus dem johanneischen Logos-Hymnus in die Tat übersetzt: Auch er weiss nicht, wovon der Evangelist handelt; er kann es nicht wissen. Man hat nämlich Grund, zu vermuten, dass der Foliant, dem Faust die Zeilen entnimmt, welche er als den heiligen Grundtext zu lesen wähnt, nicht das originale Buch, sondern einen hybridisierten griechischen, vielleicht lateinischen Bericht, eine Klosterhandschrift vermutlich, birgt, wenn nicht gar vom Büchergestell in Faustens Studio die deutsche Übertragung aus der Feder des Doktor Martin Luther sich als «Urtext» dem Griff seines Lesers anbietet! – Keinesfalls dürfte sich dort, in der Bibliothek des Gelehrten, jenes Buch finden, welches, «in semitisierendem Griechisch geschrieben»[4], das Zeugnis der Heilsgeschichte von seinen Ursprüngen her weitergetragen hat.

So stösst denn Faust zunächst auf die geläufige Wendung: Im Anfang war das Wort – und damit auf die Sinnbeengung, die einem Fehler gleichkommt. Auf die Unterstellung nämlich, wonach es das Wort – und das meint eine ausgesprochene oder hingeschriebene Formel, eine Mitteilung, eine Abstraktion – sei, die am Beginn der Welt stehe: *das* Wort, und es wird nicht gesagt, was für ein Wort!

Solch eine vage Äusserung *muss* bei Faust – und dem Dichter, der ihn zu seinem Botschafter macht – Missbehagen erzeugen. Man kann doch das Wort, Hingesagtes mithin oder auch Aufgeschriebenes, so hoch unmöglich schätzen – words, words, words ...

Aber so kommt es heraus, so nachhaltig fatal, wenn man sich an falsch Überliefertes hält, an ungenau Übertragenes, an sinnzerstörend Benanntes. Auch wenn man Goethe heisst. Und dann das Wort für ein Wort nimmt – als gäbe es nur dies: *das* Wort, wie der Abendländer es gebraucht: um zu benennen, um festzulegen. Und als wäre solch ein Wort, ein Name für eine Sache, hier, im Evangelium angerufen. Ein Wort zum Ersatz für Taten, an deren statt, nicht in der Wertigkeit der Tat, und doch von weiterer und viel längerer Wirkung als diese.

Allein zwischen dem Wort aus der Welt des Goethe und dem Wort aus der Welt des Johannes steht mehr als ein Mittelmeer, und steht auch mehr als der Raum von anderthalb Jahrtausenden. Gewiss ist, die ersten Hörer des grossen Hymnus, die Mitglieder der Johannesgemeinde in Ephesos, in der Mitte zwischen dem Herkunftsort ihres Sängers und den fernen Zielen der Apostelreisen gelegen, dort, wo die Muttergestalt Diana, die Vielbrüstige, mit der Mutter Maria, der Madonna, in eins verschmilzt, die haben noch die Vieldeutigkeit dessen geahnt, was die erste Zeile aus dem Logos-Hymnus zu sagen weiss:

Im Anfang war ...

Und dann sagt der Text dieses «in semitisierendem Griechisch abgefassten» Evangeliums, im Anfang sei Logos gewesen.

Logos: Das lässt sich *auch* als das Wort übersetzen, genauer jedoch trifft man die Aussage, wenn man den griechischen Begriff – logos – mit Sinn übersetzt. Und folglich liest, es sei nach dem Wort des Johannes der Sinn an den Anfang der Weltordnung gestellt.

Man ahnt bereits: Goethes Unbehagen entzündet sich an einer ungenauen Übersetzung – einer allzu engen jedenfalls, die in falsche Richtung weist. Und schon der griechische Text des Prologs

x darauf bin ich auch eines Tages gekommen!!

[redacted]

zum Evangelium Johannis lässt uns wissen: Logos steht bedeutungsgleich für Wort wie für Sinn.

Jedoch, auch damit ist der Hintergrund des Logos-Hymnus noch nicht zureichend erschlossen. Der ihn mit sich getragen hat, hinüber nach Ephesos, Johannes, Sohn des Zebedäus, hat in Galiläa den Ruf empfangen, über seinen Fischernetzen auf dem See zwischen Kapernaum und Tiberias, und die Anregungen zu seinem Hymnus hat er von dort in Galiläa mitgebracht, aus vorjohannischen Gesängen mithin, wie sie in jüdischen oder frühchristlichen Gemeinden seit Langem tradiert waren.

Dort, im Geburtsland der Zebedäus-Söhne, welches auch die Kinderstube ihres Verkünders gewesen ist, dort hat man aber nicht griechisch geredet, sondern *aramäisch,* welches damals – und nicht etwa das Hebräische – die Sprache «des Volkes auf der Mauer» war[5].

Wenn man denn schon vom griechischen Text her logos nicht einfach unbesonnen als Wort nach dem Gebrauch der abendländischen Sprachen übertragen darf, als Formel, die einen Namen für ein Gegebenes sagt oder aufschreibt, um wie vieles weniger geht es an, den semitischen Begriff in seiner Vieldeutigkeit dort hinzusetzen, wo der europäische Leser das Wort «Wort» zu lesen beliebt. Auf Aramäisch nämlich, gleichwie auf Hebräisch, trägt sich dafür der Begriff DAWAR an. Nicht etwa das bedeutungsengere Wörtchen MILA, wie das moderne Ivrit (welches weitgehend durch Übernahme indogermanischer Grammatik und Syntax unter Auffüllung mit hebräischen Wortformeln entwickelt worden ist), das Wort benennt, sondern mit dem alten Begriff dawar ... Von DAWAR aber muss man wissen, dass es in seinem Namen gleichrangig und -wertig zumindest die vier folgenden Bedeutungen umfasst: DAWAR heisst:

Wort – Sinn – Kraft – Tat (dazu noch: Sache, Angelegenheit).

Alle vier Übersetzungen sind gleicherweise richtig und zutreffend. Dies nicht, weil das Aramäische und dessen Parallelsprache Hebräisch so ungenau wären, sondern weil sie so genau sind: weil sie ihr Vorhaben wahrmachen: wissen zu lassen, dass dies vom Grunde her eines ist, und wenn genau und konsequent gedacht, viermal dasselbe zu sein hat:

Wort = Sinn = Kraft = Tat.

Tagebuch 1.1.92: (Tr Zettel)

Dass nur dies ein Wort ist, was von seinem Sinn her genügend Kraft hat, um die Tat anzuregen. Weil nur das, was bewegt, nicht das, was festlegt, beanspruchen darf, dass man es dawar nenne. –

Dies aber, dieses Umfassende, gehört an den Anfang. Am Anfang ist dawar. Und *der* Anfang. Von ihm geht alles aus, «und ohne diesen ist nichts von dem gemacht, was immer auch gemacht ist».

Und daselbst findet sich dann auch das geortet, was man *Anfang* nennt, und das ist jene Stelle, an die dawar (oder logos) sich gesetzt findet:

Im Anfange ...

Mit dieser Formulierung übernimmt der Evangelist eine Wendung, die ihm schon nahe vertraut gewesen ist – ihm und damit den Empfängern seiner Botschaft, damals und bis heute.

Im Anfang ...: Damit fängt alles an, was beansprucht, dass es umfassend den Menschen erfülle, beherrsche. So die Geschichte Mosis, so der Bericht von Jesu Herrschaft. Vorher war nichts; als es wurde, ist es von seinem Anfang an geworden mit Ausrichtung auf den Lehrer und dessen Lehre, und einzig um seinetwillen. Würde dieser nicht gekommen sein, die Welt hätte weder Kraft noch Bestand, noch könnte irgendeine Notwendigkeit rechtfertigen, dass sie geschaffen wurde. Die Ein-Herrschaft – eine jede – gibt der Welt ihre Berechtigung nur von dorther, dass etwas erstellt wurde, das sich ihrer bedient. Und das ist der Weltenbeherrscher. Ansonsten wäre nichts.

Einzig daraus ergibt sich, dass die Anerkennung einer Existenz ipso facto auch schon den Glauben an das einschliesst, was die Existenz bewirkt. Die Existenz zur Bestätigung einer Lehre und zu deren Erfüllung nötigt den Glauben an diese Lehre auf: Darin liegt, das sollte erkannt und gesagt sein, die Diktatur jeder Einherrschaft in jedem Bereich und zu allen Zeiten, ihre Tyrannis, in dem Junktim von Existenz-Anerkennung mit Glauben. So auch den Glauben an den einen, einzigen Gott; den jüdischen gleichwie moslemischen oder christlichen. Das bringt die Macht eines jeden monotheistischen Systems, damit die latente Grausamkeit – eines jeden monokratischen, monarchischen, monolithischen Gebildes. – Allerdings ist zu bedenken: An sich müsste

Existenz-Nachweis ja noch keinen Glauben einschliessen; vieles in dieser Welt, in unserer Gegenwart existiert nachweislich, und dennoch wird man sich öfters hüten, an es auch zu glauben – nur weil es existiert! – Beispiele erübrigen sich, sie sind unzählig und in allen vorstellbaren Bereichen aufzufinden: Existenz ohne die Befähigung, auch den Glauben an das Existierende einzuschliessen. Die religiösen Gebilde beanspruchen da eine Ausnahmeposition: Sie setzen voraus, Gottes Existenz – als gegeben unterstellt – schliesse notwendig den Glauben an ihn mit ein. Dieser Anspruch leitet sich von dort her, dass diese Herrscher, entgegen ihren Kollegen auf den Thronen des Diesseits, ihre schicksalbestimmende Dominanz erst vom Tode an zu beweisen und auch zu bewirken vorhaben. Und vor der Geburt, also zweimal unter Verabreichung einer wirksamen Lethe, des Vergessenstrankes: in der Muttermilch zuerst, und dann, am Ende, auf dem Weg nach unten, am Acheron, dem Hades zu.

Jedoch: Wenn Existenznachweis mit Schöpfungsbericht wesenhaft verknüpft ist, so bleibt Glauben aufgenötigt. Deshalb der Hinweis auf den Anfang, bei Moses wie Jesus. Wegen dieser beiden Künder, für sie und einzig um ihretwillen besteht die Welt, auf sie hin ist sie gemacht worden.

Textgenau holt die neue bei der vertrauten ältern Überlieferung ihre Quelle, bis in die wörtliche Formulierung. Der Evangelist beruft sich wortgetreu auf diesen Satz, mit welchem das Buch Genesis eröffnet wird und an den er anschliesst. Bis dorthin, bis an den Anfang, muss man zurückgreifen, wenn man weitermachen – oder neu beginnen – will. Ob dieses verbatim entsprechende Zitat «Im Anfang» bei Johannes als Memorial von Moses gedacht ist, ob als Paraphrase, ob zur auslöschenden Überdeckung des Vorausgegangenen, das ist schwer auszumachen. Zusätzlich böte eine vierte Erläuterung sich an, besagend, der Evangelist füge mit seinem Berufen des Anfanges einen Kommentar bei, eine Präzisierung zum Text des Genesis-Buches; er wünsche seine Zuhörer vernehmen zu lassen, was denn das alte Buch zu sagen vorhabe, wenn es so anhebt: «Im Anfang ...» – was er sei, und wie zu denken, dieser Anfang. Wie etwas anfange, und womit, wodurch. Um also an der Passage «Im Anfang war das Wort» zu verdeutlichen, was es zu besagen habe, wenn geschrieben steht: «Im Anfang schuf Gott ...»

So sagt es Genesis 1:

> Im Anfang hat Gott das Himmelsgewölbe und das Land gemacht –
> B'RESCHIT BARA ELOHIM ET HASCHAMAY'M W'ET HAAREZ.

Jedoch, wie es zugegangen ist bei der Errichtung des Universums, davon gibt der alte Schöpfungsbericht nichts preis. Hier füllt das neue Buch, der Text des vierten Evangeliums, die Lükke, wenn es sagt:

Im Anfang war ... DAWAR (oder, minder umfassend: LOGOS),

mithin: Wort = Sinn = Kraft = Tat[6]. –

*

Goethe stellt den Namen «Tat» für dawar ans Ende; sie kommt als Letzte – so, als ergäbe sie sich notwendig; fast sollte man banal sagen: zwangsläufig, aus allem Vorausgegangenen und -gedachten. Für den Deutschen bedeutet die Nennung der vier Begriffe eine Steigerung. Die Tat plaziert er am höchsten. Wie anders für Johannes! – Ihm steht dawar allein da, ihm sagt es alles. Danach stellt alles weitere sich von selbst ein. Es ist ja alles schon darin eingeschlossen. Ohne DAWAR ist nichts gemacht. Wenn DAWAR da ist, dann ist alles da, dann ist Leben da, und Leben – so hebt Johannes an –, Leben ist das Licht des Menschen.

Im Schein des Lichtgedankens, wie er aus dem Logos-Hymnus, dem Johannes-Prolog, erstrahlt, kommt der Schöpfungsbericht nach Genesis 1-2 zu neuer Beleuchtung. Was in der Einführung zum alten Buch dunkel angedeutet bleibt, erhellt aus dem Bezug, den der Evangelist auf die Begebnisse des Anfanges vermittelt.

Dort, im Genesis-Bericht, steht aufgeschrieben: Gott schafft, Gott nennt, Gott spricht, Gott sieht ... – nie ist aber zu lesen: Gott baut, Gott formt (diese Wendung findet sich erst in der zweiten Formulierung des Schöpfungsberichtes, dort, wo Eva aus der Rippe erzeugt wird). – Der Moses-Gott ist, gleich dem Johannes-Gott, nicht einer, der tatgewiss und -gläubig mit Händen werkt. Er lässt die Dinge geschehen; er sieht ihnen zu, wie sie aus sich selber werden. Was er seinerseits verrichtet, das ist: *Er sagt.* Nichts als dies. Mehr nicht. Und mehr soll nicht sein. Durch dieses Sagen wird alles erstellt, was gefordert oder notwendig sein möchte, damit eine Welt sich bildet: Wort – Sinn – Kraft – Tat, d. h.: Wort birgt Sinn trägt Kraft wirkt Tat. Alles aus sich selbst. Und so, bis alles erfüllt ist; bis es dasteht am siebten Tag, von dem (Genesis 2, 1-3) gesagt wird:

> Vollendet waren Himmel und Erde mit den Heerscharen darauf ... Da segnete ELOHIM, der Allgott, den siebenten Tag und machte ihn heilig; an ihm nämlich ruhte er von den Erzeugnissen (besser wohl, obgleich unschön: Erzeugungen), die er, der Allgott, hervorgebracht hatte, damit ...

Und dann kommt ein letztes Wort, ein schwieriges Wort. Hier nämlich, durch dieses Wort, das den Schöpfungsbericht abschliesst (auf deutsch wird dafür ein ganzer Nebensatz beansprucht), stellt eine Gegebenheit sich ein, die erst das Wesen des Schöpfungsaktes rückblickend, rückwirkend und verbindlich umschreibt. Und – vor allem – verlauten lässt, wie dieses Geschehnis nach dem Bericht des Genesis-Buches vorzustellen ist. Dieses Wort, der Abschlussriegel der eigentlichen Genesis, liest sich auf hebräisch so:

> LA'ASSOT

und heisst, auf deutsch übersetzt: um zu tun, oder: damit ... tue; auch: dass getan werde.

Vom Kontext des Satzes her ist somit zu lesen:

> An ihm (scil. diesem siebenten Tag) ruhte er – besser: feierte er – von der, oder dem, Erzeugnis, die, oder das er hervorgebracht hatte, er, der Allgott, damit ... tue.

Wie überflüssig steht diese seltsame Zufügung da, und vor allem redundant. Derlei hilflos wiederholende Passagen («hat getan, um zu tun»: so liest sich dieses Gebilde in wortgetreuester Übertragung) sind sonst in den Büchern des Alten Testamentes mit ihren konzisen, meist allzu knappen Formulierungen nicht zu finden. Die alten Texte sagen meist zu wenig, nie zu viel; weshalb auch mancher Kommentar verfasst worden ist, um diese Sammlung von Geschichten und Vorschriften zu erläutern.

Es würde doch zureichen, wenn der Schöpfungsbericht so abschliessen würde:

> Am siebenten Tag feierte der Allgott von sämtlichen Erzeugnissen, die er hervorgebracht hatte.

Und Punkt hier. Und alles ist gesagt. Was folgt, scheint den Fluss und den Sinn nur zu stören. – Dieser Eindruck verstärkt sich noch, wenn man die Theologen zu Rate zieht, die das heilige Original in andere Sprachen zu übertragen versucht haben. Dann wird auffällig, wie hilflos die Übersetzer allesamt sich gegenüber diesem Zusatz zeigen, diesem Gebilde – einem einzigen Wort in der Ursprache –, welches sich da, wenn schon alles gesagt, der Bericht abgeschlossen ist, noch anheftet: LA'ASSOT. Dieser dunkle Hinweis am Ende, dieses LA'ASSOT bereitet den Übersetzern allesamt Mühe. So schreibt die Zwingli-Bibel, für LA'ASSOT: «... als sie geschaffen wurden», und wörtlich gleich lässt sich der Luther-Text in seiner neuen Fassung vernehmen. Der Sprachpurist Buber übersetzt: «... ihr Erschaffensein»[7]. Diese Formulierungen akzentuieren nur die Redundanz und lassen keinen Sinn, auch keine Notwendigkeit erkennen.

Ich versuche, diesen Annex anders zu lesen, genauer, wie mir scheint, im Sinn und Einklang mit den Regeln der Grundsprache und syntaktisch gleichwie logisch akkurater. Dieses LA'ASSOT (= damit ... tue) lässt sich von Grammatik wie Logik her sinnvoll auf das Erzeugen und das Erzeugte beziehen (eher als auf den Erzeuger – dieser ruht jetzt), und heisst dann: damit *dieses* tue, nämlich: damit es, das Erzeugte, sich selber weiter erzeuge und forme; aus sich heraus getreu DAWAR, dem schaffend bewegenden Wort, welches den Anstoss gegeben hat und nun, der En-Ergeia (dem innewohnenden selbstwirkenden Werk) getreu, von sich aus das weiterführt, was dawar oder logos ihm ein- und für späterhin mitgegeben hat. Dieses erzeugend Erzeugte aber, das ist der *Mensch*. Er ist beauftragt, dawar, das im Anfang war, weiter zu führen.

Der Allgott hat DAWAR hingehaucht[8]: allem, was er in diesen vorausgegangenen sechs Tagen mit Sinn erfüllt hat, damit es sich fort und fort selber schaffe. Vermittels dessen, was im Anfang war: als Himmel und Erde wurden und als das Wort gewesen ist. –

*

Im Anfang: So ausführlich ist schon von ihm die Rede gewesen, dass man unterstellen möchte, wir wüssten, wovon wir reden, wenn wir «Anfang» sagen. Als sei dies so gewiss und unbestreitbar, kaum des Reflektierens wert: dass mit Anfang hier verwiesen werde auf den Moment der Abfahrt, des Abfluges, wie in unseren Transporteinrichtungen. Und vorher war nichts ...

Diese Formulierung ist aber nachdenkenswert, der Satzbeginn, sagend: Im Anfang war.

Ein weiteres Mal lassen uns auch alle die eben zitierten Bibelübersetzer ratlos zurück. Einmütig gleichförmig schreiben sie: «Im Anfang» – und scheinen nicht beunruhigt davon, dass das Wort, mit dem Genesis anhebt, von der Welt zu reden, nicht die gebräuchliche hebräische Formel für «Anfang» (T'CHILA) benutzt, sondern dass sie eine Wendung – B'RESCHIT – vorlegt, welche in der gebräuchlichen Sprache der Juden nicht den Beginn eines Zustandes oder Prozesses benennt, sondern steht für *die Voraussetzung,* unter der eine Sache gesagt wird, die *Bedingung,* gemäss welcher sie zu denken ist! – Oder auch *die Hauptsache* (RESCHIT trägt in sich denselben Wortstamm wie ROSCH = Haupt, Kopf). Nicht also den Beginn, sondern das *entscheidend Wesentliche,* und das ist doch dies, was dem Ganzen erst seinen Ort und Sinn vermittelt: den eingegebenen Sinn, den man danach durch alle folgenden Bücher mit ihren Berichten, den Genealogien und Gleichnissen, mit all den Vorschriften und Verbotssammlungen hindurch weiter wirkend findet, aber kaum je noch erwähnt, weil zu Anfang – nicht der Universalgeschichte, sondern der beiden Bücher, als deren Motto – so entschieden eindeutig aufgeschrieben steht, was zu stehen hat: dass Gott die Voraussetzung ist, die Grundbedingung, und die meint dasselbe wie DAWAR, woraus die Welt wurde und um dessentwillen sie besteht. Wer das nicht weiss oder nicht anerkennen will, so die Forderung der Bibel in ihrem Alten gleichwie Neuen Testament, dass Gott den Anfang von allem vorstellt, nicht weil er es mit Händen aus dem Nichts gemacht hat, sondern weil er jedem Denken vorausgeht vermöge seiner Identität mit dawar, also mit Wort, Sinn, Kraft, Tat – und das ist allemal dasselbe –, der soll sogleich das Buch zur Seite legen. Und mit dem Buch zusammen alles, was an Verbindlichem daraus zu ihm redet. Ohnedies kann er keinen

Anteil daran haben: an dem Buch und damit an der Botschaft, die es bringt. Noch an den Wohltaten, die es verheisst.

Man bedenke also genau den Unterschied zwischen Anfang und Anfang: zwischen dem rein zeitlich vorgestelltem Start auf der einen Seite und, andererseits, der Grundkondition jeglichen Denkens und sinnvollen Sagens. Diesen Unterschied zwischen der Sache und dem Denken *über* die Sache hat Kant deutlich und verbindlich vollzogen, man muss diese Grundsätze allen vernünftigen Operierens nur herbeirufen, dann wird es deutlich: Wenn von Anfang – der Weltenschöpfung gleichwie des Wortes – gesprochen wird, so besagt dies, hier sei die Rede von den Bedingungen. Von den Präliminarien. Die setzt man allem voran, was verpflichtend wird. In jeder Situation, die auf Beziehung gebaut ist. So hier: Zwischen der Bibel und ihrem Leser, der Vertrag, welcher der Lektüre vorausgeht, kommt zuerst. Und diese sind es, die Bedingungen, die das Buch an den Anfang stellt. Nicht jedoch die Sache selbst.

Und deshalb nicht, weil in allem Wesentlichen, was den Menschen verbindlich angeht, die Sache – seine Sache, die menschliche Sache, man kann auch sagen: die Sache Mensch – erst dadurch wird, dass sie gesagt wird.

Sagen sagt: Tua res agitur – *dich* geht es an! – Sagen bewegt. Sagen zeigt: Dort ist etwas. Dort – wohin ich mit dem Finger zeige, und weil ich zeige. Vorher ist dort nichts gewesen, und jetzt hat das Zeigen, einher mit dem Sagen, es dorthin gesetzt. So vieles vermag das Sagen! – Wenn du dich nicht darauf verweisen lässt, dann siehst du es nicht – und dann besteht es auch nicht: *für dich nicht.* Und es wird dir nicht schwerfallen zu beweisen, dass es das nicht gibt, viel weniger schwer als all denen, die das auf sich beziehen – und sich darauf beziehen –, was dorthin gesagt worden ist.

Sinnvoll und inhaltsträchtig bleibt das Wort nur denen, die es selber sagen: die sich durch ihr Sagen in ein Luftschloss führen lassen. Auch das Wort, vom Evangelisten berufen, führt in ein solch prächtiges Luftschloss; der Finger zeigt darauf, und dazu ruft der Apostel: Da schaut her, was ich euch zu zeigen habe; mein Finger begleitet das Wort zum Licht. Und so, einen Finger am Mund, den andern nach oben weisend, in Richtung «schau», sind der Verkünder und seine getreuen Boten oft abgebildet.

Jetzt weiss man, was das zu sagen hat.

Dort draussen, wohin sein Logos-Ruf dem ausgestreckt zeigenden Finger folgt, irgendwo fern, nicht hier, vollzieht es sich, und genauer ist es nicht zu sagen als so:

dass das Wort Fleisch geworden ist[9].

Das ist der Name des Wunders – wenn es je Wunder gegeben hat: *Wort wird Fleisch.* Das meint: Sagen zeugt Leben. Es *er*zeugt Leben, um es zu *be*zeugen.

Manche wünschen, man soll ihnen dieses Wunder beweisen, durch welches ein Wort sich in Fleisch verwandelt. Das dürre Wort, einige nennen es das tote Wort, geht heraus, und irgendwo in der Fortsetzung des zeigenden Fingers verwandelt es sich in ein lebendes Wesen. Statt es so umständlich und trocken zu formulieren, sagt die Sprache der Bibel in ihrer konkret genauen Verbindlichkeit: Wort wird Fleisch. –

Beweisen lässt sich das nicht; um logischer Gründe willen geht so etwas nicht an, weil durch eine Forderung nach Beweis die Konkretion des Wortes – von dawar – kaum vollzogen, auch schon rückgängig gemacht, entleiblicht wird. Damit aber findet sich das Wort seiner Verwirklichung entledigt und aller Hinweiskraft beraubt.

Das Schwierige an der Sache: Man kann das denen nicht sagen, die Beweise fordern. Die nehmen es für Ausflucht und wollen nicht begreifen, dass *ihr* Wort, das benennende Wort, der Name für einen gegebenen Sachverhalt – für ein fact, welches so heisst, wie man es nennt, es könnte auch anders heissen – dieses Wort, das nicht bewegt und nichts bewirkt, nur Realitäten feststellt, dass dieses Wort in einer anderen Welt wohnt als DAWAR. Das sachbenennende Wort, welches den Realisten dafür dient, genau zu umschreiben, was man zuvor gefunden hat und jetzt beweisen will, dieses Wort kann nichts erzeugen oder bewegen – nein: es *darf* weder erzeugen noch bewegen, sonst gibt es das, was den Realisten die Verlässlichkeit des Wortes ist, preis. Dann ist das Wort verloren, und der Realist mit ihm.

Und dort, wo beide verloren gehen, da fängt DAWAR – nenne es nun Wort, Sinn, Kraft, Tat –, dort fängt es an, dich zu bewegen. Dorthin, wo es «schau» heisst. Dorthin, wo der Finger zeigt[10].

Fragebogerei oder: Meinungsforscher sind Meinungsmacher

Zumeist geschieht es unter Berufung auf Marcel Proust, dass man einen Fragebogen vorgelegt bekommt. Proust, der Sänger der Décadence und Chronist der ausgehenden Belle Epoque: Es gibt in der Gesellschaft keine gültigere Legitimation als diese für ein solches Unternehmen und für dessen Befriedigung. Dass sie auf diese Weise zu finden sei, le temps perdu, die verlorene Zeit, welche Proust ein kurzes Leben hindurch gesucht hat, und zu finden gehofft durch das Mittel des Erschliessens persönlicher, auch intimer, Geheimnisse: Darin könnte die Absicht des Fragebogens zu finden, damit auch zu begründen sein.

Worauf sie zielt, diese Absicht, das steht bei Proust genau und sehr verbindlich aufgeschrieben:

> Wie ein Geometer, der die Dinge so vollkommen von jedem Gefühlsmoment entblösst, dass er nur ihren linearen Aufriss sieht, liess ich mir entgehen, was die Leute sagten, denn was mich interessierte, war nicht, was sie sagen wollten, sondern die Art, auf die sie es äusserten, insofern sie eine Enthüllung ihres Charakters oder ihrer Lächerlichkeiten bedeutete, mehr aber noch ein Objekt, das mir ein einzigartiges Vergnügen verschaffte und deshalb stets in ganz spezieller Weise das Ziel meines Forschens gewesen war, nämlich das gemeinsame Element zwischen einem Wesen und einem anderen[1].

Besser kann man es nicht sagen, auch treffender und verbindlicher nicht, wie dieser Sinn, nennen wir ihn den fragenden Sinn, geartet ist, der sein Wissenwollen mit Fragebögen befriedigt. Es ist, so steht's aufgeschrieben, der Sinn des Geometers, dem die Landschaft Material zur Messung und kartographischen Aufzeichnung abgibt. Der Sinn auch dessen, der nicht zuhört, wenn gesprochen wird; nein: Das lässt er sich mit Absicht und Methode entgehen, das Zuhören und folglich Antworten, um sich stattdessen einzig das aufzuschliessen, worin der Charakter sich enthüllt, besonders in seinen Lächerlichkeiten, und es zu tun mit dem erklärten Ziel, über das hinweg zu sehen, was die Einzelperson in ihrer Einmaligkeit ausmacht, um der Erschliessung des umfassend Verbindenden, um jenes Aspektes willen, vor dem am Ende alles gleich aussieht.

So ist es bei Proust zu lesen. – Mag sein, der Schriftsteller kommt ohne eine solche Optik nicht aus, und der Fragebogen würde ihm seinen Dienst als eine Art Theodolit antragen: Wenn man hindurchschaut, sieht man schon die Landkarte; das Einzeichnen vollzieht sich dann fast von selbst. Landschaft und -karte sind in eins zusammengeschmolzen. Die lebendige, subjektive Aussicht ist identisch mit dem geworden, was ihre kartographische Darstellung zeigt.

Dies ist, was der Fragebogen vermag. Dies auch, was er beabsichtigt. *Jeder* Fragebogen, gleich, wie er gestaltet ist und unbesehen der bekundeten Absicht, mit welcher man ihn jeweilen anwendet. Anders als so kommt der Fragebogen schon gar nicht an sein Objekt heran. So ein Fragebogen voller Fragen! –

Und da liegt er nun also vor dem Probanden, der Bogen. Lassen wir seinen Text und dessen Formulierung zunächst ganz zur Seite, sehn wir stattdessen nur auf Intention und Wirkung eines solchen Fetzens, angefüllt mit Fragen.

Da sitzt man denn, die Frageliste vor sich, und nach jedem Fragezeichen soll eine Antwort abgelegt werden: Es kann nicht ausbleiben – und ist anders auch nicht denkbar – als dass die erste Intention, die in den Griffel fliesst, nicht dahin geht, das Wort oder den Satz hinzusetzen, von dem angenommen wird, dass es oder er die richtigsten, zumindest die am ehesten sinngemässen seien. Vielmehr wird zuerst die Erwägung angestellt, welche Antwort wohl als die beste *erwartet wird.* Das Bedenkliche an der ganzen Sache ist: Eine solche Erwägung trifft genau richtig, und sie gibt die beste Chance, dass das fragende Wesen befriedigt sei. Nicht also schreibt der Examinierte das auf, was ihm als die seinem Wesen am ehesten entsprechende Antwort auf die Frage vorkommt, noch das, was ihm das Richtige zu sein scheint, sondern er gibt das aufs Papier, wovon er vermutet, dass es den günstigsten Eindruck, folglich die wohlwollendste Bewertung hinterlasse.

Dass diese opportunistisch ausgerichtete Erwartung auch noch als die richtige deklariert wird und dass sie auf den gewissesten Erfolg hoffen lässt, darin liegt die Fatalität des Fragebogens.

Aber nicht darin allein. Auch noch und mehr noch in dem, dass der Fragebogen seine Antworten, und mit ihnen das Wissen und die Gewissheiten, welche er zu prüfen vermeint oder vorgibt, überhaupt erst *macht*. Jedoch: nicht nur «einfach so» macht, wie ein geschickt verfasstes Schriftstück Ansichten in der Weise vorlegt, dass die Lesenden es in der Überzeugung weglegen, darin sei ihre, der Leser eigene Meinung ausgedrückt, sondern ganz anders macht: so nämlich, dass die Fragenserie in allen Befragten ständig, und von Frage zu Frage zunehmend, die Gewissheit erzeugt, es seien die da, die so eine Fragenreihe vorlegen (und erst recht natürlich diejenigen, die sie gebaut haben), im Besitze aller Gewissheit. Einer Gewissheit, welche dazu berechtige, ja berufe, alternativ darüber zu entscheiden, was richtig sei und was falsch, was wahr und was unwahr – und folglich auch zu befinden, in welchem Verhältnis zu Richtigkeit und gleich auch Wahrheit diejenigen stehen, welche dem Verhör durch den Fragebogen ausgesetzt sind.

Das Merkwürdige an der Sache ist: Die Befragten machen sich diese Gewissheit der Fragenden auch noch selber zu eigen. Dieser Prozess vermittelt den Inquisiven des Fragebogens eine diktatoriale Macht.

Vielleicht melden sich bei den Leserinnen und Lesern, spätestens an dieser Stelle, Zweifel an; hoffentlich melden sich jetzt Zweifel an! – Zweifeln ist nicht verboten, vielmehr erwartet das deutliche Sagen Zweifel, es hofft auf sie. Nur das Sagen vermag ja Zweifel zu erzeugen. Aus dem Fragen dagegen können Zweifel nicht entstehen, naturnotwendig nicht: Das ist von den Bedingungen der Grammatik her so gefordert, weshalb auch niemand dagegen an kann. Das Fragen entbehrt der Gegebenheiten, aus denen der Zweifel wächst.

Sie wollen, bitte, sogleich die Probe aufs Exempel machen. Und sagen: «Ich zweifle an deiner Frage» – und alsbald merken Sie selbst, dass es nicht geht. Es macht keinen Sinn, wenn man so etwas sagt. Das Fragen entzieht sich dem Zweifeln, und dies ist es, was dazu führt, dass die Frage auch von jenen Zonen entfernt bleibt, wo Wahrheit, oder sagen wir: wo das Ringen um Wahrheit möglich und sinnvoll wird.

Zweifeln lässt sich nur an einer Sache oder an einer Aussage, das Fragen lässt Zweifel nicht zu. Es versagt sich jenem Grundrecht des Denkens, aus welchem, seit Descartes, die Hoffnung auf ein gelassenes, verantwortungsvolles Urteil einzig wächst[2].

Was hier als für die Frage gültig angesprochen wurde, um wie vieles mehr muss es für einen ganzen Bogen voller Fragen gelten.

Aber noch ist ja der Zweifel nicht hinweg – der Zweifel, von dem soeben festgestellt worden ist, dass ihn das sinn-und verantwortungsbewusste Sagen ausdrücklich aufkommen lässt und dass es sich ihm stellt, statt ihn hinweg zu fragen.

Ich stelle mich und verantworte meine Aussage sogleich, indem ich einen Fragebogen selber reden lasse. Und um der Fairness willen nicht irgendwelche Produkte aus einer drittklassigen Fragebogenküche, sondern eine Stelle aus dem Quaestionarium des hochgeachteten H. J. Eysenck. Geprüft werden soll in diesem Text nach Wunsch des Fragers meine «Fähigkeit, das zu verstehen, was Sie lesen». Und vorgelegt wird zunächst folgendes Sprichwort:

(A) Segle, solange der Wind weht.

Daran schliessen sich vier weitere Sprichwörter, eingeleitet durch den Vermerk: «Zwei der folgenden vier Sätze haben etwa die gleiche Bedeutung wie das Sprichwort A. Welche sind es?

Schmiede das Eisen, solange es heiss ist.
Man muss mit den Wölfen heulen.
Man soll das Heu einbringen, solange die Sonne scheint.
Wer langsam fährt, kommt auch ans Ziel.»[3]

So, jetzt geh hin und kreuze jene Sätze an, welche etwa die gleiche Bedeutung haben wie das zuerst vorgelegte Sprichwort. Richtig, brav so: Es sind die Sätze mit dem Eisen und dem Heu! – Und wenn sich in Ihnen noch so viel Widerstand regt gegen diese Vergewaltigung Ihres freien Urteils, es nützt Sie nichts. Sie müssen mitmachen. Zu viel steht auf dem Spiel: eine Arbeitsstelle vielleicht oder mindestens ein Fahrausweis, vielleicht aber mehr, möglicherweise die Bewertung Ihrer geistigen Zurechnungsfähigkeit, oder wer weiss, was. Sie müssen also, wenn Sie nicht sehr viel Charakter haben – *zu* viel vielleicht, mehr jedenfalls als gut tut –, *mit den Wölfen heulen,* folglich einigermassen freundliche Miene zum bösen Spiel, mithin zweimal ein Kreuzchen dort machen, wo Sie annehmen, der Fragebogenverfertiger wünsche eine Bekreuzigung von Ihrer Seite. Auch dann, wenn Sie versucht wären, in einem genaueren und wahreren Sinn Ihr Kreuzchen dort anzubringen, wo der Satz von den Wölfen und vom Heulen steht, es also dort hinzusetzen, wo weniger die Intelligenz als ein billiger Konformismus und Opportunismus gemessen wird.

Wer langsam fährt, kommt auch ans Ziel: wohl nicht an *das* Ziel, welches der Fragebogenfrager im Auge hat. Vielmehr an eines, das darauf wartet, dass es gesucht werde. Aber für sowas, für den Ansatz zu einem Gedanken aus eigener Verantwortung, dafür hat so ein Fragensystem keinen Raum. Woher es denn auch kommt, dass die wirklich originellen Leute, aber auch jene Menschen, die sich in Situationen bewähren, welche der Examinator nicht vorausgesehen hat, gegenüber solchen Fragesystemen nahezu regelhaft versagen. Alles Wesentliche, Eigenständige, Mutige und Wahrhaftige fängt jenseits solcher schematisierter Fragen und zwangsläufig ins entsprechende Schema gezwängter Antworten an.

Mit diesem Hinweis auf Eysenck dürfte, so scheint mir, ein Beispiel von eher differenziertem, auch vergleichsweise taktvollem Fragen vorgelegt worden sein. Es gibt in den Batterien (sie heissen auch noch so scheusslich martialisch!) von Questionnaires und Inventories, und wie das alles sich nennt, unvergleichlich viel Schlimmeres, Taktloseres, Stureres, als in dem eben vorgelegten Befehl, Sinnverwandtschaft in Sprichwörtern aufzuspüren, verlangt wurde. Wir wollen nicht ins Primitive absinken, vielmehr oben bleiben: auf einem Niveau, welches die Auseinandersetzung lohnt und sie sinnvoll macht.

Wenn ich deshalb in dieser Auseinandersetzung von Hans J. Eysenck auf den Namen Ronald Laing übergehe, so darf ich wohl auf Zustimmung zählen, dass die Person, und was von ihr kommt, die Konfrontation wert sei.

Es soll also jetzt ein Fragebogen vorgenommen werden, welcher Laing, den berühmten Laing, den Antipsychiater Laing zum Autor hat, denselben Ronald Laing, dem wir so bedeutsame Einsichten ins Wesen der Kommunikation und, vor allem, der Diskommunikation verdanken. Aus eben diesem Forschungsgebiet stammt ein Fragebogen (von Laings Hand), fünfunddreissig Seiten stark, welcher, nach Willen seines Verfassers «so schnell wie möglich» durch Anhaken beantwortet werden soll.

Nun denn – auf los geht's los:

A Wie richtig, glauben Sie, sind die folgenden Feststellungen?
1. Sie versteht mich.
2. Ich verstehe sie.
3. Sie versteht sich.
4. Ich verstehe mich.

B Wie, glauben Sie, würde sie die folgenden Feststellungen beantworten?
1. «Ich verstehe ihn.»
2. «Er versteht mich.»
3. «Ich verstehe mich.»
4. «Er versteht sich.»

C Wie würde sie Ihrer Meinung nach glauben, dass Sie die folgenden Feststellungen beantwortet haben?
1. Sie versteht mich.
2. Ich verstehe sie.
3. Sie versteht sich.
4. Ich verstehe mich.

Das läuft so weiter, wie gesagt, 35 Seiten hindurch, und endet mit folgender Serie:

A Wie richtig, glauben Sie, sind die folgenden Feststellungen?
1. Sie ist nett zu mir
2. Ich bin nett zu ihr
...

C 3. Sie ist nett zu sich
4. Ich bin nett zu mir.
...[3]

Wir sind uns gegenwärtig: Mit dieser Frageserie hat Laing etwas Besonderes und sehr Genaues im Sinn; Laing müsste nicht Laing sein, wenn es anders wäre. Was diese Fragekaskaden anbetrifft, so soll anhand ihrer das Verwirrspiel der Sprache nicht nur merkbar, vielmehr soll es am Probanden direkt und unvermittelt wirksam werden. Laings «Knoten» sollen, dem Werk des Midas gleich, vor den Probanden erscheinen, als Abbilder der verworrenen Beziehungen – zu sich selbst gleichwie seinen Nächsten – in denen er lebt. Die eindrucksvolle Wiedergabe der Verknotungen, in denen wir miteinander umgehen, sichtbar gemacht an den merkwürdigen und in Sprache gefassten Vorstellungen, Hoffnungen, Befürchtungen, können vermittels Laings Jargon eine vielleicht heilsame Verwirrung erzeugen – aber nur dadurch, dass die Verwirrung den Leser in jenen Drehschwindel zwingt, welcher von der zum Ende erfühlten Sinnlosigkeit all dieser Wort- und Satzfolgen ausgeht. Das alles bedeutet ja zu guter – oder schlechter – Letzt nichts mehr, dieses ouroborosgleiche Gefasel, welches das ständige Danebengehen von noch so genau benennenden Worten zurücklässt. – Und nun soll dieses Ragout von Sätzen mit den hämmernden Rhythmen, mit ihren beständig (fast) gleichen Texten unvermittelt einen Sinn bekommen – so viel Sinn, dass jemand mit Kugelschreiber anhaken kann, was jeweilen für ihn gilt. Das geht daneben! – Und daneben geht auch, dass die Versuchsperson nicht sagen darf: Erbarmen, Herr Laing, ich bin verwirrt, ich kann nicht mehr weiter – ich bin verwirrt, und Sie sind verworren; aus Ihrer Verworrenheit kommt manche Einsicht, aber doch bitte nicht die Basis für eine Testsituation. Und vor allem: Missbrauchen Sie nicht mich, meine Hilflosigkeit und mein Ausgeliefertsein für Ihre Experimente – Herr Ronald Laing, hochgeachtet als Anti-Psychiater! –

Vielleicht könnte es daran sein Genügen haben, an diesen zwei Beispielen. Es sollen aber noch zwei weitere Fragebogen-Exempel vorgelegt werden. Ebenfalls, zur Wahrung des Niveaus, wiederum ein solches aus der Feder eines Autors von anerkanntem Rang. Diesmal des Psychiaters Aaron T. Beck, der sich mit seiner kognitiven Therapie der Depression einen Namen gemacht hat. Und aus einem von Becks Büchern zum Thema Depression stammt die Wiedergabe des bei ihm gebräuchlichen Fragebogens,

1.1.92

Beck-Depressions-Inventar* genannt. Depressions-«Inventar», der Name sagt es, auch wenn die Übersetzung nicht ganz sinnentsprechend ist, das Wesentliche bleibt: Die Depression soll also inventarisiert werden. Schon das Vorhaben an sich tönt demjenigen, der täglich Begegnungen mit Depressiven hat, merkwürdig. Dass man so etwas wie die Depression inventarisiert ... – Aber lesen Sie, *wie* das geschieht:

A 0 Ich fühle mich nicht traurig.
1 Ich fühle mich traurig.
2 Ich bin die ganze Zeit traurig und komme nicht davon los.
3 Ich bin so traurig oder unglücklich, dass ich es kaum noch ertrage.

...

E 0 Ich habe keine Schuldgefühle.
1 Ich habe häufig Schuldgefühle.
2 Ich habe fast immer Schuldgefühle.
3 Ich habe immer Schuldgefühle.[4]

Diesmal muss das Opfer vier Seiten durchhalten – ein Mensch in der Depression, wohlgemerkt! – So jemand muss also ankreuzen, ob, und falls ja, welches messbare Quantum an Schuldgefühlen er hat. Wer aber, in der Depression gleichwie ausser ihr, einem anderen als mit Schuldgefühlen Belasteter vorkommt, der *hat,* seiner Gewissheit entsprechend, *nicht* Schuld*gefühle,* er *ist schuldig.* Und wenn man hingeht und macht aus der Schuld mit alledem, was von ihr mit eiserner Klammer umfasst wird, eine Reihe von messbaren Grössen: So hat man auch schon jede Chance gegenüber dem Depressiven verloren. Man kann sich dann noch auf ein Gesellschaftsspiel einigen – und der depressive Patient

* Unter diesem Namen figuriert Becks Fragebogen in der deutschen Fachliteratur – fehlerhafterweise, als Opfer einer unzutreffenden Übersetzung: *Inventory* ist in diesem Zusammenhang nicht das, was wir auf Deutsch mit dem Begriff «Inventar» verbinden, sondern eben: Fragebogen.

spielt mit, etwas anderes bleibt ihm in seinem Zustand schon gar nicht mehr übrig – dann merkt der Befragte bald, was man von ihm will. Und dieser Forderung getreu füllt er den Fragebogen aus. – Was jedoch die Depression anbetrifft: Sie wird, angesichts solcher Inquisiven, eine Wandlung erfahren, nämlich einer indifferent-indolenten, einer verhalten resignierten Einstellung Platz machen, und der Fragebogenfrager wird dann nicht zögern, auch noch zu notieren, sein Patient sei von der Depression gebessert, womöglich geheilt ... – Aber die Antworten: Die sind prachtvoll und also wunschgemäss. Der Befragte, und besonders, wenn es ein depressiver ist, weiss, wie es anzustellen, um zu den Bedrängnissen der Depression hinzu nicht auch noch diejenigen erleiden zu müssen, welche ihm vom Fragebogen zugemutet werden. –

Der Rest sei der Leserin und dem Leser zur eigenen Erfahrung anheimgestellt. Nehmen Sie nun die Formulare vor, welche in den Untersuchungsstationen aufliegen, MMPI, FPI und wie sie heissen mögen:

1. Ich habe die Anleitung gelesen und bin bereit, jeden Satz offen zu beantworten
2. Ich gehe abends gerne aus
3. Ich schliesse nur langsam Freundschaften
4. Ich bin immer guter Laune
5. Ich schlage selten zurück, wenn man mich schlägt

   ...

17. Ich kann so wütend werden, dass ich z. B. Geschirr zerschlage
18. Es macht mir offen gestanden manchmal Spass, andere zu quälen

   ...

24. Ich glaube, dass man Böses mit Gutem vergelten soll, und ich handle dementsprechend

   ...

28. Wird einer aus meinem Freundeskreis angepöbelt, so besorgen wir gemeinsam die Strafe
29. Ein Hund, der nicht gehorcht, verdient Schläge

   ...

33. Wenn ich Zuflucht zu körperlicher Gewalt nehmen muss, um mein Recht zu verteidigen, so tue ich es

   ...[6]

1.1.92

Hübsch ist es, dieses Verwirrspiel, und genau berechnet auf seine Wirkung hin. Zwischen Ziffer 5 und 17 sind unverfängliche Fragen eingestreut, gut abgestimmt, um die Probanden vom Thema wegzulocken und sie danach unmerkbar dahin zurück zu führen, wo man sie haben will. So geben sie eher ihre Selbstkontrolle preis und merken weniger, ob sie sich verraten, und wann sie ins Netz gegangen sind, und wie. Wirklich, ein Untersuchungsrichter alter Schule könnte für die Technik des Kreuzverhörs davon lernen – aber dieses Formular liegt in einem psychiatrischen Institut auf; an einem Ort, den man in Not und aus dem Wunsch um Linderung von Leid besucht! –

Vielleicht kann langsam ersichtlich werden, worum es geht: nicht nämlich um dieses, wie genau so ein Fragebogen das aufschliesst, was er vermittels Antworten zu erkunden vorhat, sondern *dass* er aufschliesst – und wie er es tut. Nämlich: beschämend zunächst, aber sehr bald die Befragten schamlos machend. Wer solche Formulare beantwortet, kann nicht anders als nach kurzem seine Scham preisgeben. Ich zweifle, ob dies die Aufgabe derer sein soll, die sie benutzen. Zu deren Entlastung will ich gerne annehmen, dass sie sich nicht vergegenwärtigen, was sie bewirken. Aber vielleicht tun sie gut daran, sich selber einmal dem amüsanten Spiel auszusetzen, welches der Fragebogen mit ihren Patienten anstellt, damit sie merken, was *sie* anstellen, während sie so ein Papierchen vorlegen.

Wenn aber – so werden Sie wohl jetzt bemerken – wenn nun aber das Gericht genaue Daten verlangt; etwa die Intelligenz betreffend. Dann bleibt doch gar nichts anderes übrig als solche Fragebogen in allen Variationen. – Nun, ich habe recht oft schon Gutachten schreiben müssen, ungern aber oft. In den letzten Jahren habe ich es stets vermeiden können, Fragebogen in Gebrauch zu nehmen, und nie habe ich seitdem irgendwelche Schwierigkeiten mit den betreffenden Gerichts- oder Amtsstellen bekommen.

Sollte es nun doch einmal unumgänglich sein, dass so ein Formular zur Hilfe genommen werden muss, so würde ich zuvor letzte Klarheit schaffen und meinem Exploranden sagen: Sie müssen wissen, jetzt fungiere ich nicht als Arzt, sondern ich bin, indem ich Ihnen dieses Papier zum Ausfüllen gebe, ein Gerichtsbüttel. – Das *muss* die Probandin, muss der Proband wissen.

1.1.92

Dann wissen die Prüflinge nämlich auch dies: dass sie das Recht haben, die Beantwortung der Fragen zu verweigern, *ohne dass ihnen daraus irgendwelcher Schaden erwächst!* –

Und auch das müssen sie wissen: dass die Fragereien, namentlich die zurecht- oder zuunrechtgebogenen Fragebogenfragen Schaden stiften können. Man beantwortet etwas – und hat sich nicht Rechenschaft darüber abgelegt, was man beantwortet hat, und wie geantwortet. Aber jetzt steht's so da, schwarz auf weiss, nicht zu widerrufen, und das Schlimme ist: Aus dieser Frage, aus der Antwort darauf, werden subsequent weitere Fragen abgeleitet; im Netz dieser weiteren Fragen ahnt man: Jetzt, da ich das lese, wird mir gegenwärtig, ich hätte vorher, zwei Seiten zurück, anders antworten sollen. Das merke ich erst jetzt, da man mich behaftet. Behaftet bei etwas, das ... – eben gelt, jetzt kommt's aus, jetzt kommt es ans Licht! – So wird dann der Schluss des Fragebogenfragers, ausgesprochen oder unausgesprochen, lauten, der Triumph des Fragebogens. Oft, aber nicht notwendigerweise dadurch, dass jetzt das befragte Objekt als Lügner überführt dasteht, immer jedoch insofern, als das Opfer dieses Inquisitoriums sich irgendwann ausgeliefert erlebt. Und das ist die Situation, welche der Fragebogerei die Schwächen der Befragten offenbar macht. Als Augenblick der Wahrheit sehn und bezeichnen die Fragekundigen diese Gegebenheit – ach, was man so alles Wahrheit nennen und wieviel Menschenfleisch man unter der Fahne der Wahrheit auf geraden, geflammten und krummen Säbeln aufspiessen kann! –

Wohlgemerkt: Ich behaupte nicht – ausdrücklich nicht – dass die Fragebogen, ihre Schöpfer und namentlich deren Adepten, bösartige oder auch nur geringschätzige Absichten mitbringen, wenn sie mit ihren Papieren daherkommen. Sie legen sich einfach nicht Rechenschaft davon ab, was sie tun. Die abendländische Frage-Gläubigkeit hat den Waagebalken längst zuverlässig und sehr stabil mit der Frage-Freudigkeit auf der Gegenseite austariert. Sosehr, dass die Erkundigungen der Meinungsforscherei längst den Stellenwert gewonnen haben, den man einstmals den Priestern der Pythia und deren dunklen Orakeln zugestanden hatte. Hier wie dort werden Schicksale nicht vorausgesagt, sondern gemacht. Die einst Pythia hiess, wird heute voll Achtung, gemischt mit gläubigem Erschauern vor so viel Voraussicht als

„. . . denn sie wissen nicht, was sie tun." 1.1.94

Frau Professor Elisabeth Noelle-Neumann angerufen: sie, die alles weiss, was sein wird. Wie gross erst das Erschauern, wenn die Pilger ins Delphi von heute wüssten, dass dort beschlossen – und nicht gewusst – wird, was geschieht! –

*

Die Fragebogen, inzwischen sind sie in der guten Gesellschaft, unter den Arrivierten und Prominenten längst zum noblen, exklusiven Sport geworden, zu einer Vanity Fair, auf welcher der siegt, der die anderen geladenen Teilnehmer mit möglichst geistvollen, nämlich unerwarteten Backs aussticht. Schon wer öffentlich dazu eingeladen wird, wie früher in die elitären Tennis-, Golf- oder Poloclubs, der darf sich als ausgezeichnet auffassen.

Und so geht das denn auch zu: Vor kritisch anfeuernder Öffentlichkeit und vor der kiebitzenden Populace unterziehen sich die Auserwählten ihrer Gewissensforschung, auf der Bühne einer hochangesehenen Zeitung oder auch glanzvoll versammelt zwischen den Deckeln eines illustrierten Prachtbandes, der auf zweihundert Seiten nichts bietet als Fotoposen der Befragten, stilvoll neben deren Antworten auf ihnen zugesandte Fragebogen gesetzt. Öffentlich werden da intime Bekenntnisse abgelegt. Auf Fragen wie: ob man an Gott glaubt; oder wer man lieber wäre, wenn man nicht wäre, der oder die man ist. Undsofort[7].

Allesamt haben sie geantwortet, und sie schämeten sich nicht. Obgleich sie spürbar gemerkt haben, wie schamlos so ein Gesellschaftsspiel, ausgetragen vor lüsterner Öffentlichkeit, die geil darauf wartet, ob und wo jemand seine Schwächen oder Kleinheiten preisgibt, herauskommen muss. Aber dem wissen sie sich zu entziehen, es müsste nicht die Elite eines Volkes sein! – Und tun es so: Sie drehn den Spiess – oder die Linse – um. Derart, dass sie in ihren Antworten nie das preisgeben, was etwa einen verbindlichen Schluss auf ihre Überzeugungen oder Gemütsregungen zuliesse. Stattdessen überbieten sie sich in geistvollem Wettbewerb mit Aperçus, deren verbindender Inhalt im Überraschungseffekt liegt – im effet, wie beim noblen Sport. Allerdings, da geht es nicht nur um Sport. Die Befragten wünschen, weit darüber hinaus, klarzustellen, dass sie über Glaubens- und ähnliche Probleme, über Zweifel gar, hinaus und daher berufen sind, unter die Verkünder zu gehn. – Ob sie an Gott glauben? Gott soll an sie glauben, dann wird die Welt schon besser.

1.1.92

Dank dem Fragebogen.

Zum Schluss eine weitere, letzte Illustration zum Thema Fragebogenspiel: die Ehevermittlung durch die Methode der Inventories. Längst ist sie daran, die älteren Fräuleins zu verdrängen, welche mit einer oft beängstigenden Menschenkenntnis in einem dunklen Raum, meist zuoberst in der abgeschrägten Wohnung eines Miethauses, ihre Klientinnen und Klienten empfangen, sie auch zusammengebracht haben. Lebenserfahrung und ein Sensus für das, was zusammengehen könnte, hat sehr oft das Passende zum Passenden geführt. Jetzt macht es der Test, der wird ausgefüllt und dann dem Computer eingegeben.

Ein Paar von solcherweise Zusammengebrachten sitzt jetzt bei mir im Sprechzimmer. Nicht allerdings jene Sorte Traummädchen und Traumjunge, wie sie im Prospekt des Ehe-Institutes das stete Glück versprechen, nicht also «sie Airhostess, 25 Jahre alt» (mithin doch schon in der Mitte der Twenties, also höchste Zeit!) und er «Geschäftsleiter, über dreissig», beide natürlich blendend aussehend und begütert, folglich fähig und bereit, fünfzig Ehejahre ohne Anflug von Schatten durchzulaufen. Nein, das Ehepaar hier und jetzt im Sprechzimmer ist zweimal an die vierzig. Der Computer hat, so sieht es aus, rechte Arbeit geleistet und die Richtigen zueinander geführt. Software triumphiert.

Wenn nur alles besser klappen würde. *Wie* schlecht es klappt, darüber geben sich die beiden Eheleute gar nicht genau Rechenschaft. Sie sehen nur die sexuelle Schwierigkeit und, daraus entstehend, die Kinderlosigkeit nach bald zwei Jahren Ehe. – Nun wollen wir gewiss nicht in Illusionen und falschen Vorstellungen leben: Dergleichen kommt kaum seltener bei Ehen vor, die ohne maschinelle Vermittlung geschlossen wurden. Was hier jedoch die Sache so schwierig macht, ist die Überzeugung von Mann und Frau, die Apparatur, die sie vereinigt hat, sei vollkommen verpflichtet, einher mit ihrer Vermittlerfunktion auch den Kindersegen zu liefern. So, wie sie zusammengekommen sind, genau so wollen sie weiterleben: durch Vermittlung von aussen, ohne also selber etwas an den Verlauf ihres Eheschicksals zu tun.

Nach wenigen Gesprächen ergibt sich: Dass diese Art Segen ausbleibt, das *ist* der Segen, für das nicht Geborene, das nicht Gezeugte jedenfalls, wenn es ausbleibt, als Frucht eines solchen Paares! Die Frau ist deutlich geistesschwach, der Mann charak-

x das habe ich in Bezug auf uns oft gedacht!

terneurotisch. Wahrhaftig: Ähnliches hat zu Ähnlichem gefunden, und vielleicht könnte trotz der Hemmnisse, die aus solchen Affektionen kommen, ein sinnvolles und erspriessliches Eheleben wachsen, ein Miteinander durch Jahrzehnte – freilich: ohne Nachwuchs. Das muss die Bedingung bleiben, sonst kommt es schlecht heraus.

Aber da ist nichts zu machen: Kinder müssen her – dafür hat man das Institut beansprucht! Unter diesen Umständen weigere ich mich, eine Therapie zu führen, deren einziges Ziel die Erfüllung von Kinderwünschen zu sein hat.

Und wirklich: Kaum zwei Jahre später begegne ich dem Paar: sie hochschwanger. Und fragt, siegesgewiss auf ihren Leib deutend: «So, Herr Doktor, was sagen Sie jetzt?»

Natürlich habe ich nichts gesagt, aber dies gedacht: Bitte behaupten Sie niemals, dass ich der Vater dieses Kindes sei …

Zurück zu Proust und seinem Fragebogen:

Was ist für Sie das grösste Unglück?

Wenig später:

Was wäre für Sie das grösste Unglück?

Und weiter:

Was möchten Sie sein?
Wie möchten Sie sterben?
Ihre gegenwärtige Geistesverfassung?

…

Vive la décadence! –

Fragen kann krank machen. Sagen kann gesund machen

Die Handlung spielt auf der Intensivstation eines grossen Spitals, irgendwo in der weiten Welt. Und eben ist einer von den Patienten daran, aus tiefem Koma zu erwachen. Er hat Glück gehabt – oder Unglück: Man weiss noch nicht, wie er selber es ansehen wird. Vor allem hängt die Entscheidung Glück/Unglück nicht unwesentlich von dem ab, was alsbald geschieht: ob nämlich die Ärztin vom Dienst kurz danach sich an diesen der Welt Wiedergegebenen mit der Frage richten wird: «Warum haben Sie das getan?» – oder ob sie eine Frage, solcher oder ähnlicher Art, unterlässt.

Es handelt sich, das ist nicht schwer zu erraten, um einen Selbstmordversuch. Eben noch hat man den tief Bewusstlosen im Winterwald gefunden, unterkühlt und mit einer grossen Menge Schlafmittel im Blut. *Und jetzt diese Frage!* – Hätte er jemanden gehabt, dem er auf derlei Fragen hätte antworten können, er würde das alles nicht getan haben. Hätte er sich nicht vor dem Befragtwerden gefürchtet, hätte er reden können – ohne begründen zu müssen, und *vor dem Fragen ist Begründen allemal gleichbedeutend mit Rechtfertigen* – die ganze Szene, welcher wir eben beiwohnen, wäre ausgeblieben. Aber vielleicht, wenn der Erwachende davonkommt, kann aus dem verhängnisvollen Entschluss, und aus Rettung im letzten Augenblick, mag sein, zunächst gegen den Willen dessen, der noch röchelnd daliegt, eine Hoffnung, etwas wie eine Wiedergeburt werden; unter *einer* Bedingung: dass jetzt niemand daherkommt und fragt, weshalb ...

Eine derartige – oder ähnliche – Frage bindet zurück an all das, was mit dem Entschluss zum Freitod gleichbedeutend ist: in den Augen dieses Patienten, aber nicht nur in den seinen. – Jetzt gibt es eine Chance: zu schweigen und danach behutsam zu reden. Und nicht zu fragen. Und *nichts* zu fragen. Diese Chance sollte genutzt werden.

*

Nicht weit vom Ort der ersten Handlung ist die zweite plaziert. Eine Handlung allerdings, die keine ist, und deshalb sitzt die jüngere Frau auch auf der psychiatrischen Abteilung desselben Krankenhauses. Diagnose: Depression.

Die psychiatrische Systematik hat es sich zur Gewohnheit gemacht, im wesentlichen zwischen zwei Depressionsformen zu unterscheiden: der endogenen und der reaktiven. Als Albrecht Dürer vor vierhundertdreiundsiebzig Jahren – 1514 – diesen Zustand gleich zweimal gültig im Bilde festhielt, einmal «Melencolia I» betitelt, das anderemal mit dem Vermerk «mein frume muter Barbara Dürerin» bezeichnet, hat er es unterlassen, derlei adjektivierende Hinweise – oder ähnlich lautende – beizufügen. Er wusste, was er tat, als er es *nicht* tat. Er mochte geahnt haben, dass die Abhebung des «von innen Kommenden» gegenüber dem «von aussen Zugefügten», also eben, des Endogenen vom Reaktiven, äusserst willkürlich ist und in der Unbedachtheit, mit der sie vollzogen wird, etwas Anmassendes an sich hat. Vor vielen Jahrzehnten, als er noch Arzt in Heidelberg war, hat Karl Jaspers das Schisma endogen/reaktiv ersetzt durch das Begriffspaar uneinfühlbar/einfühlbar[1]. Damit hat er die Sache, und den Anspruch, den sich der Diagnostiker zuerkennt, eingegrenzt; er hat sie zurückgenommen auf die Masse an Möglichkeiten, welche dem Arzt gegeben sind, seine Empathie wirken zu lassen – und eher noch auf die Grenzen, die der Einfühlensbereitschaft gesetzt sind.

Man müsste freilich noch eine Stufe weiter gehen, als Jaspers gegangen ist, und sich dann besinnen, was man jeweilen für einfühlbar hält, was nicht – oder, richtiger gesagt, welchem Sachverhalt man noch das Beneficium zukommen lässt, dass es für einfühlbar (sive reaktiv) gelten darf, und welcher Situation man diese Wohltat vorenthält. Im Gefolge einer solchen Überlegung ergibt sich dann unerwartet die Einsicht, dass durchaus persönliche Massstäbe, zumeist auch noch ideologisch ausgerichtete, jeweilen darüber bestimmen, was für reaktiv = einfühlbar zu gelten habe, was nicht. Und wenn man sich darauf besinnt, wie man zu solchen Schlüssen gekommen ist, so ergibt sich, zunächst überraschend, die Erkenntnis, dass es *das Fragen* war, welches das ganze Spiel um eine so ernste Sache in Bewegung gebracht hat. Das Fragen, wenn es sich anheischig macht, die Natur der Schwermut zu erkunden. Als wäre – betrachten Sie Dürers Stich! – Melencolia nicht darauf aus, sich solchem Vorwitz zu entziehen.

Im Masse, wie die Patientin es fertigbringt, sich vor der Ausfragerei zu bewahren, im selben Ausmass wird ihr Zustand erträglicher. Wenn sie imstand ist, den Inquisiven entgegenzutreten, ihnen standzuhalten, und zu sagen: «Lassen Sie mich bitte in Ruh, Herr Doktor, vorgestern ist meine Schwiegermutter gestorben», und der Arzt notiert befriedigt: «Schwiegermutter tot, also reaktive Depression», womit er die Patientin mit ihrem Kummer über die Schwiegermutter allein und – wunschgemäß – in Ruhe lässt, so ist einige Chance gegeben, dass die Katharsis ihren Verlauf nehmen kann, ungestört von Fragereien, die sie hemmen, ja die Befreiung von dem selbstgewählten Einschluss ins Gehäuse verbieten.

Dies ist der Grund, der einzige, weshalb man der reaktiven Depression bessere Prognose zuschreibt: Ist diese Diagnose gemacht, so ist die Umwelt – der Arzt damit – zufriedengestellt, und niemand stört mehr durch ein Fragen, das keine Antwort erwarten darf.

*

Fragebogen, Inquiries, vielfach geeicht und auf Relevanz sowie Signifikanz geprüft: Fast jedermann kennt sie aus eigener Erfahrung, und viele müssen sie durchstehn; oft geht es um nichts Geringeres als eine Arbeitsstelle. Dann absolviert man halt die Frageketten, man streicht die Antwort an, von der man vermutet, sie werde als die richtige eingeschätzt. Man entscheidet sich gemäss dem und für das, wovon man annimmt, es wünsche gehört zu werden, und kümmert sich also nicht um alle die Alternativismen, um die aufgenötigten Ultimativitäten, um Situationen, in denen ein Weder-Noch am Platz wäre und, daraus folgend, eine Anerkennung der Vielfalt. Aber der Prüfling fügt sich ins Unabänderliche – es ist ja zum Ende dieses Resultat eins, das der tüchtige Arbeitgeber zu prüfen vorhat: ob und inwieweit sein zukünftiger Angestellter bereit sei, die ihm eigenen Überlegungen hintanzustellen, auch seine Lebenserfahrungen, um wesensfremden, ihm aufgenötigten Beschlüssen – wo sinnvollerweise auch anders entschieden werden könnte – Hand zu bieten.

Das gehört zum gesellschaftlichen Setting. Schlimmer wird es erst dort, wo ein Mensch hilflos, und deswegen hilfsbedürftig, den nämlichen Massnahmen ausgesetzt wird. Diese Methoden geben sich selber dann oft auch noch die Namen, von denen man befürchtet, dass sie genau so vorgehen, wie sie heissen. Dann tragen sie so furchterregende Namen wie: Multiphasic Personality Inventory – und sie lügen nicht! Sie verhalten sich so, wie der bedrohliche Name es vermuten lässt.

Schliesslich müsse man alles, oder jedenfalls möglichst viel über einen Patienten wissen, um ihn angemessen behandeln zu können: Dies behauptet – unterstellt – das Verfahren, und mit ihm, wer es in Anwendung bringt. Hier liegt die grosse Not, in dieser eingelaufenen, nie belegten, auch nicht belegbaren Gewissheit, wonach Wissen über... dem Helfen vorauszugehen habe. Aber sie ist falsch, diese Gewissheit, und erst noch schädlich. Mit dem Wissen über... verhält es sich umgekehrt: Je weniger man *über* die Person weiss, um so unbefangener ist man ihr gegenüber. Kommt Zeit, kommt Rat, und dann erfährt man einiges *von* ihr. Diese Erfahrung stellt sich schrittweis, behutsam, lieber zu verhalten als zu rasch, und ganz von selber ein.

*

Nur *eines* ist zu wissen. Das ist: wie anzureden, wie zu antworten. Dieses Wissen jedoch ergibt sich, situationsimmanent, aus den Voraussetzungen des Zusammentreffens; man muss nichts dazu tun, dass es geschieht, man braucht lediglich sein Aufkommen zuzulassen. Genauer: es nicht zu verhindern. Dann kommt es von sich aus herzu.

Die These, welche dieser Auffassung zu Grunde liegt, ist wie folgt zu formulieren: *Verstehen heisst antworten.* – Gewiss so, und richtig gelesen und richtig geschrieben! – Es vollzieht sich in jenem Bereich, welcher einer aus der Psychotherapeutik entstandenen hermeneutischen Konzeption entwachsen ist, das Antworten nicht subsequent daraus, dass zuvor verstanden worden wäre, vielmehr ergibt sich der Akt des Verstehens gleichsinnig aus dem Antworten und auch mit diesem gleichursprünglich.

Statt weitere theoretische Überlegungen anzustellen – wie notwendig diese auch wären – will ich anhand einer realen Situation erläutern, was gemeint ist:

Nahezu blind ist die Patientin, die mir gegenüber sitzt. Aber nicht dies hat sie in unsere Behandlung geführt. Gegen die fortschreitende Erblindung ist, so versichern die Augenärzte, nichts zu tun. Aber die Frau ist in den letzten Wochen völlig verstummt – sprachlos geworden, richtiger gesagt. Statt in Worten zu reden, grimassiert sie in häufigen, zunehmenden Paroxysmen vor sich hin. – Wer jetzt zu besorgen gesonnen ist, dass dieser Zustand bestehen bleibt, braucht nur hinzugehen und zu fragen: «Warum grimassieren Sie?» – «Was bedeutet Ihr Grimassieren? Was wollen Sie damit sagen?» und ähnliches. Ein Grimassierverbot wird dasselbe bewirken, ebenso jede Art von Dekonditionierung. Stets wird sie weiter schweigen und dazu ihr Antlitz wetterleuchten lassen.

Aber etwas anderes lässt sich tun, und etwas durchaus im Sinne der eben vorgelegten These Gehaltenes: Verstehen heisst antworten. Jedoch: antworten in der nämlichen Sprache, in der man angeredet wurde. Diese Sprache spricht hier nicht durch Worte, sondern in Gesichtsbewegungen, Tics – mehr: Sie redet vermittels Grimassen. Die Grundthese, auf eine gegebene Situation übertragen, belegt sich selbst wie folgt: hier und jetzt *auf* Grimassen *mit* Grimassen antworten, *in* Gesichtssprache *auf* Gesichtssprache.

Das ist, was geschieht. Ich setze mich der Frau gegenüber. Und weil sie blind ist, und weil jeder Mensch ein Recht darauf hat, zu wissen, was um ihn geschieht, sage ich ihr, dass ich mit meinem eigenen Gesicht nun die Bewegungen vollführe, die ich aus ihrem Gesicht ablese. – Dies wird getan. Mitarbeiter sind zugegen. Mögen sie über mich denken, was sie wollen – jetzt geht es um Verständigung mit einer verstummten Frau, die am Erblinden ist. Und so grimassiere ich, genau so, wie Frau X es tut.

Während meine Facialismuskulatur das Spiel wiederholt, welches auf dem Stuhl mir gegenüber sichtbar wird, gebe ich eine Deutung bei und sage etwas wie dieses: «Frau X, was *Sie* erleben, weiss ich nicht – brauche ich jetzt nicht zu wissen – ich kann Ihnen aber sagen, was *mir*, mir selbst, widerfährt, wenn *ich* handle, wie Sie es tun: Unvermittelt kann ich nämlich fühlen, dass ich ein Gesicht habe, ich spüre es, dieses Gesicht. Jetzt weiss ich, wo ich nach aussen eingegrenzt bin. Nun gehe ich mir nicht mehr verloren, und ich würde mich den Blicken der Umwelt weniger ausgesetzt fühlen, wenn ich – wie Sie – auf deren Blicke nicht mit meinen eigenen Blicken antworten könnte».

Solches oder ähnliches habe ich gesagt. Es waren weniger, aber dem Sinne nach ungefähr diese Worte.

Nun ist zu erläutern: Hier ist in einem zugleich zweierlei geschehen – und dies in zwei verschiedenen Dimensionen oder Systemen. Es wurde, erstens, auf Anrede geantwortet, durch den Akt des beiderseitigen Mienenspiels; dies war ein Prozess systemgleichen oder -immanenten Verhaltens, ich nenne es *Antwort*. Zum zweiten ist *gedeutet* worden, also interpretiert, und dies sinn- und wortgetreu (inter-pretari) vermittels Hinübernehmens aus einem System (der Sprache des Gesichtes) in ein anderes System (die Wortsprache); also: systemtranszendent.

Was auch immer für ein Kommentar zu diesem Vorgehen zu finden sein mag, am Ende ist dieses wichtig: Frau X hat mit Grimassieren aufgehört und alsbald zu reden begonnen. Der Wahrheit die Ehre, damit allein war sie nicht geheilt. Wir hatten noch ein ganzes Stück Arbeit vor uns. Aber ein Hiatus zur Heilung war aufgetan und danach nicht mehr verschlossen.

Von meiner Deutung ist merkwürdigerweise nicht mehr gesprochen worden – von vielem sonst, nicht aber davon, ob Frau X das Nämliche gefühlt hat, während sie grimassierte – und ob sie, ihrem Dafürhalten nach, grimassieren musste, um sich selber nicht abhanden zu kommen – oder ob sie dabei etwas anderes erlebt hat. Ich weiss das bis heute nicht. Ich muss, ich will es nicht wissen. Freilich, deshalb kann ich auch nicht auf die Frage eingehen, ob meine Deutung richtig oder falsch gewesen sei. Da es keine Instanz gibt, die ein so gewichtiges Urteil abzugeben vermöchte, ist die Frage, noch nicht gestellt, m. E. schon obsolet. – In einem andern Fall habe ich, wenn man es puristisch nimmt, sogar ganz gewiss falsch gedeutet: Einem Patienten mit profusestem Schwitzen (und anderen sehr störenden Erscheinungen) sagte ich: «Wenn Sie einmal weinen können, wird das vorüber gehen» – es *ist* kurz danach vorübergegangen und vieles andere ist im Gespräch aufgekommen. Aber weinen habe ich den Patienten jahrelang nicht gesehen! – Die falsche Deutung hat etwas Richtiges – oder sagen wir: etwas Sinnvolles – erzeugt. Eine richtige Deutung kenne ich bis heute nicht.

Dem Schreibenden ist bekannt, dass es Leute gibt, die für sich beanspruchen, sie wüssten, was das sei: eine richtige Deutung. Kopfschmerzen z. B. deklarieren sie als zu viel Kopf, als Kopflastigkeit. Ausser es könnte auch umgekehrt zu deuten sein: Der Kopf schmerzt – er beklagt sich, er werde zu wenig gebraucht und wolle gleichsam sagen: «Es gibt mich (für dich), nutz mich doch»[2]. – Ich vermöchte nicht zu entscheiden, welche von beiden Deutungen *grundsätzlich* die richtige sei; auch nicht, wo die Grenze zwischen Interpretation und Über-Interpretation liege. In ärztlicher Deutungsarbeit geht es ja nicht darum, schöpferischen Eigensinn und -willen zufriedenzustellen, sondern etwas in Bewegung zu bringen, wo vordem nichts geschehen ist; wo stattdessen nur Störung und Schmerz gewirkt haben. Es dürfte deshalb das Zugeständnis förderlich sein, dass sich nicht entscheiden lasse, was eine richtige Deutung sei, was nicht: förderlich für den Kranken gleichwie für die Erkenntnis.

Eins scheint mir gewiss: Zustimmung seitens des Patienten darf allein nicht zum Massstab von Richtig oder Falsch gemacht werden. Und dies deshalb nicht, weil jeder Mensch (*jeder* – und nicht allein der Patient im psychotherapeutischen Gespräch) am Widerspruch viel eher zu sich selber kommt als an gehorsamer Zustimmung. Unvergleichlich viel wirksamer – für jede Art von Selbstfindung – als das einfache Ja ist stets das kreative Wort: Nein, aber … –

*

Fragen kann kränken, Sagen kann gesundmachen oder -erhalten. Und nicht einzig im ärztlichen Sprechzimmer, sondern durchwegs. – Gehn Sie hin, wo Sie nicht hingehören: lauschen an dem Ort, wo zwei ihre Liebe zu leben versuchen, aber diese Liebe ist in Bedrängnis. Was sich daran hören lässt, dass die beiden das Schweigen ihrer Zweisamkeit nicht mehr ertragen. Jetzt muss es zerredet werden – zerfragt – damit die beiden einander nicht noch ferner kommen.

Und die Frage, mit der sie ihn zu sich zurückholen will, in ihrer Not nicht spüren könnend, dass sie ihn damit noch weiter abdrängt, ist immer dieselbe. Sie lautet:

Was denkst du? –

Wisse: Wer nicht mehr ohne zu denken – ohne irgendwas oder an irgend etwas zu denken – um die Liebe herum träumen darf, denkt sich von der Liebe hinweg.

*

Fragen kann krankmachen, Sagen kann bewahren – selbst wenn der Tod schon vor der Tür steht. Sogar dann, wenn es der nukleare Tod ist, das Ende im atomaren Genozid. – Im Gespräch über diesen treffen wir, es ist nach Tschernobyl, eine Familie an, irgendwo rund um die Erde, und das Kind fragt:

Was passiert, wenn die Atombombe losgeht? –

Dieses Kind hat Eltern, denen Wahrheit die Deutlichkeit der Realität ist, nicht die bewegende Wirkung des Wortes. Und aus dem heraus, was ihnen als Liebe zur Wahrheit gilt, antworten sie ohne weitere Besinnung dem fragenden Kind:

Dann sind wir alle tot. –

Nur, die Eltern überhören, dass das Kind sich nichts hat vorstellen können: weder unter den Realitäten noch unter den Bedrohungen dahinter, noch unter dem Text und Sinn dieser Antwort. Atomare Bedrohung ist diesem Kind, was der Tod jedem Kind ist, und wenn es fragt, was es mit der Bombe auf sich hat, so fragt es, wie und was es sonst zu fragen gewohnt ist, um zu erkunden, wo seine Eltern sind und wer sie ihm sind. Das Kind will wissen, ob es sich seiner Eltern vergewissern darf. Und darauf kann die Antwort nicht heissen: «Dann sind wir tot», sondern:

Dann sind wir bei dir.

Und sich, den Eltern, sagen sie damit: Auch wenn wir alle zugrundegehn, es macht einen Unterschied, wie es sein wird, eh wir zugrundegehn. Das Kind erkundet, was es von den Eltern zu erhoffen hat.

Versicherndes und bewegendes Sagen versagt auch nicht vor vernichtender Bedrohung.

Wer – wie – was / der – die – das: ein Kapitel Sprachsoziologie

Die bürgerliche Evolution der Frau, längst fällig, nunmehr langsam wahr werdend, bringt uns, wie jede Evolution es ergibt, dahin, dass wir offen werden für Probleme, die zuvor nicht als Probleme, nicht einmal als Fragen und auch nicht als Gewissheiten (die man anzweifeln könnte) unter uns gewesen sind. Das am wenigsten Reflektierte, «das Zeug» entzieht sich der Vergegenwärtigung und damit dem Hinweis auf die Bedeutung, welche ihm, dem Zeug, als dem Erzeugt-Erzeugenden zukommt. So kann es kommen, dass vermeintlich zu Diensten Stehendes uns beherrscht, ohne dass wir dessen innewerden.

Ich will zeigen, was gemeint ist, an einem Bereich unserer Sprache, der sich der Reflexion entzieht, weil er zunächst «nur» durch den Klang auf Bedeutungsgemeinsamkeiten zu weisen scheint. Besondere Aufmerksamkeit verdient diese Gemeinsamkeit der Bedeutung deshalb, weil sie nicht durchwegs für alle Sprachen, ja nicht einmal für eine Sprachfamilie gilt (in welchem Falle man von sprachimmanenter Gesetzlichkeit reden könnte), sondern nur für eine einzige, in diesem Falle für die deutsche Hochsprache der Gegenwart zutrifft.

Es geht hier um Folgendes: um die merkwürdige, genaue *namensimmanente Gemeinsamkeit zwischen den drei Fragepronomina und den drei bestimmten Artikeln des Singulars,* wie sie im Titel als Reime mit ihren relativen Entsprechungen aufgezählt sind. Die drei elementaren Fragen weisen von ihrem Klang her eine Verwandtschaft auf mit den Benennungen der zwei Geschlechter: dem männlichen, dem weiblichen und dem (noch) unbestimmten «sächlichen» Geschlecht des Kindes[1].

Das besagt: Die bestimmten Artikel der/die/das entsprechen lautgemäss den Fragepronomina wer?/wie?/was? – Eine Zuordnung der beiden Dreierreihen aneinander ergibt:

wer? reimt – und ist (irgendwie) zu beziehen – auf: der;
wie? reimt – und ist (irgendwie) zu beziehen – auf: die;
was? reimt – und ist (irgendwie) zu beziehen – auf: das.

Die Verwandtschaft vom Klang her ist doch wohl allzu nah, als dass sie nur auf eine zufällige Isophonie zurückzuführen wäre.

Worauf könnte diese Triade hinweisen? – Statt eine Antwort zu geben, wollen wir fürs erste eine weitere Fassung des hier festgestellten Sachverhaltes versuchen. Dann wäre zu sagen:

Der männliche Artikel – das Wort, welches den Mann benennt und als solchen bestätigt, und damit auch das, was als ihm entsprechend, verwandt oder zugehörig gedacht wird – klingt wieder an in der Frage nach der *Identität.*

Der weibliche Artikel – die Frau bezeichnend und heraushebend, mithin auch das anweisend, was ihr zuzuordnen ist – tönt auf in der Frage nach der *Qualität.*

Und *der neutrale oder sächliche Artikel* – das Kind als das sexuell noch nicht determinierte, damit auch ungeschlechtliche Wesen, das Weder-Noch (ne-utrum) aufrufend – hat seine Entsprechung in der Frage zum *Wesen,* jenseits, und vor der Zuordnung zur Identität oder Qualität. – Diese Frage kommt vor jeder andern; sie erschliesst, dass – und ob also – etwas ist.

Wir wollen weiter und verbindlicher zu differenzieren versuchen:

Wer ist die Person da? – Antwort: der Mann/die Frau/das Kind XY. Die Frage, welche eingeleitet wird durch ein Wort, das auf den männlichen Artikel reimt, betrifft sämtliche drei Geschlechter. Die Person wird auf ihre Identität, auf das hin, dass sie dieser, diese, dieses Eine – und kein anderes – ist, durch «wer» bezeichnet. Im Namen, welcher Besonderheit, Einmaligkeit anweist, kommt die Antwort auf die Frage: wer?

Wie: Das bezieht sich zunächst nicht nur auf Personen, es fragt vielmehr der Art – Eigen-Art – von allem nach, was uns umgibt. Der einzelne oder eine Gruppe von Leuten, das alles ist einbezogen in die Frage, welche gleicherweise für alle Gegen- und Zustände um uns herum Geltung hat. Die Antwort auf: wie? beruft eine Stellungnahme; wertend oder nicht, aber bestimmend in der Qualität.

Was: So ruft fragend die Suche nach dem, was geschieht. Was? hat die umfassendste Spannweite. Sie geht, diese Frage, dahin, ob überhaupt etwas – oder jemand – ist. Die Sache und ihr Name: es ist beides in diese eine Frage, in dieses schneidende Wort mit dem offenen Vokal eingeschlossen. Man fragt deshalb auch: was? wenn man nicht gehört hat. Und weil die Frage die Sache wie deren Benennung trifft, geht sie direkt an jene Person, welche angeredet wird (diese vielfache Verquickung macht, dass ein solches Fragen nach dem Wesen die Person selber in Frage stellt; darin liegt es, dass eine solche Frage als unhöflich gilt). Aus der Vielfalt möglicher Antworten auf was? ergibt sich die Schwierigkeit, welche daraus erwächst, wenn das S*ä*chliche als das S*a*chliche gefasst werden soll. Die was?-Frage transzendiert das Persönliche ins Sachliche, also: übers Persönliche hinaus in ein Allgemeines.

Vom Sächlichen her kann jedoch die Person erst als Menschenwesen bestimmt werden. Frage ich: Wer ist es? so ist vorausgesetzt, hier sei von einer Person die Rede. Was ist dies? grenzt ab, auch Personen gegen Sachen (Antwort: Das ist ein Mann/eine Frau/ein Kind).

Nun scheint diese Trias von Elementarfragen doch vollkommen willkürlich herausgezogen aus einer unbestimmbar grossen Zahl anderer möglicher Fragen, die nicht minder in Grundsituationen vorstossen als das fragende Erschliessen von Identität, Qualität, Wesen. – Als wären Bereiche wie Zeit, Ort und Erkenntnisgrund weniger belangvoll, und das heisst: Fragen, welche diese Bereiche zu erschliessen bestimmt sind. Also: wann? wo? warum?

Dazu ist zu sagen: Diese Fragen mögen vielleicht nicht von geringerer Bedeutung sein, aber sie kommen doch erst als eine sekundäre Erschliessung daher. Wenn gefragt wird, wo etwas sich aufhalte; oder wo es geschehen sei; oder wo man etwas/jemanden finden könne, so ist doch immer schon eine jener Bestimmungen vorausgegangen, die dem Nachfragen des Ortes seine Unterlage vermitteln. Ehe wir wissen können, wo etwas/jemand sich befindet, haben wir doch wahrgenommen, *dass* es diesen (diese, dieses) gibt, dass es sich also *be*findet – ansonsten es auch keinen Sinn machen würde, es zu suchen. Wenn Ort ist: «die Art und Weise, wie ein Ding neben anderen zugleich da ist»

(Kant), so muss gefolgert werden, dass der Bestimmung des Ortes mindestens zwei Klärungen im Bereich der drei Elementarfragen vorausgegangen sein sollten, die ehedem erläutert worden sind.

Dasselbe gilt für das Erschliessen im Bereiche der Zeit, für das Antworten mithin auf die wann?-Frage. Wo? und wann? – beide Fragen betreffen durchaus notwendige Vorgänge: Sie erschliessen nicht, jedoch begrenzen sie in Raum und Zeit; sie bringen gleichsam das Diffuse zum Niederschlag und machen es damit sicht-, fass-, beschreibbar. Aber es gibt Grundsätzlicheres zu tun in unserer persönlichen Sphäre, als es die soeben genannten Prozesse verrichten: nämlich das Behaften (das «Nehmen-bei» nach L. Binswanger[2]). Und dieses wird möglich und nötig durch wer?/wie?/was? – Nicht jedoch durch die Erfahrung, dass etwas sich hier oder dort findet, noch durch die Kenntnis dessen, dass es sich soeben oder vor hundert Jahren zugetragen hat.

Bleibt die Frage: warum? Das ist ja nun die Einleitung zu einem Prozess, der nicht erschliesst, sondern eröffnet – verwundend eröffnet. Wie «sachlich» auch immer das Wissenwollen, warum etwas ist oder nicht ist, daherkommt: stets trifft es die Person, an welche die warum?-Frage sich richtet, als Infragestellen ihrer selbst und nicht allein der Sache, die sie vertritt. Was auf warum? zu antworten ist, macht das Antworten zum *Ver*antworten, somit (was dasselbe ist) das Begründen zum Rechtfertigen. Warum ist das so? lässt sich nicht abtrennen von: Warum sagst du das? –

Dieser Sachverhalt ist dem Kind, das warum? fragt, geläufig gegenwärtig. Das Fragealter ist auch das Trotzalter, beide sind zeitlich und ursächlich eines. Fragend vergegenwärtigt sich das Kind, dass es den unermesslich hohen Vater eingrenzt – und dass die Grenze dort liegt, wo dieser Befragte entweder vor Ungeduld platzt ob diesem Insleerefragen, oder wo er sein Nichtmehrwissen eingestehen muss. – Es gibt aber noch einen andern, quasi experimentellen Beleg dafür, dass die Frage warum? kein elementares Erschliessen vermittelt, sondern einen Herrscheranspruch des Fragenden: Der Leser wolle bei nächster Gelegenheit seinen Gesprächspartner fragen: «Warum spielst du mit dem Kugelschreiber?» («warum hältst du die Hand am Kinn?», «warum ...?») – und er wird in zehn von zehn Fällen dies erleben: Noch ehe eine Antwort formuliert ist, wird der Kugelschreiber auf den Tisch zurück gelegt (die Hand vom Kinn genommen); und dies nicht von neurotischen oder allgemein selbstunsichern Leuten, sondern von jedem Gesprächspartner. Man kann freilich nicht sagen: Diese Reaktion liegt in der Sache, weil sie nämlich von der Sache unterderhand in die Person verlegt wird. Warum? ist immer unsachlich, ohne dass es sich zu der Person, zu seinem Persönlichwerden also, bekennen würde. –

Diese Umstände – meinend die Klarheit und Eindeutigkeit der drei zunächst herausgestellten Fragen gegenüber den Nebulositäten der andern Fragen, die benebeln, auch wenn sie klären sollen; benebeln, indem sie auf Belangloseres zurückfragen – diese Umstände machen es aus, dass wir uns auf die hier genannte Triade beschränken können, ja es tun müssen, wenn wir das Problem rein vor uns halten wollen.

Alles, in der Tat: alles, was im Gespräch die Frage nach Zugehörigkeit, Abgrenzung, Gemeinsamkeit, Distanz zu erläutern hat, kann sich ergeben aus den drei Grundfragen. Wo du stehst und wann es gewesen ist, dass du dies getan, jenes gelassen hast, und warum ja oder nein, das alles beeinflusst nicht unmittelbar unser Gespräch. –

Das gibt uns Anlass, zurückzukehren zum Ausgangspunkt; und zu sagen: Die Mittel, die der genauen Determinierung für eine Verständigung vorauszusetzen sind, beziehen genetisch ihre Namen von den drei Geschlechtern, oder jedenfalls lehnen sie sich an diese an. Drei Geschlechter geben sich also her, um drei Signifikanzen zu benennen.

Liegt dieses dreifältige Bezugnehmen im Wesen der Sache? oder ihres Namens? oder der Gesellschaft?

Die Antwort ist schon angedeutet worden. Sie ergibt sich daraus, dass solche Relationen nur für wenige Sprachen – hier ist an der deutschen Hochsprache exemplifiziert worden – Geltung haben. Für die Verständigungsmittel also bestimmter Gruppen in bestimmten Gesellschaftsformen und Klassen mit gewissen Regeln der Verständigung. Andere Sprachen, selbst germanischer Zugehörigkeit (das Jiddische etwa oder gewisse schweizerische Dialekte, auch das Englische) folgen gänzlich verschiedenen Regeln.

Indessen, allein die Gegebenheit, dass *eine* Sprache solche Entsprechungen namhaft macht, reicht zu, darüber nachdenken zu lassen, dass der Sprache die Potenz innewohnt, mit Verweis auf die drei Geschlechter drei Attributionen vorzunehmen.

Nun ist zu vermerken: *Diese drei Bestimmungen* – wie erinnerlich nach Identität, Qualität, Wesen – *stehen jenseits irgendwelcher Wertung.* Nichts und niemand könnte etwelchen Anlass finden, sich durch die drei umschreibenden Erschliessungen und Bestimmungen etwa herausgehoben oder dann diskriminiert zu fühlen. In der Triade, vielmehr, liegt völlige Wertgleichheit; man darf sogar sagen: Wertfreiheit. Die Identität ist nicht bedeutsamer als die Qualität, und beide entheben nicht vom Fragen nach dem Wesen.

Mit wieviel Recht – man kann auch fragen: mit welchem Grund – werden diese drei Zuordnungen, diese Verbindungen von Bestimmungen, mit den Geschlechtern gegeben? – Darauf kann man nicht antworten; es lässt sich nur feststellen. Und es reicht auch zu, wenn man das feststellt – und zugleich beifügt: Offenbar gibt es verschiedene Dimensionen zur Erschliessung oder auch drei verschiedene Systeme der Beschreibung. Und alle drei stehen sie jenseits des Wertens.

Es mag gut sein, man besinnt sich darauf. Sonst kann leicht geschehen, was evolutiven Vorgängen so häufig widerfährt, und namentlich dann widerfährt, wenn sie als revolutionäre Prozesse gesehen zu werden wünschen: dass nämlich darauf alsbald die Restauration folgt.

Die Handschuhe von Stefan Zweig

Über den Sinn von Deutungen und über deren Gerechtfertigtsein

> Man sagt mir, Sie haben beim Weggehen hier etwas vergessen. Handschuhe und dergleichen. Sie wissen, das ist ein Versprechen, wiederzukommen.[1]

Der dies im Juli 1938 geschrieben hat, war ein todgezeichneter Emigrant von zweiundachtzig Jahren. Es ergibt sich: Er ist zugleich der Mann gewesen, der uns veranlasst hat, nicht nur über unser Tun, sondern auch über unser Unterlassen nachzudenken. Offenbar jedoch: nicht nur darüber nachzudenken, sondern auch: *zu wissen,* was unsere Unterlassungen, also zum Beispiel unsere Vergessens-Neigungen, zu bedeuten haben. Und, sollten sie nichts bedeuten, ihnen eine Bedeutung zu vermitteln um, folgerichtig, der Gegebenheit willen, dass wir zu beiden, Tun wie Lassen, selbstbewusst stehn.

Damit hat Freud unseren Zugriffs-, aber auch unseren Verantwortungsbereich auf höchst unerfreuliche Weise erweitert. Jetzt gibt es nichts mehr wie: «mir ist widerfahren». Vielmehr kann es jetzt nur noch heissen: Ich habe getan – oder nicht getan. Aber auch mein Nicht-Tun ist zum Tun geworden. Mir bleibt nur noch zu wissen, was mich zum Tun bewegt hat.

An dieser Gegebenheit lässt der Briefschreiber keinen Zweifel aufkommen: *«Sie wissen»* heisst es. Unterlassen ist wissbar.

Nur: Was heisst hier: «Sie wissen»?

Was es in diesem speziellen Fall besagen will, dem kommt die Gewissheit des zu Wissenden zu. Eine Gewissheit, die wir beide, ich, der Schreibende, und auch der Empfänger des Briefes haben. Bleibt etwas anderes, als dass dieser Gewissheit die von ihr verheissene Tat – wiederzukommen – auch Folge gegeben wird?

Der Empfänger dieses Briefes hiess Stefan Zweig. Und er war ein Freund durch dreissig Jahre, dazu einer der ersten und verständigsten Biographen des Brief-Absenders.

Das ist die Situation, in welcher über das Vergessen eines Paars von Handschuhen geschrieben und gelesen worden ist.

Nehmen wir nun eine kleine Unterstellung vor: Sagen wir, jener belanglose Vorgang des Vergessens von Handschuhen hätte sich nicht im Sommer 1938 an der Elsworthy Road in London zugetragen, sondern ein Jahr zuvor im Garderobe-Vorraum des Ordinationszimmers an der Berggasse 19 in Wien. – Alles andere wäre gleich gewesen, situativ völlig gleich: Ein Paar Handschuhe wäre liegengeblieben; allerdings würde es dann wohl einem Besucher gehört haben, der sich in Analyse befunden oder der sich für den Beginn einer Analyse interessiert hätte.

Also: Derselbe Vorgang desselben Vergessens desselben Gegenstandspaares hätte sich (ein Jahr vorher) an einem Ort abgespielt, der – wie verhasst er auch immer gewesen sein mag – doch durch Gewohnheit, Umwelt und Sprache etwas wie Heimat bedeutet hätte, in einem Haus, das einen Ordinationsraum enthielt, mit einer Couch drin und einem Lehnstuhl dahinter, was soviel heisst wie: Hier hätte der erste Psychoanalytiker die psychoanalytische Situation gehandhabt, als Meister des Gewährens und Versagens; als Meister namentlich des *Deutens*.

Und nun hätte also ein Besucher des Ordinationszimmers – das ist wichtig: nicht des Salons (wie in London), sondern des Ordinationsraumes – im Hausgang ein Paar Handschuhe vergessen.

Unterstellen wir weiter: Der Handschuhbesitzer wäre zur zweiten Konsultation gekommen.

Nun die Frage: Wie wäre dieser Vorgang – wir erinnern uns: ein Vorgang, dessen Signifikanz mit einem «Sie wissen», also mit dem Siegel der Gewissheit bezeichnet worden ist – gegenüber jenem imaginierten Berggasse-Besucher gedeutet worden?

Wissen wir das (gemäss dem indikativ apodiktischen Hinweis: «Sie wissen» im Zweig-Brief)? – Wir wissen es *nicht*. Aber weshalb nicht? Weil uns nicht bekannt ist, was während jenes Besuches eines supponierten Gastes geschehen ist, welcher im Anschluss an diese Visite seine Handschuhe in der Garderobe hat liegen lassen.

Dennoch dürfen wir uns eine grössere Anzahl Kommentare denken, mit denen der Akt des Vergessens hätte versehen werden können. Hier einige von ihnen:

1. Sie haben ein Kleidungsstück bei mir liegengelassen. Sie wollen sich also ausziehen, sich entblössen. Was haben Sie zu verbergen?

2. Sie wollen mir heute den Fehdehandschuh hinwerfen; bitte sehr.

3. Wollen Sie mich greifen mit Ihren Händen?

4. Danke für das Geschenk – ja, für das Geschenk der Handschuhe. Sie zahlen mir Honorar; kein kleines. Wollen Sie mich darüber hinaus noch kaufen?

5. Da ist ein Paar Handschuhe bei mir geblieben. Was haben Sie denn gegen die Handschuhe? Wer hat sie Ihnen geschenkt?

6. ... Handschuhe vergessen. Woran erinnern Sie Handschuhe. Was haben Sie mit Handschuhen für (frühe) Erlebnisse gehabt?

7. Handschuhe: Die abgehauene Hand (= die vergessenen Handschuhe) bedeuten Kastration – und Sie lassen Ihre Handschuhe bei mir liegen.

8. Beim Abschied habe ich Ihnen, der psychoanalytischen Situation und Forderung gemäss, die Hand nicht gegeben, obgleich Sie mir Ihre Hand zum Abschied hingestreckt hatten. Dafür haben Sie mir dann Ihre Handschuhe zurückgelassen. Danke für die Einladung zum Coitus.

9. Sie haben mir offenbar in der letzten Stunde nicht alles gesagt, vermutlich gar das Wesentlichste, was zu sagen gewesen wäre, verschwiegen. Dafür haben Sie mir dann die Handschuhe dagelassen. Also, bitte ...

10. Sie mochten gar nicht weggehen letztesmal; und haben mir noch ein Pfand dagelassen. So aufdringlich ...

11. Es geht rasch bei Ihnen. Nach dem ersten Mal scheint sich die Puppe schon aufzulösen. Ja, ein Stück der Verpuppung ist bei mir liegengeblieben.

Elf Deutungen. Dazu eine zwölfte, wirklich gegebene, mit der Bemerkung «Sie wissen» gestempelt.

Haben die elf hier «erfundenen» Deutungen der Fehlhandlung vielleicht weniger Glaubhaftigkeit als die im Brief gegebene? weniger Überzeugungskraft? weniger Wirklichkeitsentsprechung? geringeren Wahrheitsanspruch?

Vielleicht aber muss man umgekehrt fragen: Wenn so viele Deutungen denkbar sind – mir scheint: als *richtige* Deutungen insgesamt gedacht werden können –, ist das dann nicht ein zwingender Beleg dafür, dass eben *keine* Deutung den Anspruch darauf erheben darf, als richtig zu gelten, auch nicht die wirklich gegebene aus dem Brief an Zweig?

Die Rede ist bisher gewesen von: richtig – glaubhaft – überzeugend – wirklich, resp. wirklichkeitsentsprechend – schliesslich gar von wahr.

Ausgegangen aber sind wir von der *Gewissheit* (nämlich dem: «Sie wissen ...»).

Kann es denn nicht sein, dass ich mir *einbilde,* etwas zu wissen? –

Die Frage klingt penibel. Aber sie ist gestellt von Ludwig *Wittgenstein* – und sie wird von ihm nicht beantwortet[2]. Dafür fragt derselbe *Wittgenstein:*

> Kann man sagen: «Wo kein Zweifel, da auch kein Wissen?»

Und er sagt an anderer Stelle:

> Aber dies ist richtig, dass der gleiche Satz einmal als von der Erfahrung zu prüfen, einmal als Regel der Prüfung behandelt werden kann[3].

Freud hat allerdings seine Gewissheit als Wahrheit verstanden. Er sagt das wörtlich:

> Die einschneidendsten Wahrheiten werden endlich gehört und anerkannt, nachdem die durch sie geweckten Affekte sich ausgetobt haben. Es ist bisher immer noch so gegangen, und die unerwünschten Wahrheiten, die wir Psychoanalytiker der Welt zu sagen haben, werden dasselbe Schicksal finden. Nur wird es nicht rasch gehen; wir müssen warten können.[4]

Das ist geschrieben zwischen 1909 und 1913. Nach immerhin bald achtzig Jahren darf man wohl sagen: Die Wartezeit ist vorbei. Und dann darf man auch fragen: Was ist aus der unerwünschten, einschneidenden Wahrheit geworden?

In diesen acht Jahrzehnten ist vieles geschehen: Zwei Weltkriege, zwei große Revolutionen sind durch die Welt gegangen; nun beginnt die Restauration, die Wiederkunft der Irrationalität, die Neuentdeckung des Gemütes – mancherlei Unheilvolles zeichnet sich bereits ab. Was aber ist das Schicksal dieser Wahrheiten gewesen?

Dies ist der Ort zu fragen: *Was wird denn überhaupt aus den grossen, den einschneidenden Wahrheiten im Lauf der Geschichte?*

Nehmen wir fürs erste eine andere Wahrheit, die zumindest von ihrer incisiven Bedeutung her der von Freud gemeinten Wahrheit vergleichbar ist: Der Spruch: «Eppur si muove» war eine zu ihrer Zeit ebenso unerwünschte Aussage. – Was ist dieser Wahrheit widerfahren?

Nun, die Feststellung, dass die Erde sich um die Sonne bewegt, dürfte kaum mehr ernstem Widerspruch begegnen. Aber was ist aus dieser Feststellung geworden?

Zunächst ist zu bemerken, dass das, was heute eine Feststellung bedeutet, seinerzeit, als es vor den Schranken der Inquisition trotzig hochgehalten worden ist, nicht eine Feststellung war, nicht gestammelt angedeutete *Er*kenntnis, sondern eine Confessio, ein *Be*kenntnis. Konfessionen sind Eingeständnisse eines Menschen über das, was er glaubt – besser und genauer: über das, was er, nachdem es *ihm selber* zur Gewissheit geworden ist, zu seinem Glauben gemacht hat. Der so bekannte Glaube ist Wahrheit – das ist die einzige mir bekannte Antwort auf die tragische Frage einer tragischen Richtergestalt (Ecce homo: Das war nicht eine Antwort, es war ein Ruf der Verzweiflung).

«Die Erde dreht sich um die Sonne»: Kann dieser Satz, heute gesprochen, für sich noch beanspruchen, dass er Wahrheit genannt wird?

Gewiss: Einmal ist er Wahrheit *gewesen*. Heute gibt er keine Wahrheit mehr von sich, sondern er indiziert eine Tatsache, einen Sachverhalt. Jedoch ist über der Anerkennung des Bekenntnisses als Sachverhalt ein Satz, welcher besagt, dass die Erde sich um die Sonne dreht, zur *Banalität* geworden.

Mit jenem Ausspruch: «Und sie bewegt sich doch» ist etwas Merkwürdiges geschehen: Als er getan wurde, bedeutete er eine Herausforderung an den Menschen. Herausfordernd ist er gewesen, weil zu jener Zeit die Frage danach, wo und wie der Mensch sich aufhält und ob sein Wohnort das Zentrum des Universums sei, von einer schicksalhaften, das heisst, den Menschen selbst und damit sein Selbstbewusstsein angehenden Bedeutung war. Der Ausspruch hat somit in sich die Aufforderung geschlossen, dass der Mensch seine Orientierung ändere.

Nun, die Menschen sind der Aufforderung nachgekommen. So weit nachgekommen, dass sie inzwischen die Frage nach dem Ort ihres Aufenthaltes aus dem spezifisch menschlichen Bereich herausgenommen haben. Heute kann man Geo- und Astrophysik nicht mehr als der Lehre vom Menschen zugehörige Wissenschaften auffassen.

Das aber schliesst in sich: Aussagen über die Erde selber oder ihre Position im Weltall haben die Stellungen von Wahrheiten verloren. Wahrheit kann nur eine Aussage in sich schliessen, die unmittelbar den Menschen angeht.

Wenn heute Entdeckungen in dem Bereich der Erd- und Sternkunde gemacht oder wenn in dieser Sphäre Behauptungen aufgestellt werden, so sind das interessante Mitteilungen; und es ist Aufgabe der Wissenschaftler, festzustellen, ob diese Behauptungen richtig sind. Richtig, das heisst: ihrer Wirklichkeit gemäss; und das bedeutet: an den Massstäben messbar, mit denen sie zu messen vermögen. Vielleicht erschliesst einmal eine Entdeckung oder auch nur eine Behauptung eine neue Dimension und damit eine neue Wirklichkeit. Das führt dann zu neuen Begriffen dessen, was als richtig gilt. Aber der Frage nach Wahrheit oder Unwahrheit bleibt es entzogen. Für immer.

Was also ist wahr gewesen an jener Aussage über die Sonne und die Erde? Die richtige Feststellung eines richtigen Sachverhaltes? Das richtige Resultat richtig angestellter Untersuchungen und richtig durchgeführter Ableitungen?

Wir wissen, dass damals – sei das nun Kopernikus, um den es geht, oder Galilei – kein wirklich schlüssig experimenteller Beweis für Thesen angegeben werden konnte, sondern dass es um Konfessionen ging, die ihre «Wissenschaftlichkeit» so wenig stichfest belegten wie die Psychoanalyse. Die Bedeutung lag in dem *Bekenntnis.* Dieses hat einem Sachverhalt seinen Wahrheitswert gegeben.

Was meinen wir, wenn wir von Konfession reden? Oder – dieselbe Frage, anders formuliert – unter welchen Umständen haben wir von Wahrheit zu reden?

Ich nehme es jetzt auf mich, dass ich mich gegen alle guten und heiligen Geister der Philosophie und der Theologie versündige, indem ich sage:

Wahrheit ist, was einer, der etwas Auszusagendes gefunden hat, in einem Moment des Aufblickens dem andern ins Gesicht sagt, welcher diese Aussage nicht erwartet hatte. Was derjenige, welcher solche Wahrheit kundgibt, dem andern sagt, muss bekenntnishaften Bezug auf den Aussagenden haben.

Wahrheit ist daher *Augenblicks-Wahrheit.* Die Wahrheit ist wahr im Augenblick der Wahrheit, in jener knappen Zeitspanne also, in welcher derjenige, der Wahrheit sagt, bereit und fähig ist, dem erstaunten und verblüfften Blick seines überraschten Partners zu begegnen und standzuhalten.

In diesem Augenblick ereignet sich Wahrheit. Wahrheit ist Aussage im Augenblick. Wahrheit kann nur *Aussage* sein. Wer den andern *fragt,* der hat sich der Möglichkeit, Wahrheit zu sagen, schon begeben. Der Fragende stellt sich ausserhalb. Die Wahrheit aber ist drinnen, in der Auseinandersetzung. Bekennen und Fragen: das ist inkompatibel. Man kann die Wahrheit nur sagen. Die Wahrheit sagt, wer sich stellt. Wer aber fragt, stellt sich nicht.

Das Sagen bleibt dem Augenblick überlassen. Danach mag wohl der Inhalt der Aussage noch zutreffen; aber Wahrheit, resp. Mitteilung oder gar Verkündung von Wahrheit kann sie nicht mehr genannt werden.

Die Aussage im Bereich der Astrophysik, jener mehrfach zitierte trotzige Satz, hat es fertiggebracht, die Wahrheit *einmal* ins Zentrum des menschlichen Bereichs mitten hinein zu nehmen – und es damit dann zugleich definitiv aus ihm herauszuheben. Ist einmal diese Aussage, die als Bekenntnis eine Wahrheit gewesen ist, als Feststellung einer *Wirklichkeit* angenommen worden, hat sie auch den Charakter von Wahrheit verloren.

Darüber konnte dann die Wirklichkeit zur Banalität werden.

Dies bewirkt, dass es der Astrophysik noch gut geht: Aus den menschlichen in den aussermenschlichen Bereich hinübergenommen, bewahrt sie sich auch danach ihre Gesetze; und diese Gesetze ändern sich nicht, auch dann nicht, wenn ihnen der Mensch auf die Spur gekommen ist.

Anders die Menschenkunde. Also auch die Psychologie. Was in ihrem Bereich verbleibt, das erlebt ein anderes, ungünstigeres Schicksal: kaum hat nämlich der Mensch eine Wahrheit in seinem eigenen Bereich gefunden, schon schickt sich die Species, der er zugehört, an, eine Wandlung zu vollziehen, welche es nicht dabei bewenden lässt, dass die soeben gefundene Wahrheit zur Wirklichkeit und schliesslich zur Banalität absinkt, sondern zudem noch *ihre Faktizität selber dahinfallen macht.* Das merkwürdige Wechselspiel gilt dauernd im Bereich des Menschlichen: Der Mensch läuft einerseits seinen eigenen Erfahrungen davon, und auf der andern Seite ändert er sich permanent im Sog dieser Erfahrungen.

Wahrheiten, ausgesagt über den Menschen, wandeln sich. Sie bleiben Wahrheiten, bis sie als Wirklichkeiten anerkannt sind. Dann hören sie auf, Wahrheiten zu sein.

Belege? – Die ganze Geschichte des Bewusstwerdens vom Menschen über sich selbst; damit einhergehend die Wandlung dessen, wie er seine Freiheit versteht; das Verständnis der Neurosen und Psychosen, die sich, kaum sind sie verstanden, schon gewandelt haben; ja sogar das fortdauernde Sichwandeln der Krankheiten – nicht der «seelischen», auch nicht der «psychosomatischen», sondernd der rein «körperlichen»; die Aufhebung des physischen und psychischen Geschlechtsdimorphismus, kaum ist er «richtig» verstanden und akzeptiert. So hören einige Belege sich an.

Freuds Wahrheiten waren Wahrheiten, als sie verkündet wurden. Man kann es noch genauer sagen: Sie waren zunächst *Erhebungen, die mitgeteilt wurden.* Der persönliche Inhalt dessen, der sie gefunden hat, machte sie zur *Konfession.* Am Widerspruch, den sie erzeugt haben, *wurden sie zu Wahrheiten* – vielleicht sogar (aber das wissen wir nicht) gegen den Willen ihres Verkünders. – Und es hat heute oft etwas Tragikomisches an sich, wenn man feststellt, wie der Wahrheitscharakter der Erkenntnisse Freuds sich am allerdeutlichsten an denen erweist, die ihn mit Emphase negieren: Niemand verspricht sich so oft wie Diskussionsredner, welche gegen die psychoanalytische Lehre von den Fehlleistungen wettern. Und an keinem Kollegen erweist sich die Macht des Ödipuskomplexes vergleichbar stark wie an einem solchen, der ihn, nach schriftlicher Kundgabe, niemals gefunden haben will! – Für die andern ist der Ödipuskomplex – ja, wo ist er hingekommen in einer Epoche, die der Psychoanalytiker *Mitscherlich* als den «Weg zur vaterlosen Gesellschaft» bezeichnet hat?[5]

Aber so rasch kann man nun doch nicht über einen derartigen Sachverhalt hinweggehen. Da erklärt also ein Diskussionsredner, die Freudsche Lehre von den Fehlleistungen (unter denen das Sichversprechen ja das signifikanteste Beispiel ist) sei Unsinn – und zugleich begeht er eine Fehlleistung nach der andern. Und ein psychotherapeutisch tätiger Arzt behauptet, er habe niemals eine Erscheinung gefunden, welche dem Phänomenbündel des Ödipuskomplexes zugehöre – zugleich aber wissen wir von jenem Kollegen, dass er mit seinem Vater – will sagen: mit der Haltung des Vaters ihm gegenüber, mit den Weltanschauungen des Vaters, mit dessen Auffassungen von der Stellung eines Familienoberhauptes – niemals zurechtgekommen ist (inwiefern und wie, das tut hier nichts zur Sache).

Was beweisen nun diese beiden Erfahrungen? Beweisen sie, just anhand derer, die sich den Einsichten und Erfahrungen der Psychoanalyse nicht unterzuordnen bereit sind, dass die Psychoanalyse wahr ist? oder dass sie richtig ist? –

Nein, das tun sie nicht, *genau nicht:*

Aber was tun sie denn? Was beweisen sie – oder fragen wir behutsamer: Was belegen sie?

Sie belegen, dass es Fälle gibt, in denen die Psychoanalyse von sich sagen kann, dass sie *recht hat. Rechthaben aber ist nicht dasselbe wie: wahr sein oder richtig sein.* Rechthaben belegt nichts – nichts, ausser der Macht, die sich ein Mensch oder eine Lehre über andere Menschen erwerben. Erwerben oder anmassen. Und Macht hat nun allerdings mit Wahrheit noch niemals viel gemeinsam gehabt ...

Es geht – das möchte ich nochmals hervorheben – nicht um *Rechthaberei,* nein, die Rede ist von offenkundigem Recht*haben.* Der Gegner der Lehre von dem Sinn und der Bedeutung des Sichversprechens hat sich ja widersprochen, und zwar durchaus «sinnvoll» – also mit dem verborgen innewohnenden Sinn, genau wie es die psychoanalytische Theorie lehrt. Und dennoch ist darin kein Beleg für den Wahrheitsgehalt noch für die Richtigkeit der Psychoanalyse gegeben.

Ich möchte dieses Verhältnis zwischen Rechthaben und Wahrsein anhand zweier Beispiele aus andern Bereichen illustrieren:

Das erste stammt aus einem köstlichen Film von Vittorio de Sica. Es ist schon einige Jahrzehnte her, dass er aufgeführt worden ist; er hiess «Das Ende der Welt» oder «Das Jüngste Gericht». Das Weltende findet über dem Himmel von Neapel statt. Jetzt kommt das grosse Gericht. Im Aufsuchen des Sündenregisters geht die Stimme Gottes, wie das Telephonbuch, nach dem Alphabet. Der erste aufgerufene Name gehört einem Mann namens Al Aaba oder so ähnlich. Über ihn sollte also gerichtet werden; aber das erweist sich als unmöglich: Al Aaba ist Moslem, der liebe Gott aber ist katholisch. Nichts zu machen. – Beim zweiten Namen geschieht ein ähnliches Malheur: Diesmal ist der zu Richtende ein Engländer – aber der römische Herrgott kann nur Italienisch! Abermals: es kann kein Recht gesprochen werden. – Beim dritten Versuch gelingt es: Der jetzt Aufgerufene ist ein katholischer Italiener – und der kann gerichtet werden; ob er sich wehrt oder nicht, ob er sich noch den Gesetzen der römisch-katholischen Kirche unterwirft oder nicht, das tut jetzt nichts mehr zur Sache.

Ein zweites Beispiel stammt aus meiner psychotherapeutischen Tätigkeit in Israel: Es geht um einen jungen Mann, der in der von extrem orthodoxen Juden bewohnten Stadt Bnej-Brak aufgewachsen ist und seine ganze Familie dort hat. Für die Bewohner von Bnej-Brak ist Autofahren am Sabbat eine Todsünde, die von ihnen entsprechend geahndet wird: Wer sich mit dem Auto am Sabbat in Bnej-Brak zeigt, dessen Auto wird gesteinigt, wobei es belanglos ist, ob der Fahrer verletzt wird oder nicht (man muss ja auch nicht am Sabbat mit dem Auto nach Bnej-Brak eindringen!). – Mein junger Patient versuchte nun, sich von der fanatisch-strengen Überzeugung seines Elternhauses loszulösen. Er begann ausgerechnet damit, dass er am Sabbat mit seinem Wagen ausfuhr. Nachdem er dreimal Kollisionen mit seinem Auto durchgemacht hatte – muss ich besonders erwähnen, dass alle drei Unfälle sich am Sabbat abgespielt haben? – kam er in Behandlung (wegen Unfall-Anfälligkeit).

Der römische und der jüdische Herrgott, beide *haben recht* und sie *reklamieren sich ihr Recht* – aber nur gegenüber Menschen, die überhaupt zu einer Stellungnahme gegenüber diesem Recht herausgefordert sind. Nicht jedoch säkular, nicht absolut, nicht a priori. Und ihr Rechthaben beweist nicht ihre Wahrheit.

Genauso verhält es sich mit der Psychoanalyse, oder besser an der Psychoanalyse: Wenn sie recht hat, beweist sie ihre Macht, nicht aber ihre Wahrheit.

An ihrer Stellung gegenüber dem Rechthaben unterscheiden sich am Ende auch die verschiedenen Lehr- und Lebensweisen voneinander:

Es ist offensichtlich, dass die *religiösen Lehren* recht haben *müssen,* resp., dass sie sich selber und ihren Kindern wie Gegnern beweisen müssen, sie haben recht. Wie anders könnten sie Menschen führen oder verdammen, trösten oder ermahnen – wüssten sie nicht, dass sie das Recht besitzen, und zwar das einzige, das einzig gültige Recht? – Die Religionen – sämtliche von ihnen – können deshalb auch nicht der Berichte über Menschen entraten, welche für ihr Rechttun (das heisst: für ihre Gefolgschaft an die Lehre) mit Glück belohnt wurden, und weniger noch können sie es sich leisten, auf Beispiele zu verzichten von anderen, die furchtbare Qualen – im Diesseits oder Jenseits – zu erdulden haben, weil sie das Rechthaben der rechten Lehre verkannt haben.

Ebenso deutlich ist es, dass die *Jurisprudenz* ihr Rechthaben kennen und ausser jeden Zweifel setzen muss. Wie sollte *Recht sprechen* können, wer nicht das Recht *besitzt?* Wie sollte er es auch auf einen Moment noch fertigbringen zu richten, wenn er auch nur Zweifel daran hochkommen liesse, dass seine Lehre recht hat? Mag sein, dass er einmal daran zweifelt, ob *er*, der Vertreter des Rechtes und sein Bewahrer, das Recht weiss und kennt. Aber das Recht selber, das Recht als Institution, auf das er eingeschworen ist – das Recht kann nicht irren. Das weiss der Jurist jederzeit.

Dies ist ja das Elend der *forensischen Psychiatrie:* dass sie zwei konzeptionell verschiedene Lehren miteinander verbinden muss, nämlich die Lehre von dem Recht (das recht hat) und ein Verstehen des Menschen aus ihm selber (das nicht rechthaben *soll,* will es sich nicht seiner Kraft begeben). Dass sie Deutungen zu Rechtsbeweisen macht, das ist das Unglück der gerichtlichen Psychiatrie.

Ob auch die *Philosophie,* also *die* Philosophie insgesamt, immer ihres Rechthabens gewiss sein muss, weiss ich nicht, kann ich nicht beurteilen. Es mag sein, dass sich hierin die verschiedenen Philosopheme voneinander unterscheiden. Aber man kann, wenn man am Rechthaben misst, verstehen, weshalb *Jaspers,* dem es um das Richtige und um das Rechthaben, um den Beweis des Rechthabens ging, die Psychiatrie verlassen hat – verlassen *musste,* und seine Konsequenz verdient Achtung. Dagegen ist eine Auseinandersetzung damit, wie er die Psychoanalyse verstanden hat, unfruchtbar und sinnlos, weil ein Versuch, psychoanalytisch zu verstehen, zuerst und zuvörderst die Ambition, recht zu haben, ausklammern muss[6].

Und damit kommen wir zurück zu dem Thema dieser Untersuchung: zu Stefan Zweigs liegengebliebenen Handschuhen.

Was also geschieht mit dem Vergessen eines Paars von Handschuhen?

Die Feststellung Freuds wurde zur Verkündigung von Wahrheit in einer Zeit, in der es erlaubt und gangbar war, ein solches Geschehnis der «Tücke des Objekts» (nach dem skurrilen *F. Th. Vischer*[7]), zuzuschreiben. Das heisst, das Vergessen aus der eigenen Persönlichkeit auszuscheiden und damit der Willkür und Vergegenwärtigung zu entziehen. War nun einmal die Rede von dem Vergessen als einem Tun, so konnte diese Behauptung nicht mehr rückgängig, das Faktum konnte nicht mehr ungeschehen gemacht werden. Die Herausforderung blieb da.

Aber eben: Danach hat sich etwas vollzogen, was das Verhältnis der Erkenntnis des Menschen über sich selbst zu der daraus sich ergebenden Wandlung des Menschen zwingend illustriert:

Die Aussage lebt ihren Wahrheitscharakter so lange, als sie Auseinandersetzung induziert und im Gang hält. Nachher, das heisst: ist einmal das Vergessen als ein Tun der Persönlichkeit akzeptiert und anerkannt, wird die Wahrheit über Selbstverständlichkeit zur Spielerei. Das Vergessen verliert an Ernst, an Bedeutung, endlich an Wahrheitsgehalt (ausser für denjenigen, der es nicht akzeptiert!).

Aber wenn die Persönlichkeit sich nicht mehr auf ihre Fehlleistungen hin ansprechen lässt, wo ist sie dann zu finden? – Dann zieht sie sich zurück, sie geht *tiefer.* Wobei «tief» hier durchaus nüchtern, ohne jede Wertung verstanden werden will und nichts anderes meint als: Bereiche angehend, welche der Willkür weniger leicht zu erschliessen sind als das Unterlassen und andere Fehlhandlungen. Wenn die Persönlichkeit sich tiefer zurückzieht, müssen wir ihr tiefer nachfolgen; so wird sie gründlicher herausgefordert; wir bleiben dann nicht stehen beim Versprechen und Vergessen, wir gehen etwa dem *Krankwerden* nach, und zwar in allen seinen Beziehungen: auf Zeitpunkt, Ort, Natur und Schwere der Erkrankung.

Kann man dann sagen: Krankwerden war «je schon» etwas «Psychisches»? Diese Aussage hat, so getan, keinerlei Sinn und Rückhalt, und zwar weil ja *das «Psychische» sich erst ergibt aus der Auseinandersetzung heraus.* Zur herausfordernden Wahrheit wurde das Ansprechen auf Krankheit erst an der Auseinandersetzung mit ihr. Wer sich, anders – genauer gesagt – mit seiner Krankheit auseinandersetzend befasst, dem *wird* sie psychisch (mit oder ohne Anführungszeichen). Wer sich weigert, sein Kranksein animalisch über sich ergehen zu lassen, wie das Vieh auf der Weide ein Sommergewitter, der verwandelt dieses in einen Prozess, dem das Beiwort «psychisch» zugelegt werden sollte.

Darüber, so darf man hoffen, wird der schwierige Sachverhalt ein wenig deutlicher:

Unter welchen Bedingungen wird mir zur *Gewissheit,* was das bedeutet: ein Paar Handschuhe zu vergessen? – Dann, so kann man nun wohl antworten, wenn ich mich damit auseinandergesetzt habe. Mit Bezug auf Wittgenstein ist also zu sagen, dass nicht nur der gleiche Satz, sondern auch das gleiche Geschehnis, das einmal von der Erfahrung auf seine Bedeutung zu prüfen ist, ein anderes Mal als Regel der Prüfung behandelt werden kann.

Und wann wird die Bedeutung des Vergessens zur *Wirklichkeit?* – Auch darauf ist jetzt eine Antwort möglich: *beim zweiten Vergessen.* Nachdem nämlich das erste Vergessen eine Auseinandersetzung induziert hat. Später allerding wird das Vergessen belanglos – es hat seinen appellativen Wert verloren.

Aber das ist wichtig: Zwischen dem ersten und dem zweiten Vergessen besteht der entscheidende Unterschied. Und der Unterschied ist gegeben darin, dass sich in dieser Spanne eine Auseinandersetzung vollzogen hat, die aus einer Widerfahrnis ein Tun gemacht hat. Etwas Unpersönliches ist zu Persönlichem geworden: zu des Vergessenden eigener Sache.

Und was für Vergessen gilt, ist wahr für alles, worauf hin sich der Partner des Gespräches anreden lässt, zum Beispiel auch auf sein Krankwerden. Wenn etwa eine glaukomkranke Patientin sagt: «Sie wollen doch, Herr Doktor, nicht behaupten, dass ich das mit dem Auge selber gemacht habe», so kann die Antwort lauten: «Bisher nicht; aber von jetzt an – von diesem Moment an, da Sie das gesagt haben – *ist* das etwas ganz anderes.» Und es *wurde* dann auch wirklich etwas anderes mit dem Augendruck der Patientin! *Jetzt* war das mit dem Auge der Patientin ihre eigene Sache. Aber jetzt, im Gefolge der Auseinandersetzung, nicht zuvor schon. Und ganz gewiss nicht «je schon».

Wie also wird etwas gewiss? Durch Auseinandersetzung. Durch Auseinandersetzung beispielsweise mit dem Vergessen von Handschuhen. Und ebenso durch Auseinandersetzung mit dem Krankwerden. Der *Sinn* ergibt sich erst aus der Auseinandersetzung, und er ergibt sich in der Bereitschaft zur Auseinandersetzung. Wer sich ihr entzieht, für den hat die Sache auch keinen Sinn – aber sie hat dann, das ist das Perfide an ihr, um so mehr Macht über ihn.

Darin liegt die Quelle der Missverständnisse um die Frage, wie berechtigt oder unberechtigt man sei, von irgendeinem Begebnis zu sagen, es sei «psychisch». Was heisst denn das: «psychisch»? Eben *nicht:* primär psychisch bedingt, «psychisch verursacht» oder gar: «gemacht». Es heisst: hinübergenommen in den Bereich der Willkür, und dies vermittels Stellungnahme und vermittels Auseinandersetzung; handle es sich nun um ein Vergessen oder um das Krankwerden.

«Psychisch» – wenn man schon das allzu diffuse Wort überhaupt gebrauchen will – *wird* eine Handlung oder wird ein Erleben. Und zwar durch Auseinandersetzung und Stellungnahme.

Daher kommt es, dass die unzähligen Feststellungen über die Bedingtheit dieser oder jener Krankheit so nichtssagend klingen. Ob es sich nun um die Umstände des Erkrankens an Rheumatismus oder an Psychose oder an Krebs oder um die Voraussetzung zu Unfällen handelt: In allen Arbeiten steht immer dasselbe mit fast tötend langweiliger Gleichförmigkeit geschrieben. Immer wird genau dasselbe gefunden. Man gehe nur hin und lese die diesbezüglichen Monographien!

Sind die in solchen Arbeiten gewonnenen Erhebungen deswegen sinnlos?

Das sind sie keineswegs. Sinnlos sind sie nur dem Methodologen, der sich ausserhalb stellt und dann von aussen als Sachverhalt angeht, was ja gar kein Sachverhalt werden konnte, sondern als Resultat von Stellungnahme und Auseinandersetzung zweier Einbezogener zustande gekommen ist. Erst wenn man dies berücksichtigt und auch gelten lässt, kann man solche Erlebnisse *mit Sinn versehen,* und erst dann gewinnen auch die Schilderungen solcher Erlebnisse ihren *situativ – und nur situativ – gegebenen Sinn.*

Aber dann läuft die Mühle der Gesetzmässigkeit weiter, in einer Konsequenz, der die Tragik nicht abzusprechen ist: Sind Sachverhalte als solche und nicht als Erlebnisse akzeptiert, die die eigene Sache des betreffenden Menschen durch Auseinandersetzung geworden sind, so verlieren sie ihren Sinn und ihren Wirklichkeitswert! Hätte meine Kranke sich nicht mit den Umständen und Bedingungen und mit der Bedeutung ihrer Augenkrankheit auseinandergesetzt, sondern sich diese zum Beispiel angelesen – wäre sie also hergekommen und hätte gesagt: «Ich weiss, das mit dem Augendruck ist ‹psychisch› oder ‹psychosomatisch›» etc. – es wäre ihr wahrscheinlich nicht zu helfen gewesen. – Sinn ist eben nur da, wenn er *gegeben* wird. Er wohnt nicht a priori inne.[8]

Hat der Sinn keine Chance, gegeben zu werden, so bleibt er «draussen». Dann ist von dem Betreffenden her alles sinnlos. Auch sein Schicksal.

Daraus folgt zwingend: Gebe ich keine Chance zur Sinngebung, vermittle ich also keine Auseinandersetzung, so bleibt der Sinn auch ausserhalb. Aber ich muss darauf bestehen: *Wo ich die Chance zur Sinngebung nicht vermittle, da ist auch kein Sinn.* Ja mehr als dies: ein Vergessen oder ein Krankwerden ist dann auch in der Tat keine psychische Wirklichkeit.

Man kann deshalb auch nicht sagen: Leute, die es bewusst vermeiden, nach dem Sinn zu fragen – *Skinner* und seine Gefolgsleute etwa (Eysenck ist zu bedeutungslos, als dass sich eine Auseinandersetzung lohnte) – haben recht, oder sie haben unrecht. Oder ebenso: Leute, die den Sinn a priori in den Bereich der Eschatologie versetzen und sich auf diese Weise der Auseinandersetzung entziehen, haben recht oder unrecht. – *Sie verschaffen sich ihr Recht.* Und also haben sie recht. Denn ein konditioniertes Wesen oder ein dekonditioniertes, und auch eines, das auf Instanzen ausserhalb seiner Verantwortung fromm verwiesen wird, ist ein anderes, ein inkommensurables Wesen.

Man kann Vergessen auch dekonditionieren. Dann hört es gewiss ebenfalls auf. Der Erfolg ist auch dann festzustellen. Die Frage bleibt offen, auf welcher Stufe wir jeweils den Erfolg aufkommen lassen.

Höchstens könnte man dann noch sagen (mit *V. E. Frankl*): «Jede Zeit hat ihre Neurose – und jede Zeit braucht ihre Psychotherapie.[9]» Man hätte dann nur noch zu ergänzen: Jede Zeit hat die Therapie, *die sie wert ist.* Jede Zeit hat die Psychologie und die Therapie, die sie verdient.

Sind wir so wenig wert, sind wir so tief abgesunken, dass wir nur noch Einnebelung und/oder Dressur erfahren dürfen? – Merkwürdig, aber tatsächlich gegeben: Jenes *und/oder:* Dressur und Einnebelung, Zynismus und Gemütspflege, Aufforderung zum Gehorsam und Hinweis auf das Numinose – das ist noch allemal miteinander einhergegangen.

Für denjenigen, der weiterhin nach Sinngebung sucht und der nicht von sich behauptet, Sinn bereits gefunden zu haben, noch ehe er gemeinsam gesucht worden ist und jedesmal neu gesucht wird – für diesen erhebt sich die Frage, wie denn eine solche zustande kommt.

Wir kennen den Sinn noch nicht, ehe wir ihm nachfragen, und es gibt ihn auch noch nicht. Wir müssen ihn, der durch stets erneuerte Auseinandersetzung zustande kommt, erst induzieren. Apriorische Sinngabe ohne vorausgehende Auseinandersetzung ist Inquisition samt Scheiterhaufen.

Auseinandersetzung verlangt Induktion. Was in dieser Induktion geschieht, heissen wir das *Deuten.*

Deuten: Es ist zu eng gefasst, wenn wir es nur umschreiben als Unbewusstes bewusst machen. Dies ist nur ein spezifischer Sonderfall des Deutens.

Deuten meint allgemeiner: *aus einer Sache eine andere Sache machen,* also zum Beispiel aus dem Vergessen ein Wissen machen. Diese Fassung des Deutens gilt aber durchweg, somit über den Bereich psychotherapeutisch intentionierten Deutens hinaus.

Deuten ist auch: aus den Zeichen einer Partitur Musik machen, oder aus dem erlebten Schmerz und Vernichtungsgefühl mittels Aufzeichnung eines Elektrokardiogramms eine Diagnose auf Myokardinfarkt ableiten.

Worin besteht die Deutungsarbeit? – Im ersten Fall: *Sichtbare* Noten, geschwänzte Punkte und Kreise, verteilt über fünf Linien, werden umgewandelt in *hörbare* Töne. – Und im zweiten Fall: Etwas von dem Kranken *Erlittenes,* das Vernichtungsgefühl, der Schmerz, die Angst, das alles wird in seinem Wesen verändert, indem es *sichtbar* gemacht wird im EKG; den Kurven kann man mit dem Finger nachfahren, das kann man dem Schmerz und dem Leiden gegenüber nicht; Erlittenes wird sichtbar gemacht. Und das führt dann zur kardiologischen Diagnose.

Worin liegt also das *Wesen* der Deutung? – Darin liegt es, dass das Produkt der Deutung *nicht system-immanent bleibt,* sondern dass das Deuten *von einem System in ein anderes System hinüberführt.*

Einen Sinn und vor allem eine Be-Deutung gewinnt Deuten nur als Hinüber-Denken und Hinüber-Zeigen in ein anderes System.

Das Verbleiben im System dagegen, als ein *system-immanentes Deuten* ist in sich ein Un-Begriff. Solch ein Unternehmen versteht sich als Treue gegenüber der Erscheinung. Aber wo es

Treue zu sein meint und beansprucht, da ist es Leerlauf, und es endet im immer Gleichen: in dem Umbenennen von schon Benanntem. Solches «system-immanentes Deuten» ist zwar so geartet, dass es sich als richtig – und bezeichnenderweise als *immer* richtig – und dazu ungefragt als wahr verstehen kann. Und das *ist* es in der Tat auch: nämlich genau so wahr, wie jede banale Wahrheit notwendig wahr ist (eine banale Wahrheit, in welcher links und rechts vom Gleichheitszeichen genau dasselbe geschrieben steht): also risikolos, unverpflichtend, einen auch nur denkbaren, nur vorstellbaren Widerspruch gar nicht erst möglich machend. Kurz: tautologisch.

Was aber gar nicht falsch sein *könnte,* was somit als falsch nicht einmal vorstellbar ist, das kann nicht richtig sein. Was einen Widerspruch nicht einmal möglich macht, das darf auch nicht beanspruchen, dass man es als wahr bezeichnet.

Und so bleibt am Ende jedes derartige Unternehmen nichts als ein Um-Benennen von schon Benanntem, nichts als ein unverpflichtendes, gar nichts induzierendes, zu nichts Neuem führendes Schein-Verstehen, dessen enormer Vorteil seine völlige Risikolosigkeit ist. Vergleichbar ist System-Immanenz einer Rechenoperation, welche besagt: 3 + 4 = III + IV.* So etwas kann sich die Attitüde von Erkenntnis zulegen und ist – nichts: keine Denkarbeit, keine Erkenntnis, keine Einsicht, keine Aufforderung zum Weitermachen oder Weiterdenken. Nur dies: eine Offerte. Man kann es so machen, man kann es auch anders machen – alles bleibt offen.

Alles bleibt offen. Und dieses Offenbleiben versteht und deklariert sich dann gern als Offen*sein*, ja als Offen*heit*, wo es Leere ist, nämlich immer nur Veränderung von Zeichen: drei und vier, gängigerweise so formuliert: «3 + 4», wird nun in «III + IV» umformuliert. Die Zeichen werden verändert und die Namen vertauscht, die Sache bleibt dieselbe.

* Die beiden Zahlendarstellungen (3 + 4 sowie III + IV) indizieren die nämliche Rechenoperation, sie weisen jedoch auf zwei verschiedene weltanschauliche Grundlegungen. Die Denkweise der Babylonier (dargestellt in der Formel 3 + 4) und diejenige der Alten Römer (III + IV), die zwei sind voneinander grundverschieden. Verschieden bleiben sie, auch wenn sie dasselbe sagen[11].

Nur das Transzendieren in ein anderes System darf als Deutung bezeichnet werden. Nur so schafft es Verstehen – wobei dieses Verstehen sich belegen kann durch Anerkennung oder Ablehnung, durch Zustimmung oder durch Widerspruch.

Eine verständliche Deutung ist eine jede, welche irgendeine auf sie bezogene Antwort möglich macht. Die Antwort kann lauten «Ja», also «Ja, so ist es. So, wie du sagst.» Das ist die Antwort des Einverständnisses. Des verbindend Gewissen. Eine solche Antwort ist von Stefan Zweig erwartet worden, als er auf das Vergessen von Handschuhen hin angesprochen worden ist.

Dass sie sinnvoll ist, beweist jedoch die Deutung *nicht* darin, dass sie zustimmend beantwortet wird. Sondern darin, dass sie produktives Weiterführen, gegebenenfalls produktiven Widerspruch bewirkt. Die denkbar sinnvollste Antwort ist die, welche lautet: «Nein, aber ...» – was in Übersetzung heisst: Du hast mich angeregt. Nämlich angeregt, mich überhaupt mit dieser Seite meines Tuns oder Erlebens auseinanderzusetzen. Du hast mich erst dazu gebracht, dem zu begegnen. Aber es ist nicht so, wie du es gesagt hast; dank dem, dass du das so gesagt hast, bin ich zum Verständnis vorgestossen, wie ich es sehe: nämlich nicht so (wie du gesagt hast), sondern anders, nämlich so: ...

Ein solches Deuten, das fruchtbaren Widerspruch bewirkt und ermöglicht, meint somit: *Deuten als Herausfordern.* Allerdings nicht nur als leeres Provozieren, sondern als ein produktives Anregen von Neuem. «Nein, aber ...» ist die angemessenste Reaktion auf die sinnvollste Art von Deuten.

Das heisst: Deuten ist nicht das Interpretieren zum Zwecke der Akzeptation, sondern das Induzieren zum Weitermachen.

Auch diese Art und Auffassung von Deuten beschränkt sich nicht auf die psychotherapeutische Deutungsarbeit. Dasselbe gilt auch vom Deuten in den künstlerischen Bereichen. *Brecht* hat das vor langem mit seiner Geringschätzung des Kulinarischen in der Dramatik angewiesen[10]. Und es gilt erst recht in der Musik. Die Aufführung ist die richtige, welche ein fruchtbares Weitermusizieren anregt, nicht diejenige, welche darin besteht, dass man hingeht, anhört, sich sättigt, Applaus rülpst und sich schlafen legt.

Das wird oft nicht begriffen: dass unser Deuten nicht Beleg dafür sein will, dass wir nun genau das Richtige getroffen oder gar das Richtige auf den Kopf zugesagt haben (wobei ja «auf den Kopf zusagen» ohnehin gewöhnlich nur das Behaupten des Gegenteils dessen ist, was gesagt wird, und seine Richtigkeit nur darin belegt, dass es, weil es beschämend herauskommt, jeden Widerspruch coupiert), sondern dass wir das anregen, *was in dieser jetzt besonderen Situation bei diesem jetzt besonderen Menschen eine Antwort anregt.* Wobei das Letzte das bei weitem Wichtigste ausmacht: Anregen der Antwort. – Das macht jedesmal die Richtigkeit der jeweilen vorstellbaren «Berggasse-Antworten» aus.

Deuten kann, oder muss, daher von Mal zu Mal etwas anderes sein: einmal die Konzentration bis auf das Symbol, ein andermal das Umgekehrte: das Erweitern des Symbols zur Sache. Immer: das Vermeiden dessen, dass wir an etwas Letztes gelangt sind, von dem aus kein Weitergehen mehr möglich erscheint. Auch vermeintlich Letztes wie der Tod ist so verstandenem Deuten nichts Letztes. Vielmehr verlangt es Deutungsarbeit, etwa so: *Was* stirbt, wenn hier, in diesem Kontext, von Tod die Rede ist?

Das heisst somit: Deuten ist wesentlich *Luft machen,* etwas eröffnen, wo es nicht mehr weiterzugehen scheint oder man nicht mehr weiter zu sehen glaubt.

Das führt schliesslich dazu, uns zu vergegenwärtigen, was Deuten niemals ist:

Deuten ist nicht Informieren;

Deuten ist nicht Erklären;

und Deuten ist nicht Rechthaben.

Vor allem dieses Letzte: Rechthaben ist psychotherapeutisch sich verstehendes Deuten nicht, kann es nicht sein, darf es nie werden. Darf es deshalb nicht werden, weil es sonst seine Eigenart verliert und damit seine Potenz: die Kraft des Evozierens, des Aufforderns, des Herausforderns – günstigstenfalls des fruchtbaren Widerspruches, des «Nein aber ...» also.

Deuten, psychoanalytisch inspiriert – und also: Deutung, von einem Psychotherapeuten gegeben – hat eigenen, spezifischen und für sich selbst geltenden Stellenwert. Diesen Stellenwert kann man sehr genau bezeichnen und umschreiben. Er heisst:

ernstnehmen. Das ist: Behaften des Andern, des Anredenden, bei dem, was er tut oder sagt. Was wiederum wesentlich ermöglicht wird durch Überführen des Getanen in eine andere Dimension, resp. durch Übersetzen des Gesagten in eine andere Sprache.

So verstanden, geht die Diskussion um Richtigkeit, Wahrheit oder Wissenschaftlichkeit – namentlich jedoch um die Verbindlichkeit – des psychoanalytisch inspirierten und psychotherapeutisch ausgerichteten Deutens wesentlich an dessen Natur vorbei. – Ich habe mich oft gefragt, wie es kommen konnte, dass so intelligente Leute wie *Popper* oder *Habermas* diese Besonderheit analytisch intentionierten (und notwendigerweise auch analytisch ausgerichteten) Deutens und Verstehens so gründlich übersehen konnten[12]. Ist es wirklich ein Übersehen, oder kommt das Missverständnis daher, dass dieses Verstehen als Ernstnehmen sich eben einfach nicht schriftlich in verbindlicher Weise mitteilen, sondern nur dialogisch erfahren lässt? «Dialogisch» ist hier weder erbaulich noch nebulös apotheotisch gemeint, ganz und gar nicht, sondern es versteht sich ganz klar und nüchtern als *«appellativ»,* also anredend, also Antwort evozierend (wenn man es anders ausdrücken will: als einen feedback notwendig anregend).

Der Wert aber dieses Appells ist einzig daran zu erkennen und daraus zu ermessen, wie sehr eigenständig die durch ihn erwirkte Antwort herauskommt.

Somit bleibt am Ende festzuhalten:

Wahr ist eine Deutung, wenn sie Widerspruch möglich macht. Und sie bleibt genau so lange wahr, als sie Widerspruch möglich erhält.

Richtig ist *jede* Deutung, die «angeht». Die im Angesprochenen etwas induziert. *Was* sie induziert, ist belanglos.

Sinnvoll ist die Deutung – genauer und richtiger: sinnvoll *wird* die Deutung – die aus dem Angebot etwas macht. Und zwar etwas Gemeinsames macht.

Gewissheit gehört der Deutung, die gemeinsames Wissen bedingt. Ein Wissen (das ist implicit dabei), welches durch Sich-Verständigen erschlossen worden ist.

Wie verhält es sich am Ende mit den Handschuhen von Stefan

Zweig? – Das Merkwürdige an diesem Postscriptum in Freuds Brief ist dies: *Es gibt gar keine Deutung.*

Alle elf anderen Interpretationen des Vergessens sind Deutungen. Der Hinweis an Zweig ist keine Deutung. Er ist ein Notruf. Ein Notruf in nüchterner, daher würdiger und erträglicher Formulierung. Ein Notruf deshalb, der nicht Hilfe, sondern Antwort möglich macht.

Wir haben Grund anzunehmen, dass der Briefempfänger begriffen hat, wie dieses «Sie wissen ...», dieser Hinweis auf Gewissheit (auf – wie wir gesehen haben – gemeinsam Gewisses also) zu lesen war.

Nämlich so: «Lieber Stefan Zweig, ich bitte dich, komm zu mir zurück. Ich warte auf dich. Ich brauche dich. Ich habe hier, in der Verbannung, den alten Freund aus früherer Zeit, der mir geblieben ist, besonders nötig. Deine Handschuhe sind mir das Garantie-Pfand deiner Freundschaft.»

Aber es gehört Freud zu, dass er auch in einer solchen Zeit nüchtern geblieben ist. *Nüchtern* meint nämlich – es ist gut, sich hier und jetzt dessen zu erinnern – nicht das Gegenwort zu «gläubig» und auch nicht zu «gemütvoll», sondern zu *besoffen.*

Und so war Freuds Nüchternheit in jener Situation besonders gerechtfertigt: Nüchtern fährt man sicherer.

19.8.91

A'YIN HARA' – Das Böse Auge

Zusammengekauert sitzt sie da, und mit abgekehrtem Gesicht. Klein schon von Wuchs, scheint sie darauf aus, noch kleiner zu werden, als wolle sie gänzlich aus dem Blick verschwinden. Niemanden ansehend trachtet sie zugleich, von niemandem angesehn zu werden, sich also unsichtbar zu machen. Sie sei, deutet sie an, vom Bösen Auge befallen, von A'YIN HARA', auch Böser Blick geheissen. Unklar bleibt bei ihren Äusserungen, was sie mit diesem Wort bedeuten will: ob jemandes anderen Böses Auge sie getroffen habe und nun in sie eingegangen sei als ein Incubus, oder ob sie zu sagen wünscht, dass ihr eigenes Auge Böses ausstrahlt, wenn sie mit ihrem Blick die Menschen um sie berührt: mich, Sie, die wir eben vor ihr stehn und vergebens trachten, von ihr einen Blick zu bekommen oder ihr den unseren zu geben.

Archaisches Relikt, ethnologisch sehr interessant – bemerkt ein Gast aus Nordamerika, der nebenan steht. Vielleicht neigen Sie, Leserin und Leser, dazu, dem Besucher beizustimmen.

Mag sein, das ist es: ein Restzustand also von Darwins Gnaden, ein Atavismus – etwas somit, das wir alle irgendwann in unserer Stammesgeschichte gekannt haben und das uns abhanden gekommen ist auf dem Weg zu unserer prächtigen Vollkommenheit. Sein könnte jedoch auch, dass das nämliche Erlebnis bei uns weiterwebt, bei uns sinnesgewissen Positivisten, dieses Phänomen des Bösen Blickes, und dass wir nur den Namen preisgegeben haben, mit ihm die Unbefangenheit, etwas genau zu benennen, was in uns noch wirksam bleibt, nicht anders als bei der alten jemenitischen Jüdin im Stuhl neben mir. Vielleicht sogar *noch* wirksamer als bei ihr – wirksamer, weil nicht eingestanden, dieses von uns nicht Benannte, in der uns eigenen Sprache nicht Benennbare: die Kraft des Blickens, der Beschreibung entzogen, mit den uns geläufigen Untersuchungsmethoden nicht nachzuweisen und durch die Forderung, es zu definieren, vordergründig in seiner Realität bezweifelt, hintergründig jedoch um so bedeutsamer: dieser Effekt des Sehens und Gesehenwerdens – und doch selber nicht zu sehen. Etwas mithin, das es nicht «gibt» und wofür dennoch unzählige Stämme, Kulturen und

Zeiten einen Namen haben, den immer selben und sehr genauen Namen, nicht stehend für etwas, woran geglaubt – oder auch nicht geglaubt – werden könnte, sondern für ein gelebtes Erlebnis, so gewiss und umfassend, und ebenso unfassbar jedoch im selben Sinne, wie etwa Liebe oder Hass, auch diese gelebt aber nicht zu sehen und nicht zu fassen, unser Leben bestimmen.

*

Davon kann man nicht reden: von dem, wie es zugeht – und worin bedingt ist, und wie zu erläutern –, dass das Auge ein anderes Auge anstrahlt, um es zu sehen, und dass es – strahlend – zugleich nicht gesehen werden kann, weil es blendet, also blindmacht. Nur, man *braucht* auch davon nicht zu reden, könnte stattdessen nach oben verweisen: dorthin, wo eben das umfassend grosse Auge, Sonne geheissen, mit der nämlichen Wirkung auf uns herabschaut und -scheint. Von wo es so blendend strahlt, dass man seinen Blick nicht dahin richten kann.

Der Zeigefinger, weisend in Richtung Sonne, hätte dann zugleich auch schon das gekniffene Auge dorthin geführt, wo A'yin haRa' seine Vorstellung, nicht seinen Beweis, aber, vor aller Beweisbarkeit kommend und diese bis zum Grade des Lächerlichen überflüssig, ja sinnlos machend, seinen lebendigen Beleg findet. Und nicht nur den Beleg, auch den Namen: bei RA' oder RE', ausführlicher ATON-RA', unter welchem Namen die scheinende Scheibe in der Höhe nach dem Worte der Alten Ägypter bezeichnet und durch Pharao Amenophis IV., den Echnaton, mit den Würden des Weltenherrschers angerufen worden ist. Und abgebildet, wie es die Wirkung sinngenau fordert: als die grosse, scharf leuchtende Kreisscheibe mit darunter dem Auge des Jagdfalken, dem lauernden, dem keine Beute entgeht, wenn er sie sich angeleuchtet hat. Ra' steht hier für «Sonne», es heisst nicht «böse»[1].*

Dem Echnaton und seinen Gläubigen war die Sonne auch

* Auf Hebräisch bedeutet RA' böse. Deshalb übersetzt man AYIN HA-RA' als das Böse Auge, was allerdings grammatikalisch unrichtig ist. Zutreffend müsste das weibliche Hauptwort AYIN ein weibliches Eigenschaftswort HARA'*AH* nach sich ziehen. AYIN HARA' könnte sinngemäss nur noch «Auge des Bösen» heissen. Die schwierige Wendung zeigt, dass RA' eine tiefer reichende und dichtere Bedeutung aufweist, als gemeinhin angenommen wird.

nicht böse, vielmehr die allbelebende, gütige Herrscherin. Aber eine Kraft *wird* ja erst dann beängstigend böse, bedrohend nämlich, wenn man sich ihrer Allmacht zu entziehen trachtet – oder diese negiert, obgleich man sie ahnt. Und die Ahnung von solch einer Macht des leuchtenden Blickes mit seiner Durchdringungskraft blieb weiter bestehen, nachdem der Pharaonenprinz Moses die Herrschaft eines göttlichen Wesens – JEHOWAH (das All-Sein), unter diesem Namen nur vorgestellt, niemals laut benannt – deklariert hatte, welches, als Herr über Gut und Böse, respektvoll ADONAJ (mein Vielherr) gerufen, für den Stamm der Hebräer alles andere, so auch den Sonnengott Aton-Ra' in seine weltumfassende Botmässigkeit bekommen hatte. Dann ergab es sich, dass Ra', die Sonne, weiter schien, gleich wie zuvor, schmeichelnd und drohend, alles sehend und sichtbar machend, auch wenn ihr durch Jehowahs Propheten alle göttliche Macht abgesprochen war. – Die Ahnung ihrer Allgewalt hat, einher mit deren Negation, aus RA', der Sonne, für die Getreuen des Moses und des von ihm inthronisierten All- und Übergottes, nun RA', das Böse, werden lassen.

Von alledem, namentlich von der Namensherkunft dessen, was durch sie jetzt so bedrohlich erlebt wird, braucht die alte Frau in meinem Sprechzimmer nichts zu wissen. Auch ohne dass sie sich auf die Sonne bezieht, hat sie Begegnungen und Erlebnisse, welche die gleiche Wirkung wie RA' erzeugen. Repräsentiert vielleicht in dem jungen Arzt, der sie eben untersucht hat mit, als Zeichen seiner Würde, längst nicht mehr der Natter des Asklepios um einen imaginierten Stab gewunden, sondern einem alles durchdringenden dritten Auge über der Stirn, dem Spiegelreflektor, der dem Falkenauge des Arztes das Dunkle, das geheim Verborgene, scham- und respektlos ausleuchtet: durch ein Auge, das zugleich sieht und sichtbar macht, wesensentsprechend im selben Vorgang, getreu dem Modell der sehenden Sonne.

Aber nicht nur der Sonne – und nicht nur meiner Patientin. Jetzt könnte ich meinen Gast aus Amerika, den Herrn, der diesem seltsam archaischen Relikt aus dem fremden Orient, wie es da vor ihm kauert, einiges Interesse schenkt, auf die letzte Begegnung hin ansprechen, die er selber mit A'yin haRa' gehabt hat –

auch wenn ihm dabei nicht der Gedanke an den Bösen Blick gekommen sein dürfte. Und das wäre vergangene Nacht gewesen, als er in der Tiefschwärze einer orientalischen Nacht mit dem Auto seinen Weg über die Serpentinen gesucht hat, die ihn achthundert Meter bergab von Jerusalem in die feuchte Ebene von Tel-Aviv zu leiten hatten. A'yin haRa': Er schaltet, um sich die Nacht zu erhellen, damit sie ihm den Weg in die Tiefe weisen, die Scheinwerfer an. Sichtbare Lichtstrahlen sendet er aus, um dieselben sichtbaren Strahlen wiederzubekommen, vom Objekt draussen zurückgeworfen in sein Auge und einzig zu dessen Information. Das Aufblenden leitet also einen durchaus solipsistischen Akt ein. Für den einsamen Autofahrer gibt es in diesem Moment nichts und niemanden als ihn selbst auf der Strasse – ihn und was ihm jetzt eben schicksalhaft zugehört: seinen Weg, sein Ziel, und was dazu dient, dass er mit Sicherheit über den Weg ans Ziel gelangt.

Aber unvermittelt, völlig ohne sein Zutun, erweist sich: Es gibt ihn doch auch für jemand anderen. Dieser andere taucht eben auf, weit unten vorerst, noch in der Ferne, zwei oder mehr Kilometer weg. Und dass es ihn gibt, meinen Gast aus Amerika am Steuer seines Wagens, für den anderen drunten, zeigt dieser sogleich an, und tut es mit der automatischen Zwangsläufigkeit eines Reflexes, der Willkür also entzogen. Kaum nämlich hat der Fahrer droben aufgeblendet, schon blendet der andere zurück. Ganz offenbar hat das Einschalten der Scheinwerfer oben für denjenigen, der drunten das Licht wahrgenommen hat, eine andere, nämlich nicht erschliessende sondern mitteilende Bedeutung angenommen; nicht im Sinn von Hinweis darauf, dass da jemand sich zum einzigen Besten seiner eigenen Sicherheit und zu keinem Zweck sonst die Fahrbahn erleuchtet hat, sondern als eine Anrede an ihn, den anderen Fahrer. Die Wahrnehmungshilfe findet sich verwandelt in eine Mitteilung: in einen Gruss mitten in der Nacht. Ob in einen Gruss aus guter oder böser Intention, ob mit freundlichem oder hässlichem Text, das ist nicht bekannt, wird es wohl auch nicht werden. Die Form der Antwort ist, gleich ob gut oder böse intentioniert, unter beiden Bedingungen von derselben Art; jedesmal nämlich so, dass *auf* Blenden hin *mit* Blenden reagiert wird. Mag sein, das reflektorische Hochblenden durch den Fahrer drunten auf der Gegenfahrbahn hatte zu sagen: Hallo Freund auf gemeinsamem Weg, dein Leuchten war mir ein Gruss in der Einsamkeit; danke, und komm gut heim. – Leider ist kaum anzunehmen, dass die Intention von solcher Art war – Autofahrer sind keine guten Menschen, sie sind, solang sie hinter dem Steuer sitzen, überhaupt keine Menschen, es ist jeder eine für jeden anderen auf der Landstrasse, namentlich nachts, ein unwillkommener und gefährlicher Störefried. Weshalb anzunehmen sein dürfte, dass der Akt des responsiven Aufblendens ehestens in Worte wie diese angemessen zu übersetzen ist: Ekel du, schon deine Anwesenheit allein stört mich, und zu alledem blendest du mich auch noch – mach, dass du vorüber kommst.

Und weg sind sie beide, inzwischen schon mehrere Kilometer voneinander entfernt. Es gibt sie längst nicht mehr, weder für- noch gegeneinander. Einzig wir bleiben noch bei ihnen und können so rasch nicht einhalten, bei dem zu verweilen und uns über das zu wundern, was eben geschehen ist: dass Sehen und Sichtbar*machen* zugleich ein Sichtbar*werden* einschliesst; dass das eine das andere in sich trägt, untrennbar eins vom andern, weil wesensgleich: Sehen und Gesehenwerden. Und dass alle diese Funktionen sich am selben Ort plaziert finden – und dass sie im selben Zeitpunkt zur Wirkung kommen (bei Erich Kästner heisst es, sinngemäss entsprechend: Wer nicht sieht, ist unsichtbar). Gutes Auge – Böses Auge: Was es auch sei, jedenfalls haben wir eben das Motiv von ATON-RA', dem leuchtenden und zugleich schauenden Sonnengott, wiedergefunden. Allerdings nicht auf einer altägyptischen Stele, auch nicht durch die vermummten Worte einer alten Jemenitin, sondern dort, von wo es am wenigsten zu erwarten war: in der kalten Welt der Technik, welche sich zwei nächtliche Autofahrer zu Dienern gemacht hat. –

Strahlen des Sehens und Strahlen des Leuchtens: Wär nicht das Auge sonnenhaft,/Die Sonne könnt es nie erblicken – was die pantheistische Weltschau des Spinozisten in ein kräftiges Bild fasst, findet unvermittelt seine Bestätigung in vielfacher und unerwarteter Weise, und um so eindrücklicher, als es sich durch Begegnungen des Alltags reduktiv und in äusserster Banalität auf nächtlicher Landstrasse aufdrängt.

Aber das ist nicht das Ganze, womit das Auge, das Sehen, in seiner überraschend vielschichtigen Durchdringung, uns konfrontiert. Eine andere Merkwürdigkeit des Sehens – sie lässt sich ebenso unvermittelt einfach und verblüffend wirklich nachweisen, hier und eben jetzt. Nur, diesmal sind Sie selbst es, Sie, geschätzte Leserin und geschätzter Leser, die die Sache angeht – und sogleich: *Schaun Sie die Uhr an,* tun Sie es aber womöglich in Gesellschaft einer anderen Person. Jawohl, ihre Uhr wollen Sie bitte anschaun, am linken Handgelenk; jetzt sofort. – Halt, schon falsch: Sie haben nicht die Uhr *an*geschaut, Sie haben *auf* die Uhr geschaut: *die* Zeit haben Sie erschlossen, indem Sie *das* Zeit* in den Blick genommen haben.

Mag sein, dass es Ihnen beim zweiten Anlauf doch noch gelingt, die Uhr zu betrachten, statt dass Sie aus ihr die Stunde erschliessen. Aber wenn Sie es in Gegenwart von Gästen tun, nützt es Ihnen nichts; Sie werden nicht vermeiden können, dass diese zu Ihnen bemerken: Du scheinst dich ja hübsch zu langweilen in unserer Gesellschaft, aber auch dann brauchst du's ja nicht so aufdringlich zu zeigen – wir gehn ja schon, adieu ... – Es hilft dann nichts, wenn Sie beteuern: Ich habe doch gar nicht auf die Uhr geschaut, ich habe einfach das Schmuckstück am Handgelenk betrachtet, die Armbanduhr, die ich vorgestern geschenkt bekommen habe. Seht doch, wie schön sie ist. – Nein, das zählt nicht und macht Sie für Ihre Umgebung nicht glaubhafter. Der Anzeigewert des Bildes überdeckt dessen Schauwert – und tut es nicht nur, wenn das Bild ein Zifferblatt darstellt, welches zwei rotierende Zeiger einrahmt. Die in ihrer Stereotypie abstumpfende Frage: Was hat das zu bedeuten? – welche mit einfältiger Dreistigkeit jede Sinn-Erschliessung abwürgt –, belegt ihre Dominanz an wenig Orten vergleichbar leer und zudringlich. Eine Uhr kann, da nimmt das Fragen nach der Bedeutung jeden Zweifel hinweg, nicht sie selber bedeuten, sie darf das nicht, sie muss Zeit bedeuten (aber was bedeutet Zeit? – wird der Bedeutungs-Frager ohne Einhalt weiter fragen). Die Uhr, weil sie stumm ist, jedoch bedrängt in ihrer Stummheit, wird befragt und wird so zum Reden gebracht. Ihr Reden ist das Anzeigen der Zeit – hat es zu sein – und niemals die Darstellung ihrer selbst. Es kann sich der *An*blick nicht durchsetzen hinter dem geschauten Blick. *Ge*zeigtes beansprucht für sich, dass es als *An*zeige gelesen werde.

* So – das Zeit – nennen manche schweizerischen Dialekte die Uhr.

Und wie die Uhr, so das Auge: Es schaut an, aber anschauen lässt es sich nicht; dem Blick entzieht es sich gleich der Uhr, wenn diese die Zeit hat lesen lassen. –

*

Nun hat einiges sich angesammelt zum Thema Sehen und Gesehenwerden. Aber noch lässt das alles seine Verwandtschaft mit A'yin haRa' – dem Sonnen-Auge, welches durch Lautübertragung und Sinnverschiebung, durch Pejoration des Namens besonders, in ein Böses Auge verwandelt worden ist – erst ahnen, noch nicht nachweisen. Dass das Ersichtliche, aber durch Worte nicht zu Fassende, das nur zu Ahnende als das Böse berufen, ja mit diesem gleichgesetzt werden soll –, das ist bisher erst als linguistische Kuriosität wahrzunehmen gewesen. Vielleicht, dass es mehr sein könnte. Wir wollen sehen, also das Sehen genauer besehen.

Sehen ist, so hat sich zunächst feststellen lassen, Nehmen und Geben zugleich, es ist Fordern und Vermitteln in einem; es trägt sich zu am selben Ort und, vor allem, zur gleichen Zeit. Darin, im Synchronismus seiner Vollzüge wie in deren identischer Lokalisierung, unterscheidet das Sehen sich vom Vorgang des Hörens und Redens gleichwie von den Funktionen des Geruchs. Einzig im Bereich von Tasten (Haptik) und Greifen (Taktilität) bieten sich vergleichbare Bedingungen an. Von daher kommt es, dass die beiden Orte, an denen eine solche in eins zusammengenommene Doppelwirkung zum Spielen kommt – das Augen- und das Händepaar –, eine derart intensive Ausdrucksfunktion zugedacht erhalten; von daher denn auch, dass sie beide vielfältig den Wert von Symbolträgern angenommen haben[2].

Dieser einfache, sich selber nachweisende Sachverhalt des Sehens, die Intensität also seines Wirkens durch Zusammenbringen all seiner Kräfte, der zentrifugalen wie der zentripetalen, am selben Orte und zur selben Zeit, beides wird selten bedacht. Und namentlich die zwei Berufsgruppen, in denen sich die Seh-Kundigen vereinigt finden, kennen jede nur eine von den zwei Funktionen des Auges: Der Augenarzt befasst sich einzig mit der wahrnehmenden Qualität des Sehens, alles andere kommt ihm spekulativ, daher unwissenschaftlich, ernsthafter Auseinandersetzung mithin nicht würdig vor. Dem bildenden Künstler dagegen tritt nur die sprechende Natur des Auges unter seine so intensiv wahrnehmenden Augen. Freilich, als ahnte er, das kann nicht das Ganze sein, was sein Auge leistet, dieses Anreden des Bildbetrachters, bleibt ihm dieses doch immer unvertraut, und um so mehr, je eindringlicher er sich mit ihm konfrontiert findet. Der Drang zum Anfertigen von Selbstbildnissen, als obsessive Nötigung zur Erfassung und Wiedergabe des immer selben und doch ständig sich Wandelnden, niemals in den Blick, in den Griff zu Bekommenden wird wohl damit am treffendsten erklärt, dass das wahrnehmende Auge nicht zufriedenstellend mit der Aufgabe zurechtkommt, sich selber, dem wahrnehmenden Auge, das sprechende Auge sichtbar zu machen. Der Anreiz, der darin gegeben ist, dass die bildhafte Darstellung des eigenen Augenpaars ihren Bildner ständig zwischen Entfremdung und Attraktion hin- und zurückgeworfen bleiben lässt, bringt mit sich eine orgiastische Erfahrung, viel rauschhafter erlebt als jedwelcher andere orgiastische oder orgastische Akt. Dies namentlich bei dem narzisstischen – auf den Eigen-Anblick als das Eigenerlebnis fixierten – Naturell, in welchem die Bedingung zur künstlerischen Kreativität liegt. – Die Blendung durch den Blick: Das macht die Faszination des Auges. Und Blendung, zuerst Anziehung, dann Festhaltung, die zugleich zur Abwendung nötigt – dies ist das Spiel der Blick-Begegnung. Wenn aber das geblendete Auge sich am blendenden festhielte, so würde es vollends geblendet, das heisst: blindgemacht. Dies zu vermeiden, muss es sich nach der Dauer eines Augenblicks vom Augen-Blick abwenden, den nur das Bildnis bewahrt.

*

Schrittweis nähern wir uns einer Ahnung von dem, was es mit dem Motiv von A'yin haRa', dem blendenden, alles anstrahlenden und ausleuchtenden Auge, welches ein böses genannt wird, auf sich haben könnte. Damit die Sache deutlicher fassbar werde, seien nun für die beiden einzelnen Qualitäten des Sehens in ihrer noch immer verwirrend zusammenwirkenden Doppelfunktion zwei Namen vorgelegt, welche es erleichtern sollen, die beiden genauer gegeneinander zu halten und je einzel zu beschreiben – zwei Namen übrigens, die in der verblüffenden Alltäglichkeit ihres Klanges belegen, dass die übliche Sprache die beiden

Qualitäten des Sehens genau kennt und seit je treffend benannt hat. Dies ergibt sich von selbst, wenn, geläufiger Terminologie gemäss, die auf- oder wahrnehmende Funktion des Auges als *Schauen* bezeichnet, die «sprechende» oder redende, also emissive Wirkung des Sehens *Blicken* genannt wird.

Die Vorstellung ahnt schon etwas von dem, was die Sprache durch diese beiden Begriffe genau festlegt, und der Vergegenwärtigung ergibt es sich von selber, wie sie sich das schauende Auge und wie das blickende abbildet. Gleich Linse und Diaphragma einer Photokamera, so stellt sich das schauende Auge dar: starr aufs Objekt ausgerichtet mit der Neugier und Rücksichtslosigkeit, die vom Apparat auf denjenigen überspringt, der ihn bedient. Die Lidspalte des Aufnehmenden ist gekniffen, das Auge in seine Höhle zurückgenommen, gerade ausgerichtet und mit enger Pupillenöffnung, worin sich das Dunkle im Auge gut verbirgt.

Diese Art von Sehen, rein aufs Perzipieren ausgerichtetem Schauen, welches besorgt ist, dass es über sich selber nichts aussagt und nichts von sich preisgibt, sondern nur das von aussen Kommende einsaugt, hat übrigens in der Sprache der Deutschen einen Namen gefunden, welcher sich, gelassen angehört, nur minim von der Bezeichnung «Böser Blick» unterscheidet; man spricht nämlich dem in Lid und Pupille gekniffenen Auge die Wirkung des *stechenden Blickes* zu.

Anders das sagende, das aussendende, anredende, also blickende Auge, welches nach vorn gerichtet ist und die Pupille weit öffnet. So weit, dass das Auge in der Rundung seines Schwarz etwas von dem Wesen des redenden Auges ahnen lässt. Dieser geöffnete Blick äussert Leidenschaft, auch Leiden, jedoch vor allem Mit-Leiden, also Empathie und Sympathie. Es ist das Pathos dieses Blickes, das der Künstler sucht, im Portrait, vor allem jedoch in sein Selbstbildnis hinein, damit er es dann aus diesem herausholen kann. Zum Gebrauche vertraut ist dieses Motiv auch den Frauen der Renaissance gewesen, und sie wussten, wie es sich gefügig zu machen: Wenn sie Wärme in ihren Blick zu bringen gedachten, so haben sie der Physiognomie der Anrede dadurch nachgeholfen, dass sie sich Tollkirschensaft ins Auge gaben: Atropa, durch den bezeichnenden Zusatznamen Bella Donna, schöne Frau, ergänzt. Das Auge beansprucht für sich, dass ihm Schönheit mit Güte gleichsinnig sei. Schön aber, und somit gut, wird das Auge in der Leidenschaft, und diese kommt durch die ansprechende Attitüde des weit offenen Blickes zum Sprechen.

Schönheit, d. i. die Güte des Auges, bestätigt sich darin, dass jedes Wesen, das vom Blick angeredet ist, sich selber an dem Ort wiederfindet, von dem sein Blick herkommt. Dieser Vorgang bleibt jedoch nicht vagem Ahnen überlassen, vielmehr zeigt er sich, getreu den Forderungen der Ausdruckssprache, deren Gesetzlichkeit darin gegeben ist, dass sie ihre Botschaften stets sogleich verbindlich konkretisiert, eindeutig und also figürlich genau nachweisbar. Dies derart, dass jedes Wesen, wenn es aus dem weiten Augenschwarz angeblickt wird, ungleich dem von schroffer Kameralinse Abgestossenen, sich daselbst wiederfindet, von wo es sich blickend angeredet weiss. Nicht versinkt es im Abgrund der Schwärze, sondern entdeckt sich selber in dieser: in seinem eigenen Spiegelbild tief inmitten des Auges. Pupille heisst dieser Ort und nimmt also seinen Namen von *PUPILLA* (dem Püppchen, dem kleinen Mädchen) her; anderswo nennt man den Ort *TALION* oder *KORE* (Griechisch für Kind), auch *ISCHON* (das Menschlein auf Hebräisch), und allemal bezeichnet der Name dasselbe. Und es wird auch von der Grossmutter so, als ihr Augenstern, angerufen: jenes Menschlein tief drin im Schwarzen ihres Auges – das Äffchen – jedesmal, wenn es sich, auf ihren Knien schaukelnd, zur eigenen Überraschung und zu seinem stets erneuerten Entzücken im Augenloch der Alten wiederfindet: sich selbst, das «Augenkindlein» (Wieland).

Das eröffnete, blickende Auge behält nicht das Angeblickte bei sich, sondern es gibt diesem, als sein Spiegelbild, sich selbst zurück: Es ist ein *Gutes Auge.*

Dieser Blick aus dem Auge der Vorfahren, aus dem es sich wiederfindet, bewirkt, dass pupilla, das Kind, zu sich selber kommt. Zu sich als das id ens, durch eine Ein-Sicht, lautend: Das, was ich da drinnen, in der Grossmutter entdeckt habe, das bin ich – *ich selber,* pupilla, das Kind. In seiner Schamlosigkeit – man nennt sie Unschuld – erwirkt das Kind sich Selbstbewusstsein aus Selbstbestätigung im Guten Blick der Alten. Und darin findet es seine Scham; an dieser – nochmals – Schamlosigkeit, die ihm die Bestätigung aufkommen lässt, welche lautet: Solang ich mich ansehen darf, ebenso lang, wie die Grossmutter mir ihr Auge leiht, bestehe ich vor ihr, und das heisst zugleich: vor mir. – Wehe, dieses anredende Wiederfinden wird dem Kind versagt! – Bleibt es ihm aus, so wird sich die schlimme Voraussage des Teiresias an ihm bestätigen, dass es genau so lange zu leben habe, als bis es sich selber kennt. Womit der blinde Seher das Schicksal angezeigt hat, das sich an Narkissos, dem schönen Sohn der Flussnymphe Leiriope, bis in die Verzehrung erfüllte.

Narkissos hat die Begegnung mit dem Guten Auge entbehrt. Nun muss er sie – Schicksal der Scham – bis an sein Ende suchen und wird sie niemals finden. –

So ein anredendes Auge lässt es nie dazu kommen, dass man es betrachtet; nur auf seine Anrede hin ist es wahrzunehmen. Es sagt nur, was es anzeigt, nicht was es darzustellen hat – es *hat* nichts darzustellen! – und so verhält es sich, wie die Uhr sich verhält. Wie die Zeit.

Das auf Schauen hin ausgerichtete Auge dagegen stellt ein *heraus*schauendes und -holendes Auge dar: das Böse Auge. Und was es darstellt, und was es bedeutet, das *ist* es auch.

*

Nun dürfte es zusehends eindeutiger, verbindlicher vor allem werden: Das Auge, wenn es den anderen beobachtet, ihn prüft, erforscht, und dabei sich selber zurückzieht so, dass es selber, dieses Auge, nicht geprüft werden kann, nimmt die Qualität des Bösen Auges an. – Ein Auge dagegen, welches entgegen redet und damit dem Angeredeten die Freiheit gewährt, dass er zu sich selber kommt, dieses Auge macht es möglich, dass der Andere (l'Autre) sich im Auge des Anredenden wiederfindet. Ein solches Auge verdient es, ein Gutes Auge genannt zu werden.

> So hat uns der Blick auf die Spur unseres Für-Andere-Seins geführt und hat uns die unbezweifelbare Existenz dieser Anderen, für die wir sind, enthüllt (Sartre)[3].

Bös ist mithin das Auge insofern, als es irritiert und die von ihm Getroffenen sich selber abhanden kommen macht, und gut ist ein Auge zu nennen, wenn es Selbstfindung und -bestätigung ermöglicht, ja befördert.

So zeigt das Auge – paradigmatisch einmal mehr – an, was

sich am Menschenwesen durchwegs wiederfindet: Das Effektuierende effektuiert im Effektuierten denselben Effekt, den das Effektuierende effektuiert hat. Weniger skurril formuliert, hat dies zu besagen: Das Böse Auge – nun, es ist nicht zu klären, ob es denn *böse ist* oder ob es *böse macht.* Und entscheiden lässt es sich deshalb nicht, weil zweimal vom selben die Rede ist. *Böse sein ist böse machen.* Und gut sein ... – wenn doch bloss dieses Gesetz in seiner invertierten Form die nämliche Gültigkeit behielte, wenn man also mit demselben Mass an Gewissheit sagen könnte, es sei zweimal bis zur Identität dasselbe: gut sein und gut machen!

Wie auch: Das Böse Auge macht nicht nur, es sieht alles schon böse. Und tut es, indem es *an*schaut. Darin aber, in der Furcht vor dem Ausgeliefertsein ans Angesehenwerden und an die Macht, die von ihm ausgeht, begründet sich die Phobie vor dem Bösen Blick und entwickeln sich sinngemäss alle Ritualien zu dessen Abweisung: die Verbergungsprozesse, die Bilddarstellungen, Amulette und Murmelsprüche und was sonst sich anträgt, um mit dem Blick zusammen dem Bösen seine bedrängende Allmacht zu nehmen. –

Die soeben dargestellte Doppelfunktion des Sehens – Schauen und Blicken – hat nun allerdings nicht darauf gewartet, dass sie hier genau benannt und beschrieben werde. Sie ist seit je Sache der Erfahrung gewesen – und mitnichten nur der Gewissheit einer alten Jüdin aus Jemen. Vielmehr auch in Ihrer, der Leserin, des Lesers Welt, also dem kühlen zwinglianisch-freisinnigen Zürich, fern somit – wie Sie vermuten – solch mystisch-archaischen Vorstellungen, wie sie im Stuhl neben mir formuliert werden. Und nicht, dass sie nur in Ihrer Erfahrung vorkämen, sie sind sogar demonstrierbar, durch Methoden erst noch, welche den abendländisch-positivistischen Anspruch auf exakte Forschung durchaus zufriedenstellen: durch das Mittel der Separation nämlich, der sauberen Abtrennung und, daraus sich ergebend, der je einzelnen Betrachtung jener zwei Anteile des Sehens, welche üblicherweise nur in eins zusammengebacken sichtbar werden. Man kann also, um es nochmals und ganz genau zu sagen, die beiden Aufgaben und Befähigungen des Sehens, das Schauen und Blicken, voneinander getrennt untersuchen, und es sind, um beide sichtbar zu machen, keineswegs sonderlich ingeniöse Experimente vonnöten; vielmehr braucht es, damit das gezeigt werden kann, nicht mehr als dies, dass man dem Auge und seinen Verrichtungen ein wenig mehr als das geläufig sorglose Ausmass an Aufmerksamkeit gibt.

Und dann sogleich dies erfährt: dass sich Situationen konstellieren lassen, in denen das Auge lediglich aufs Schauen eingestellt ist, andere jedoch, welche einzig das Blicken aufkommen lassen. Schauend kommt zum Beispiel – und vor allem – zusammen mit dem Gerät, das es bedient, das Auge dessen daher, der sich zum Herrn des ihm verfügbaren Apparates macht. Der Photograph also. Starr richtet er sein Auge auf das ausgewählte Ziel, welches, damit das Freiheitsgefälle zwischen dem Aufnehmenden und seinem angepeilten Opfer, dem Motiv, zureichend deutlich werde, auch noch Objekt genannt wird, und tut es vermittels des Objektivs.

Dieses Objektiv trägt seine Bestimmung wie seinen Namen, und diesen mit jener zusammen, in sich mit: es zeigt sich nicht, es blickt nicht, es redet nicht an, es versagt seinem Objekt, dass es sich in der Linse spiegeln, sich darin wiederfinden kann – es schaut nur. Es saugt seinen Gegenstand ein und tut es, Gipfel der Bedrängnis und zureichender Anlass, Argwohn zu erwecken, zumeist, ohne dass das Objekt merkt, ob und wann es in den Fokus gebracht worden ist, und in welcher Verfassung. So gibt die Mitteilung doch manches zu denken, die besagt, dass die Angehörigen von Stämmen und Kulturen, welche die Erfahrung von A'yin haRa' noch nicht preisgegeben haben, etwas von ihr ahnen: von der Ungleichheit, die in der Situation des Angestarrtwerdens durch eine glotzende Linse notwendig gegeben ist. Aus dieser Ahnung heraus entziehen sie sich dem bedrängenden Angestrahlt- und Durchleuchtetwerden durch die Kamera und das Auge, welches dahinter droht. Wenn Schweizer Touristen auf Kreuzfahrten, für zwei Stunden bei den Minderentwickelten abgestiegen, amüsiert über so viel Scham, ihre Beute einbringen, so horten sie in ihren schwarzen Kisten stets einige Schnappschüsse von Eingeborenen, wie sie aus dem Zugriffsbereich der Linse zu fliehen versuchen oder, wenn ihnen dies nicht mehr gelingt, doch noch rasch ihr Gewand über den Kopf werfen: damit sie nicht ihr Gesicht verlieren und ihre Scham nicht preisgeben. Dem Gast aus kühleren Regionen ist, namentlich seit er durch den täglichen Umgang mit den Motiven der Television total abgestumpft und längst gewohnt ist, als Würze zum Abendbrot alles – aber doch restlos alles, was sich photographieren lässt: das resignierende Elend gleich neben der geilen Exhibition – einem appetisierten Auge dargeboten zu bekommen, der Sinn für die enge Beziehung zwischen Blick und Scham aus dem Bereich des Vorzustellenden gewichen. Freud[4] allerdings hat sie noch gekannt und beschrieben, Sartre[5] ebenfalls. Allerdings, ganz entgegen den Kommentaren, mit welchen er die Photos von den verhüllten Gesichtern seiner lästerlich überraschten und beschämten Objekte begleitet, ahnt doch auch der schamlose Knipser noch etwas von den Regungen, denselben Tabus, welche ihm an den Opfern seiner zudringlichen Linse so amüsant archaisch vorkommen: dann nämlich, wenn er selber, der filmbewehrte Tourist, sich an den Badestrand begibt. Dann setzt er eine dunkle Brille auf. Nun, das geht doch nicht gegen die Lichtstrahlen, dieses grünbraune Glas, durch welches man sieht, aber nicht gesehen wird. Frühere Generationen aus Tagen, da Sonnengläser noch nicht gebräuchlich waren, sind auch nicht gleich blind geworden von so ein wenig Sonne. Aber: Das dunkle Glas zeigt an, dass ein Rest von Scham auch dem beobachtungsfreudigen Abendländer noch geblieben ist. Wenn dieser sein Auge auf die Frauen und Mädchen am Strand zu richten vorhat, dann deckt er seinen (bösen) Blick durch dunkle Gläser ab. So können die Nixen es noch versuchen, den geilen Blick, dem sie nicht zu entfliehen vermöchten, vom Ziel des schauenden Auges ab- und dorthin umzulenken, wo er weniger bedrängt: auf Blickfänge an der Stirn, am Hals oder Ohr, auch in der Mitte des Leibes, wo die Gürtelschnalle sitzt, vorzugsweise noch über Hand- oder Fussgelenken. Deshalb bieten alle diese Orte sich an, um durch Schmuckstücke mit Schauwert als Blickfänge ausgezeichnet zu werden, die bildhaft merkbar machen sollen, worin ihre Ab-Sicht – ihre sicht-ablenkende Intention – liegt: darin, das Schauen wegzuholen von dort, wo es sich schamlos festsetzen will, vom Auge, von der Brust, dem Genitale, und es an jenen Ort hinzuführen, an dem es sich verfängt. Das gelingt mittels eines Restes von Willkür seitens des Objektes, d. i. des zum Objekt gemachten Beobachtungsgegenstandes unten am Badestrand.

Das Auge, wenn es hinter dunklen Gläsern verborgen lauert:

Dieses Auge ist ein böses. Deshalb trachtet das Belauerte, die Strahlen, die von ihm ausgehen, abzulenken: sie um ihre bedrängende Wirkung zu bringen, und am europäischen Badestrand durch dieselben Vorgänge wie im fernen Morgenland. Beidemale hat der Träger einer solchen Wirkkraft die Qualität des *Jettatore*[6] angenommen: des Schleuderers von giftigen Lichtpfeilen, mit der stets gleichen Wirkung, nämlich das getroffene Wesen zu beschämen, d. i. es hilflos, lahm dem Träger solcher Blicke auszuliefern.

Und invers entsprechend gibt es für die abendländische Kultur und Gewohnheit ein genaues Korrelat dessen, was dem Morgenland als *Gutes Auge* geläufig ist. Sinngemäss zeigt dieses sich als ein Auge, welches – entgegen dem, wie das Auge des Photographen und des Sonnenbrillenträgers sich verhält – seine schauende Funktion aufgegeben, sich dafür auf die blickende Wirkung des Sehens zurückgezogen hat. Am schönsten und überzeugendsten wird diese Haltung von der Grossmutter vorgelebt, wenn sie im Kreise der Enkel Erinnerungen und Märchen berichtet. Wie um physiognomisch auch noch zu akzentuieren, dass sie weit davon entfernt und längst erhaben über die Neigung ist, das Aussehen oder Verhalten der Umsitzenden in ein scharf beobachtendes und streng kontrollierendes oder gar lüsternes Auge zu fassen, lässt Grossmama ihre Brille auf die Nasenspitze herabrutschen: dorthin, wo das Glas völlig nutzlos ist und nur noch mimisch unterstützt, was vom Verhalten bereits kundgegeben wird. Mögen doch die anderen alle aussehn, wie sie wollen, mögen sie tun, was ihnen beliebt – dergleichen bekümmert die gute Alte längst nicht mehr, darüber ist sie hinweg. Die Ihren hält sie um sich durch ihr Sagen und im Blicken; dem Schauen ist sie entrückt. – Auf der Nasenspitze die Brille: Die ist nicht fürs Sehen geschliffen, sie ist nur zum Anreden gemacht: damit das Gute Auge freier (an)reden kann.

Mittlerweile hat man die inhärent gütige Attitüde des vom Schauen befreiten Sehens, des Blickens, welches nur gibt und nichts fordert, auch schon für Reklame und politische Propaganda entdeckt. So ist es denn neuerdings Mode geworden, dass Leute, die an einem Präsidentenamt interessiert sind, sich über die Ränder ihrer Halbbrillen hinweg an ihr Auditorium zu wenden pflegen. Von diesem physiognomischen Effekt erhoffen sie sich – rechtens – die Aura von Weisheit, und niemand möchte gänzlich ausschliessen, dass aus solchem Blick etwas ins Wesen seines Vermittlers übergehn könnte: von diesem Ansatz zu jenem völlig dem Schauen entzogenen und in Gänze nur noch dem Blicken überlassenen Auge, das nähert sich schon dem Motiv vom Auge des Blinden an, jenem Bild also, welchem sich für die Mythen und Kulturen aller Stämme und Räume die Gewissheit von Sehertum, bewahrt aus inneren Gewissheiten, verbindet. –

*

Sollte an dieser Stelle noch immer jemand auf der Frage sitzen bleiben, ob man nun an den Bösen Blick glauben dürfe – gar müsse – oder ob dieser Böse Blick womöglich nicht Sache des Glaubens, vielmehr auch noch etwas von Realität sei, und, falls ja, mit welchen Mitteln nachzuweisen, oder ob man nicht doch bei alledem mit einem aufdringlichen Rest von rasch und gründlich auszumerzendem Aberglauben zu tun habe, so wäre ihm nicht mehr zu helfen. Und mir auch nicht. Dann wäre es ja nicht geglückt, das zu zeigen, worauf es hier vordringlich ankommt: dass nämlich *die Bedingungen des Sehens und Sichsehenlassens,* welche in manchen Räumen und Sprachen als *Böser Blick* bezeichnet werden, sich deuten lassen als *das leibliche Korrelat der Scham.* Als dessen genaue und ebenso umfassend eindeutige wie verbindlich bezeichnende Konkretion. Nicht lediglich als seine Allegorie, sondern als Vermittler von Kräften, die zur Wirkung kommen, falls man nur zulässt, dass sie es tun, und die dann wirken, ganz gleich, ob man einen Namen für sie reserviert oder nicht.

Wer nach dem Glauben an den Bösen Blick, oder nach dessen Realität, fragt, stellt mithin die Frage, ob es Scham gebe. Nun: *Diese* Frage – nicht nur, dass man sie nicht beantworten kann, sie ist nicht zu stellen. Dem Schamlosen gibt es keine Scham, und deshalb kann er an sie auch nicht glauben. Damit auch nicht an die Macht des Bösen Blicks. Und beweisen: Nein, beweisen kann man niemandem, der solchen Beweis fordert, dass zwischen den Blickpartnern etwas hin und zurück verkehrt, das unter dem Namen Scham geläufig ist.

Im Fragen nach der Realität der Scham, und das heisst: im Wissenwollen, ob man für Scham den verbindlicheren und genaueren Namen des Bösen Blicks einzusetzen habe, darin vollzieht sich – prozessimmanent – noch ein mehreres. Wer nämlich so der Scham nachfragt, beweist mittels dieser Frage, dass er seine Scham schon verloren oder preisgegeben, falls je zu eigen gehabt hat. Ein Erfragen des beschämend-beschämten Blickes verlangt, das ist Bedingung, die Abwesenheit von Scham, ja, mehr noch, deren Verleugnung. Dem Schamlosen fällt zur Scham nichts ein. Damit aber entziehen sich ihm Möglichkeit wie Voraussetzung, dem Bösen Blick und auch dem Guten Blick seinen Sinn zugänglich zu bewahren.

Wie genau einander Scham und Böser/Guter Blick entsprechen, das erweist sich aus Wendungen, die in allen Sprachen, auch derjenigen unseres Alltags, geläufig sind. So wenn es etwa heisst:

Wag' es nicht, mir nochmals unter die Augen zu kommen;

oder wenn von jemandem gesagt wird:

Er hat sein Gesicht verloren.

Aus solchen Äusserungen spricht, zweimal genau gesagt, die exakt verbindliche Wendung für den Ruf: «Schäm dich!» oder für den Hinweis, jemand sei dem Bösen Blick der Scham erlegen. Verbindlicher und genauer deshalb, weil es wissen lässt, was zu tun ist. Damit versperrt es jeder Ausflucht in die Unverbindlichkeiten der Abstraktion ihren Weg. «Scham» ist eine Abstraktion. Die Wahrheit aber ist konkret[7]. Und konkret ist auch der Blick, der gute wie der böse.

Und in solchem Sinne ist eine alte jemenitische Jüdin hier im Sprechzimmer anzuhören.

Darüber wird aber ein weiteres deutlich: dass die Scham sich als Thema dem Gespräch entzieht; und es deshalb tut, weil sie beides in eins fasst: Beschämt*haben* und Beschämt*sein.* Wer beschämt hat, schämt sich ebenso, wie in Scham geraten sein die Beschämenden beschämt.

Bessere Bedingungen zum Gespräch bieten sich deshalb an, wenn man bereit ist, die Scham als Motiv des Bösen Auges zu thematisieren. Dies kann gelingen, wenn man es fertig bringt, die Konfrontation der Blicke zu vermeiden.

Und dafür bieten sich Massnahmen an, wie sie denen geläufig

sind, die noch die Gewissheit mit sich tragen, die sie sagen lässt, was wir dem Ahnen verweigern: dass der Blick mehr weiss, als er sagt. Und dass er doch noch viel mehr zu sagen hat, als unserer Sprache gegeben ist.

Womit, durch diese Interpretation des Blickes, zugleich ein Beispiel für den Vorgang des Deutens geliefert ist. Auch für dessen Ansprüche und Fragwürdigkeiten.

Von der Macht des Blickes und den Tröstungen der Musik

Zusätzliche Bemerkungen zum Thema «Böser Blick», erläutert am Bilde der Schlangenbeschwörung

Glatt, kalt, nackt, stumm zischend oder klappernd, wie es sich räkelt oder ringelt, unbewegt und dann, den Eingebungen eines Paroxysmus folgend, der Spur seines enervierenden Züngelns nachschleicht, auf ein Ziel zu, das nur es selber kennt und mit einem Blick, der, in der Starre seiner Ausrichtung, beständig irritiert, ohne sich selber ablenken zu lassen: So hat dieses Wesen sich längs durch die Zeiten und quer durch alle Kulturen und Mythologien als Träger von Angst und Phobien etabliert. Verflucht, verachtet, gefürchtet und euphemisierend verehrt, jeder aufklärenden Erziehung spottend, bannt die Schlange Mensch wie Tier in unverändert anhaltender Faszination und ohnegleichen in der belebten Natur, als ein Bote aus deren unbelebten Tagen.

Selten tötet dieses Tier; dennoch bedroht es machtvoll und nachhaltig. Angesichts dieser merkwürdigen Diskrepanz muss ihm doch eine Kraft von besonderer Art zukommen: irgend etwas, dem bisher weder Mytho- noch Psychologie sinngerecht zu begegnen, geschweige zu entsprechen vermocht haben. Was alles um diese Diskrepanz zwischen faktischer und phobierter Wirkung bisher so drumherum geredet worden ist, hört sich insgesamt eher nach wortreicher Beschwichtigung an; wie ein Versuch, ungewohnt Bedrängendes der Routine ein- und unterzuordnen, um so der Konfrontation mit einer Wirkung zu begegnen, welche nur als Antwort auf eine stumme, jedoch unvergleichlich fesselnde Anrede, auf das Aushalten eines bannenden Blicks gelingen kann. Weshalb auch diejenigen, die sich mit Hinweisen auf anderswo Geläufiges als kundige Deuter der Schlange, ihres Wesens und ihrer Wirkung vorzustellen belieben, der Bedrohung, die von ihr ausgeht, weder zu begegnen, noch sie zu verringern, noch (was dasselbe wäre) mit Sinn zu erfüllen vermöchten.

Dies zu leisten, ist einem anderen vorbehalten geblieben. Und einzig dieser hat bisher auch zwingend belegen können, dass Menschenkraft oder -geist imstande ist, die unfassbar, unbenennbar unbegreifliche Macht des Schlangenblicks, sowie die Drohung ihrer Schlangenstummheit zu bannen, ihr standzuhalten und sie aus eigener Kraft sich botmässig zu machen. Der das vermag, ist der *Schlangenbeschwörer,* auch *Schlangenbändiger* genannt.

Allerdings, was dieser Zaubermann kann, das kommt dann seinerseits so geheimnisvoll – kaum weniger unheimlich als das von ihm bewältigte Tier – daher, es scheint sosehr aus Sinnen und Kräften zu stammen, die der Schlange eher als dem Menschen zugehören, dass die Befangenheit, ja Angst, welche ansonsten an das kriechende Tier gebunden bleibt, von dessen Dompteur keineswegs hinweggenommen, sondern lediglich auf diesen übertragen wird. Was zuvor an benommenmachenden Effekten von dem Tier ausgegangen oder auf dieses projiziert worden ist, das findet sich mit dessen Auftritt gebunden an die Gestalt des Priesters, der da, vor der Schlange kauernd, sich diese nach eigener Macht und, so sieht es aus, freier Laune unterwirft.

Was der Schlangenbeschwörer tut – nicht weshalb oder wozu er es tut, aber was –, das lässt sich nun genau beschreiben; zum Ersatz gewissermassen einer Schilderung dessen, was die Schlange über den Menschen vermag. Weil *diese* Kraft, die Gewalt also, mit der die Schlange den Menschen bändigt, sich nicht in Worten darstellen lässt, deshalb ist es sinnvoll, einen Hinweis auf das zu geben, wie deren Beschwörer mit dieser selben Kraft zurechtkommt – durch ein mit diesem vermutlich ganz unvergleichbares, von den Effekten her dennoch seine Wirkung erschliessendes Mittel.

Was es allerdings für ein Gebot – oder Drang – ist, der einen solchen Akt dem Schlangenbeschwörer aufnötigt, das wird damit nicht erläutert. – Aber man weiss ja, dass alles, was in seiner Unbezwingbarkeit ängstigt, zugleich fordert, dass es bezwungen werde (das ist keine Erläuterung, es ist ein Hinweis).

Dies aber ist, was in dem Spiel abläuft, dem wir als Schlangenbeschwörung beiwohnen:

Dramatis personae in dem Akt werden gestellt von einer ausgewachsenen Schlange und einem Menschen. Was das Geschlecht der beiden anbetrifft, so scheint es bei der Schlange ohne Bedeutung, namentlich ohne Ersichtlichkeit zu sein. Es zählen ja die Schlangen zu jenen Tiergattungen, die flüchtiger Beobachtung keinen unmittelbar eindrücklichen sexuellen Dimorphismus zeigen; Schlangenmännchen und -weibchen sehen dem Ungeübten gleich aus. – Der Bändiger wird in bezug auf sein Geschlecht immer als Mann identifiziert – in den geläufigen paternalistisch orientierten Glaubens- und Fürchtensgebilden mit ihren Mythologemen jedenfalls. Dies sosehr, dass deren Ordnungen auch das Bestehen eines Geheimbundes zwischen Schlange und Frau unterstellen, gleich ob die Schlange ihrerseits als Hüterin dieser Innung männlich oder weiblich gedacht wird.

Zum Beispiele wird das Bild der biblischen Paradiesesgeschichte hier erwähnt. Daselbst findet sich NA'HASCH, die Schlange, als männliches Wesen beschrieben (Genesis 3, 1 f.). Übrigens sagt der hebräische Originaltext nichts davon, dass die Schlange (wie in den deutschen Übersetzungen vermerkt) listiger, vielmehr dass sie 'ARUM, d. i. nackter als jedes andere Tier auf dem Feld gewesen sei (wozu RASCHI, der bedeutendste jüdische Bibelexeget, bemerkt, dass Lüsternheit gegenüber Eva die Schlange dazu gebracht habe, Eva zu verführen[1]). –

Von der Schlange weiss man, dass sie nur mit Anstrengung, deshalb nur auf kurz aus der Horizontalen aufstehen kann und danach erschöpft auf die Erde zurücksinkt. Eine solche Anstrengung mutet sie sich deshalb lediglich in grosser Erregung zu – um zu bedrohen, wenn sie bedroht wird. – Der Schlange fehlen Organe, welche einem Mittel- und Innenohr verglichen werden könnten. Sie wird uns deshalb als taubes Tier vorgestellt. Mit diesem Begriff – «taub» – wird jedoch m. E. die Orientierung der Schlange im Bereich von Schall und Laut, sowie namentlich die Befähigung zu deren Integration unzureichend, genau genommen sogar unrichtig bezeichnet. Einwirkungen, die aus den Eigenschwingungen der Luft auf das Tier treffen, dürften von der glatten Haut wohl in der Tat nur höchst rudimentär, falls überhaupt, perzipiert werden. Mit äusserster Feinheit hingegen empfängt die Schlange den Schall. Um dies zu vollbringen, ist sie nämlich nicht auf ein differenziertes Hörorgan angewiesen; ein Lebewesen, welches in der ganzen Ausdehnung seines langen, schlanken Körpers mit sensibler (unbehaarter, also nackter) Haut auf dem Boden aufliegt, verfügt über eine Wahrnehmung von solcher Feinheit, dass durch sie gewiss das Fehlen der Ohren nicht nur wettgemacht, sondern voll-, wenn auch anderswertig ausgeglichen wo nicht abgelöst wird. Dieser Reichtum an Haut-, Muskel-, Tiefensensibilität vermittelt eine Vielfalt von Vibrationen in einer Qualität, wie sie dem Menschen, der nur mit kurzer Sohle dem Boden verhaftet lebt, kaum sinngleich gegenwärtig werden kann – so wenig, dass er sie sich wohl nicht einmal wesensgenau vorzustellen vermag. – Es ist diese anthropomorphisierende Reduktion der Vorstellung von dem sehr anders gearteten, jedoch gewiss äusserst intensiven Schallerleben der Schlange, welches aus Desorientierung zur Angst vor ihr beiträgt.

Taub, stocktaub in der uns gewohnten Bedeutung, wird die Schlange allerdings, wenn sie sich, erregt, vom Boden in den Stand erhebt – und genau dies ist, was der Bändiger mit ihr zustande bringt. In einen Akt von Eingeengtsein ihrer sensuellen Orientierung findet sie sich dann durch den Akt der Beschwörung versetzt. Solcherart erigiert, ist die Schlange aufs höchste gereizt (zumal die züngelnde Zunge auch dem Jacobsonschen Organ im Gaumen nichts zu übermitteln hat[2]), einzig auf die Wirkung ihres starr – böse – gradaus gerichteten Blickes zurückgeworfen. – Diese Starre des Augenpaares, welches, ungleich dem Säuger-Auge, nicht darauf tendiert, den Blick, der ihm begegnet, abzuschütteln, weist auf den besonderen Bau des Auges bei der Schlange: Ihm sind die Augenlider, durchsichtig geworden, zugewachsen. Unter diesem Fenster schaut ein von keinem Lidschlag belebtes, nie zu verdeckendes Auge hervor: stier, unbeweglich – böse.

Und das ist noch nicht das Ganze: Die hochgiftige Cobra, bevorzugtes Objekt der Schlangenbeschwörer, ergänzt ihr starres Sehorgan durch Hautzeichnungen in der Form von zwei umrahmten Augenpaaren; ein Paar vorn und eins hinten. Von daher ihr Name: Brillenschlange. Nicht nur die Augen selber befördern die Irritation derer, die ihrem Blick zu begegnen haben, sondern es fängt die Augen-Maskierung auf dem drohend geblähten Hals des hocherregten Tieres diesen Blick auch noch ab und auf – dieses zweimal ein Böses Auge simulierende Zeichen auf der Haut. Wer, davon gebannt, mit seinem Auge an dieser Maske haften bleibt, ist dem irritierend und beängstigend schauenden Auge der Schlange ausgeliefert. So ein Tier hat etwas, um zu parieren, wenn es gereizt wird.

Es sei denn, wer ihm begegnet, verfüge selber über Bedingungen, die es ermöglichen, dass er, solchem Blickspiel überlegen, Kontrolle über den Abstand zwischen sich und dem Tier bewahrt: immer nah genug, um das Auge im Auge zu behalten, und doch nie so nah, dass eine Unterschreitung des Respektabstandes den Angriff auslösen müsste.

Dies ist die Aufgabe des Schlangenbändigers. Ihr könnte aber aus dieser Situation allein der Mensch nicht entsprechen. Bald einmal würde er abgelenkt, irritiert – ausgeliefert dem starren, bösen Blick, der stillen Stummheit des Tieres, das auf jede Verkürzung der Distanz mit mörderischem Stoss nach vorn reagieren würde.

Der bedrückenden Stille, in der das alles sich abspielt, ist aber nicht zu widerstehen. In solcher Leere, im Ausgesetztsein an die Ausdehnung der Stille, verliert sich das menschliche Gegenüber der Schlange und gibt sich preis.

Wer das Tier zu bändigen vorhat, ist deshalb auf ein Mittel angewiesen, um sich davor zu bewahren, dass er sich abhanden kommt. Dazu dient das Spiel seiner Flöte – dient es *ihm,* und nur ihm, dem Bändiger. Auf die Schlange wirkt es nicht. In diesem (erigierten) Zustand ist die Schlange ja taub, für Ton, Klang, Schall und Vibration aller Art. Ihr braucht man nichts vorzublasen. Die betörendsten Melodien versagen ihre Wirkung. Noch nicht einmal ein Rieseln erzeugen sie in dem ohrenlosen Wesen.

Und dennoch haben die Flötentöne einen bedeutsamen Effekt – und einen von vitaler Auswirkung. Nicht auf die Schlange allerdings, aber auf deren Bändiger: Dieser hört, und er ist angewiesen darauf, dass er nicht dem Bösen Blick der Schlange verfällt. Er darf sich nicht verlorengehen. Er muss sich selber bestätigen dadurch, dass er selber sich hört. Niemand, nichts sonst darf sich in solcher Spannung von ihm hören lassen, niemandem dürfte er antworten. Das brächte ihm den Biss. In Gänze muss er auf das erhobene Tier vor ihm ausgerichtet sein. Die Musik, *seine* Musik, die er sich vormusiziert, lässt ihn wahrnehmen: Ich töne, also bin ich. Es gibt mich – es gibt mich für mich. Diese Absicht kann er wahrwerden lassen, indem er seinen (geschlossenen autologen[3]) auditiven Beziehungskreis in Gang bringt und hält: damit, dass er sich selber vormusiziert. Je stereotyper die Musik, je monotoner das Spiel, um so beruhigender deren Wirkung in der ruhevollen, zeitdehnenden Tonfolge, die alles Dramatische aus- und der Situation um sie überlässt. Solange, bis das gebändigte Tier erschöpft niedersinkt.

Wer die Geistes*gegenwart,* als alerte, ständige Gegenwart eines bannenden Blickes, in Abkürzung Geist nennen will, soll sich das nicht versagen. Und wer der Bereitschaft zur Seins- und Selbstbestätigung durch das Mittel einer monotonen Flötenmelodie den Namen Seele zu geben vorhat, den kann nichts davon abhalten. Wenig andere und kaum zwingendere Belege dürften sich für das Wirken dessen finden, was sich ansonsten prätentiös mit den Namen Geist und Seele vorstellt.

Das Unverständliche und die Unverständigen

Tende Strömfeld Simonetta
Teufen Amyklä Aveiro am Flusse
Vouga die Familie Alencastro den
Namen davon Amalasuntha Antegon
Anathem Ardinghellus Sorbonne Cölestin
...

Das ist von Hölderlin, dem späten. Dem Dauergast am Neckarufer beim Tischler Zimmer. Manche nennen es ein signifikantes Schulbeispiel schizophrener Dichtung[1]. Andere schliessen auf Tiefsinn – auf einen Sinn, allzu tief, als dass er einem jeden unter den gesunden Durchschnittsgeistern einzugehen willig sei.

Und hier, in der Zuordnung von Hölderlins Dichtung an das Esoterische, scheiden sich die Orientierungen. Die einen wollen ihren dunklen Heros, den blinden Sänger, dessen Herz wach ist, auch wenn in heiligem Zauber die Nacht ihn immer bannt, aus der Menge derer herausgehoben wissen, die dumpf geifernd die Irrenasyle bevölkern: als ein Besonderer, den man doch nicht einfach verrückt nennen kann[2]. Wogegen manche aus Hölderlins Sprache, aus dem Leben des Abgesonderten auf Sprache und Leben *der* Schizophrenen allgemein schliessen, auf den Tiefsinn im Wahnsinnigen – und grundsätzlich aller von ihnen[3].

Alle drei Gruppen, wie verschieden sie auch zu Hölderlin, zu den Schizophrenen, zu den Texten Schizophrener, gesprochen oder aufgeschrieben, sich einstellen, verhalten sich vom Entscheidenden her dreimal insofern gleich, als sie nicht sich einem Menschen stellen, sondern Schriftauslegung betreiben. Um zu erkennen (das Wesen *dieses* Dichters; oder *des* Dichters im allgemeinen; oder dieser Dichtung; oder der Dichtung im allgemeinen). Manchmal auch um Texte zu deuten. Nicht aber um ihn, den Mann Hölderlin, zu verstehen.

Verstehen heisst Antworten: Wenn das gelten soll, muss es

hier gelten: sich bestätigen an einem Text, der für unverständlich gehalten wird.

Es gelte. Und das sei sogleich vorgeführt anhand von Schriftbeispielen, die entschlüsselt zu werden beanspruchen (wobei zu vermerken ist, dass es sich, entgegen der Passage, mit der dieses Kapitel eingeleitet wird, bei den sogleich folgenden nicht um Texte handelt, die von Schizophrenen verfasst wurden; aber das tut an dieser Stelle nichts zur Sache. Uns geht es jetzt nicht um Diagnostik, sondern um Verständlichkeit und Verständigkeit. Diese aber stellen sich ausserhalb jeglichen Diagnosenschemas). Hier so ein dunkler Text:

> Heidferdrehter glingeltannterausdürre heiterkrossenwilla. Pewohrtiedürre kehöffdetwirt herdöhntasslaudepellen wonntreikrosenunten. Merrbals wersugterverdrehder seidannlieken wortsubrinken, firtaperhimberfieder wommkegleffderdiere hüperdöhnt ...

Noch einer; ein etwas schwierigerer diesmal:

> Tzu eidem jaalpalt gabeidpal ein metlüücher und kahbsyg ars vaalsaacher aus. «Ickann ny tzugunfd follaus saachen!» – fellsickkerte er den reunen.
>
> Ein deukyliger mauer ryssig arso vaalsaachen. Der gerl zackde ihm: «Teide vabylie firtipper kesunn breimen hundtu au. tufilst imber keduuk held ahmen!». Utnog vyre schöhde tincke felschplaack der faalsaacher.
>
> Delmauer göhrde sygarres kedau an, – tleete sygup und forrte feggegen. Talyv der vaalsacher: «Kalt, kalt – nugast nognit metzaart! –» ...[4]

Was soll das bedeuten? – Und wie kann ich es anstellen, dass sich dieser seltsame Text verständlich präsentiert? – Verstehen heisst ... Hier sei Rhodos, jetzt springe.

Es braucht nicht gesprungen zu werden. Nur geantwortet, in, wie festgehalten wurde, derselben Sprache; und zunächst nur begleitend, mitgleitend also im Text der Anrede. Ohne Deuten oder Erkennen. – Ich bitte denn, tun Sie's, und sogleich. Das besagt hier: Nehmen Sie die Texte vor und zögern Sie nicht, sie laut so zu lesen, als sässe der Erzähler Ihnen gegenüber und spreche so, wie es sich hier anschaut – anhört. Ohne Hemmnis oder Scham, lassen Sie sich vernehmen: Heidferdrehter glingeltannterausdürre ...

Und schon tönt es hervor – aus Ihnen! – was sich eben noch wie der Bericht in einem fremden Idiom angehört hat, das in einzelnen Passagen Bekanntes andeuten mochte, aber insgesamt unverstehbar war. Jetzt sagen Sie sich selber genau vor, Sie sagen der Person, die Sie da, Ihnen gegenüber, anredet, zurück, was sie Ihnen zu berichten angefangen hat: dass ein Vertreter an der Haustür einer grossen Villa klingelt. Dann geht es von selbst; Sie tun nichts als die Geschichte laut zu lesen, die jemand zu erzählen wünscht, als sässe er Ihnen gegenüber: «Bevor die Türe geöffnet wird, ertönt das laute Bellen von drei grossen Hunden ...» – Genug damit, es läuft nun wirklich aus sich heraus, auch in dem zweiten, etwas schwierigeren Textbeispiel. «Zu einem Jahrmarkt kam einmal ein Betrüger und gab sich als Wahrsager aus. – ‹Ich kann die Zukunft voraussagen ...› » – mittlerweile liest es sich wie automatisch, und liest sich richtig, sinnentsprechend – vorausgesetzt, Sie lesen laut, antwortend gewissermassen, was man Ihnen hier zu sagen vorhatte.

Weder Zauberei noch Geschicklichkeit, vielmehr das Prinzip Verstehen heisst Antworten verbindlich genau angewendet, und in seiner einfachst möglichen Erscheinungsform. So einfach, genau besehen, dass sich nicht einmal sagen lässt, wer da wen anredet, wer wann antwortet. Actio = reactio. Anrede = Antwort. Verstehen = Antworten. Hier und jetzt bewährt sich das Prinzip. Wenn Sie nunmehr diese kurzen Geschichten lesen, sind *Sie* es, von dem oder der – begleitend – geantwortet wird. Aber da ist jemand, so dürfen Sie sich ebenfalls vorstellen, der redet Sie an – mit der Erzählung vom Vertreter und vom Wahrsager.

Vor allem gilt für die Praxis: Wenn Sie laut wiederholen, was Sie sehen – und hören (Ihr Gesprächspartner, schwerhörig, sieht ohnehin das meiste, was es zu hören gibt, aber er hört es nicht), so müssen Sie nicht bis zur beiderseitigen Erschöpfung fragend insistieren: Was hast du gesagt? – und was gemeint? Wie bitte? – ... Wer antwortet, erspart das Fragen, sich und dem andern, und nicht nur gegenüber einem Text wie diesem.

Das hier vorgelegte Beispiel aus der schweizerischen Schwerhörigen-Zeitung liefert einen Beleg für die Grundthese dieses

Büchleins in seiner einfachsten, aufs Letzte reduzierten Grundform. Psychologie gleich welcher Art und Ausrichtung ist entbehrlich, wenn man zu antworten weiss. Und was Verständnis anbetrifft, es wird ausdrücklich verbeten. Verständnis für die Schwerhörigen – *die* Schwerhörigen gleich allesamt, womöglich auch noch als schwerhörige Menschen berufen: bitte nicht! – Lernen Sie antworten, dann brauchen Sie auch kein Verständnis aufzubringen.

Verstehen als Antworten: Das Seltsame an der Sache ist: Sie können nicht sagen, wen Sie verstanden haben, ob die anredende Person oder sich selber. Antwortend haben sie beide verstanden, beide zugleich, Sie sich und damit diese Person (und nicht nur in einem so offenkundig paradigmatischen Beispiel wie diesem). Dies ist das kategorische Prinzip der These. Verstehen fliesst in eins zusammen: in diesen Akt, der beide Partner unifizierend umfasst und einschliesst.

Dabei haben Sie nichts gedeutet. Es sei offengelassen, ob nicht irgendwann später die Erzählungen vom Vertreter und vom Wahrsager sich der Deutung anzuvertrauen haben. Dass die zwei Geschichten also auch darauf warten, von ihrer Bedeutung, oder, richtiger, den zahlreichen, am Ende unzählbaren, Bedeutungen her erschlossen, bedeutend gemacht zu werden, das sei im Sinn behalten. Kommt Zeit, kommt Rat. *Jetzt* geht es um anderes: um diesen responsiven, wesenhaft motorischen Akt der Verwirklichung, den man sinngemäss als Verstehen beruft. Um sprachgleiches Reden – wie sehr sprach-gemäss, das wird dem Lesenden oft nicht gegenwärtig. Er hat seine Sprache in die des ihn Anredenden gewandelt. Das ist, in diesem besonderen Fall, jemand, dem das Hören schwerfällt; aber es brauchte dies unter Umständen dem guthörenden Partner gar nicht gegenwärtig zu werden. Schwerhörigkeit ist nicht zu sehen, wenn man nicht auf den kleinen Knopf im Ohr achtet. Und was man «an der Schwerhörigkeit hört», das ist ja nicht die Schwerhörigkeit. Hier spricht jemand in seiner besonderen Sprache – weshalb immer, das ist jetzt ohne allen Belang. Wichtig ist dies: Ich rede in seiner Sprache mit ihm. Ich rede mich in seine Sprache hinein.

Dass ich damit therapeutisch das Sinnvollste, das am überzeugendsten Helfende auch, getan habe, sei vermerkt (wenngleich hier nicht eingehender erläutert). Die Not der Schwerhörigkeit, der Gehörlosigkeit ebenfalls, aber nicht nur dieser Leidensformen, liegt nämlich nicht darin, dass der Betroffene schlecht hört, sondern *dass man nicht zuhört*. Ihn lesend, bezeugen Sie: Sie hören ihm zu. –

Wenn hier die Rede eines schwerhörigen Partners zur Erläuterung der tragenden These ausführlich vorgelegt wurde, so deshalb, weil sich unter ihrer Anleitung ebenso deutlich wie einfach, nämlich paradigmatisch, hat klarmachen lassen, was das Verstehen einbringt und wie es sich selber herbei bringt. – Aber nehmen Sie jetzt den Hölderlin hervor, diesen Strophentext vom Anfang des Kapitels. Um dessen Anredecharakter zu erschliessen, reicht es, ungleich den Episoden aus der Schwerhörigen-Zeitung, nicht zu, dass man die Zeilen laut liest – sie gewissermassen der Zeitung zurückgibt. Wie laut auch, die Antwort kommt nicht von selbst herein. Eben: Wir können Hölderlin nicht antworten, wir sind um 180 Jahre zu spät gekommen. Aber setzen wir den Fall, wir wären, sagen wir, 205 Jahre alt und in Tübingen. Dann hätten wir uns ans Neckarufer setzen können – wir zwei allein, F. H. und ich. Und miteinander reden. Wie, das wird sich bald ergeben. Jedenfalls: Genügend Erlebnisse aus Begegnungen mit Leuten meiner Zeit, deren Rede sich anhört wie «Tende Strömfeld Simonetta», geben mir Hoffnung darauf, wenngleich niemals die Gewissheit, dass es möglich ist, aus dem an sich einfachen, jedoch durch die Interferenzen namentlich von Scham schwierig zu verwirklichenden Prinzip des *(sprachgleichen)* Antwortens in ein Verstehen zu kommen, oft ohne zu wissen, wie es zugegangen ist, und ebenso häufig in einer Weise des Sichverständigens, die so geartet ist, dass ich danach nicht zu sagen vermöchte, was wir geredet haben, noch wie und wovon. – Merkwürdig, aber vermutlich irgendwo heimlich zweckgerecht: diese Weigerung des Gedächtnisses, seine Erfahrungen an Unbeteiligte preiszugeben. –

Friedrich Hölderlin, Träumer in den Hyperion hinein und Verdichter der Wirklichkeit aus ihren Erlebnisqualitäten heraus, macht es vielen schwer, als ein Anredender wahrgenommen zu werden, sich selbst am meisten. In früheren Tagen hat man den Boten, wenn er schlechte Botschaft brachte, dafür getötet: Man vermochte nicht zu trennen zwischen Anrede und Aussage. Und heute kann man's kein bisschen besser. Man hört – liest – Hölderlins Botschaft, man nimmt sie als Frohbotschaft, und also muss der Bote leben: einhundertdreiundvierzig Jahre nach seinem Tode. Dafür aber, dass er damals, als er noch geatmet hat, nicht mehr anzureden wusste, und keine Antwort mehr erwarten durfte, hat man ihn gleichsam getötet; ihn eingesperrt, oben im Turm bei den Zimmers.

Man täte es wieder – würde genau gleich handeln. Und auch sie alle, die seine dunkle Botschaft verehren, würden sich aus dem Staube machen; keiner wäre bereit und fähig, mit ihm zusammenzuleben. Nur ein toter Bote ist ein guter Bote. Nur wenn die Botschaft, d. i. die Aussage, von einer Leiche kommt, sind die Lobredner bereit, den Leichnam ins Leben zurück zu loben. Das Risiko, dass er sich aus dem Staub erhebt, anderthalb Jahrhunderte später, ist gering, auch bei lautem Lobgesang.

Wenn es um Menschen geht – «der Mensch»: So ein Wort darf dann nicht als hymnisierender Leerklang gehört werden, sondern es kann dieser Topos («der Mensch») verbindlich genau beschrieben sein als der anredende Nachbar – wenn also von Friedrich H. die Rede ist, man hülfe ihm weder mit eindringlicher Deutung seiner Hymnen und Oden noch mit einer Preisung des verkannten Menschen oder gar Genies. Helfen täte man durch Antworten (ob man helfen soll oder nicht, bleibe unerörtert; vielleicht wollen Sie nicht helfen – ich soll, so gut ich kann, dafür kommen die Leute zu mir). Gegebenen Falles, wenn einem etwas Besseres nicht in den Sinn kommt, können sich die dunklen Texte als Anrede hören lassen und sind also sinnentsprechend zu beantworten – ent-sprechend = zurücksagend.

> Vollendruhe. Goldrot. Und die Rippe tönet
> Des sandigen Erdballs in Gottes Werk
> Ausdrücklicher Bauart, grüner Nacht …

Das ist beantwortbar. Aber bitte nicht deuten. Und bitte kein Verständnis – Antwort bitte, nichts sonst! – Namentlich keine Hochschätzung vor dem Werk. Sie zerstört jedes Verstehen. Sogleich denn, und zunächst begleitend: Vollendruhe. Goldrot. Und die Rippe tönet … in Gottes Werk …[5]. –

Da liegt denn auch die Not: im Griff – der immer zum Missgriff wird – auf das Werk psychiatrischer Patienten. In dem Vorhaben, einer uninformierten Öffentlichkeit etwas zu verschaffen, was sie, und diejenigen, die das Vorhaben wahrmachen, damit, für einen Zugang zur «Person des Geisteskranken» halten; oder gar zu seiner Seele. Und wenn man schliesslich dahinkommt, anzuerkennen: Er ist ein grosser Künstler (ganz belanglos dann, ob die Hinzufügung lautet: *obwohl* er ein Psychotiker ist, oder auch: *weil* er einer ist), so mag manches erwirkt sein, aber nie ein Zugang. Falls man Zugang als Namen für das nimmt, wofür er rechtens zu gelten hat, und das ist: Verstehen. – So kommt es, dass das Wohlwollen da endet, von wo es ausgegangen ist: im Raritätenkabinett, im Panoptikum. Auch mal im Städtischen Museum, was um nichts besser ist. Die Anerkennung dessen, dass von dort, wo der Abfall der Menschheit aufbewahrt wird, dicht ummauert zur Vermeidung etwelcher Strahlenschäden, sollte um eine Stufe höher führen als bis zu der Beteuerung: Auch Verrückte sind Menschen. Sie sind also Menschen – und nicht nur solche wie du und ich, sogar Künstler sind sie. Prinzhorn hat das vor Jahrzehnten behauptet, Morgenthaler ihm sekundiert[6]. – Jetzt ist die Zeit reif für die Outcasts, sie kommt für Psychiatrie-Patienten genau synchron mit der Erkenntnis: Die Wilden, auch sie sind Menschen, ja Künstler können sie sein, museums-, auktions- und also spekulations-, allerletztens, und das ist der Triumph, auch noch literaturnobelpreiswürdig. – Der Wahnsinn ist vielfach salonfähig geworden. Kunst des Wahnsinns, Wahnsinn als Kunst. Und wenig Filme, kaum Romane oder Theaterstücke, die nicht in der geschlossenen Psychiatrie spielen. Das Irrenhaus ist die Welt, die Welt ist ein Irrenhaus: Psychiatrie hat Hausse, wie nie seit Pinels Tagen.

Aber es geht daneben. Unsere Schutzbefohlenen in der Psychiatrie kommen nicht in den Genuss des Verstehens (welches, wie jetzt geläufig, dem Verstandenwerden gleichsinnig, gleichbedeutend ist.) Und wenn man ihre Aussagen noch so geistvoll deutet, ihren Schöpfergeist noch so hoch preist – davon fällt für sie nichts ab.

Zu Hölderlin zurück: Der da etwas geäussert hat, und das sollte eine Anrede sein, Antwort erhoffend, nicht aber eine noch so sinnreich gedeutete und auch keine wie hoch immer geschätzte (auch von Christie's und Sotheby's eingeschätzte) Aussage, der hockt weiter in der Anstalt und modert dort vor sich hin. Und glauben Sie mir: Er sitzt da und wartet auf Antwort – immer noch.

Übrigens, auch Robert Walser hat auf Antwort gewartet. Und wenn er heute lebte, hundertjährig vor sich hin schweigend in der Herisauer Anstalt, zweifellos bekäme er manchmal Besuch, Hermann Burger würde ihm aufwarten, auch mal jemand von Suhrkamp, vielleicht der Chef persönlich, der Photograph wäre natürlich dabei – jedesmal, und zum Hundertsten sogar das Fernsehen: Alles würde sein, wie es damals war, als der treue einzige Carl Seelig den Freund zum Spazieren abgeholt und manchmal wohl auch eine Antwort gefunden hat. Eine Antwort auf eine ganz scheue Walsersche Anrede. Und wenn's zumeist auch eine Antwort im Schweigen war, beim schweigenden Gang über die schweigenden Hügel der Ostschweiz.

*

Ich will das genauer erläutern, auch belegen, was ich hier zu beschreiben – und zu fordern – versuche. Will es tun anhand von Zitaten aus dem Buch eines wackeren, um die Erschliessung der künstlerischen Arbeiten psychotischer Patienten verdienten Autors. Dort ist Folgendes zu sehn und zu lesen[7]:

Auf Seite 44 des Bändchens «Gespräche mit Schizophrenen» (bitte das Wort «Gespräche» nicht zu überlesen) findet sich ein Bild von der Hand eines Anstaltspatienten, Max genannt. Selbst auf dem billigen Rotationsdruck, mit dem die Zeichnung wiedergegeben ist, lässt sich ausmachen, dass das Blatt durch den Eifer, vermutlich: die Wut, womit das Begonnene von der nämlichen Hand, der Patientenhand, die da zuvor ein Bild angedeutet hatte, zerstört worden ist. *Zer*stört, nicht *ge*stört. Und grob zerstört; und nicht von jemand anderem, sondern von diesem selben Max, der zunächst das Material zur Zerstörung geliefert hat. Sosehr zerstört, dass das Blatt zerknittert und angerissen zurückbleibt. Was sich am Ende noch sichtbar zeigt, ist ein tiefschwarzer Fleck, der beinah das ganze Blatt zudeckt. Die Wut und der Zorn lassen sich noch ablesen aus der Rabiatheit, mit welcher der Strich übers Blatt geführt worden ist. – Diesem Bild fügt der Verfasser – es ist der Direktor der Anstalt, in der Max sich aufhält – folgende Legende bei:

Im Jahre 1963 zeichnete Max auf Aufforderung eine menschliche Figur. Hierauf begann er mit grosser Heftigkeit und Kraft die Figur durchzustreichen, so dass der Bleistift bis auf das Holz abgewetzt wurde und das Papier sich wellte. Die Schraffur bedeckte schliesslich nahezu die gesamte Darstellung. Max hatte auf diese Weise das von ihm gezeichnete Menschenbild ausgelöscht und vernichtet.

Bravo Max! – Nichts, gewiss nichts gegen den Eifer, mit dem hier ein Menschenbild zu erschliessen, alles gegen die *Art,* wie es versucht wird. Da soll Max – wörtlich heisst es: auf Aufforderung – einen Menschen abbilden. Er soll also, er: Max, selber ein Mensch, einfach so, «auf Aufforderung», etwas von seinem Persönlichsten preisgeben. Er, Max, der doch ausdrücklich – der Buchtitel sagt es – als schizophren bezeichnet wird. Nun, es ist mittlerweile propädeutisches Wissen in der Psychiatrie, dass man die Not dieses Zustandes, Schizophrenie genannt, von dorther am ehesten begreifend erschliessen – erschliessen, aber bitte, bitte nicht mit groben Fingern und unbedachten Worten antapsen – kann, wo die eigene, namentlich sexuelle Identität zu Entscheid und Bekenntnis aufgerufen ist. Jedesmal, wenn ein schizophrener Patient, eine schizophrene Patientin sich dazu genötigt sieht, sexuelle Identität zu bezeugen, kann, wenn nicht eine behutsame Psychotherapie vorausgeht und auch weiterhin begleitet, ein Zustand von Überfallenwerden sich einstellen, den die emotionell neutrale klinische Deskription rigoros als endogen bedingten Schub bezeichnet. Als etwas, das schiebt oder verschiebt. Deshalb die Häufung solcher Zustände im zeitlichen Konnex mit der Menarche, zu Beginn der Rekrutenschule, bei Gelegenheit der Verlobung, in der Hochzeitsnacht, nach der Geburt etc. – Und da soll jemand – auf Aufforderung, heisst es, und also nicht aus eigenem Antrieb und auch nicht einem Vertrauten in aller Behutsamkeit, Verschwiegenheit und Verschämtheit, nicht in voller Intimität – hingehn und eine menschliche Figur von sich geben! –

Gewiss, es ist, so wird zu bemerken sein, mitnichten die eigene, neue Eingebung des Autors Navratil, dass er jemanden auffordert, einen Menschen zu zeichnen. «Draw a Man», dieser Befehl wird seit den archäo-, wenn nicht paläontologischen Tagen einer sich als wissenschaftlich bezeichnenden Psychologie erteilt, und es ist auch schon eine gute Anzahl Jahrzehnte her, dass Machover, Goodenough und zahlreiche andere aus dem Befehl einen Test gemacht haben[8]. Dass der Befehl damit ins Korsett der Test-Systematik geklemmt ist, davon wird er nicht besser. Nicht weniger gefährlich jedenfalls. Nicht minder obszön. Er fragt nicht geradeheraus nach der Angst davor, seinen/ihren genitalen Charakter (W. Reich[9]) zu definieren, sich zu ihm zu bekennen, ihn auszustellen dadurch, dass man aus dem Bild festlegt: So sehe ich mich, so sehe ich meinesgleichen. Zeichne eine menschliche Figur – ich behaupte nicht, man müsse diesen Befehl völlig vermeiden. Anscheinend kommt es manchmal vor, dass man solche taktlosen Befehle geben muss – sogar in der Heilkunde. Nur sollte darauf bestanden werden, dass dies deutlich sei: Es ist nicht weniger intrusiv, wenn man der solcherart aufgeforderten Person zumutet: Geh auf den Bürkliplatz in Zürich, dorthin, wo die Ganymed-Skulptur von Haller aufgestellt ist; zieh dich nackt aus – aber gefälligst genau so splitternackt wie der Ganymed –, dann stell dich aufs Podest, zwischen den Götterliebling und den Sperling oder Adler, der ihn auf den Olymp tragen soll. – Dies sollte klar sein: Es ist nicht weniger fordernd, nicht minder obszön, wenn man dieses Hinsetzen einer menschlichen Figur fordert, als es obszön ist, von jemand zu verlangen, dass er sich nackt vor der Öffentlichkeit ausstellt.

Max hat das gemerkt, Navratil hat es nicht gemerkt. Deshalb hat Max den Ansatz zu seiner menschlichen Figur durchgestrichen. Und was die Zusatzbemerkung auf der Bildlegende anbetrifft, sagend, Max habe damit sein Menschenbild vernichtet, so ist sie, erstens, aussageleer; zweitens weist sie, so, wie sie da hingesetzt ist, darauf, dass hier jemand Beschreibung und Deutung in einer Aussage vermengt – eine Gefahr, welcher viele Autoren in unserem Métier häufig unterliegen; und zum dritten: Nun eben – und vor allem – dieser Akt sagt doch alles, was Max zu sagen wünscht. Nämlich: Ich stelle mich nicht vor dir aus. Wenn du mich aufforderst, einen Menschen zu zeichnen – und du zeichnest nicht mit –, so stellst du mich aus. Lieber bleib ich kaputt in der Anstalt sitzen; nochmals drei oder mehr Jahrzehnte. Vermutlich lebenslang. Deine Frage, Herr Primarius, zeigt mir, mit *dieser* Welt, mit *so einer* Welt, wie du sie repräsentierst, kann ich nicht zurechtkommen, du magst es noch so gut meinen. Solang du mich so anpackst, muss ich mich schamhaft-zornig vor deinen Obszönitäten zudecken. Dass du meine Kunst und die Kunst meiner Mitpatienten öffentlich beschreibst und viele Bücher damit hervorbringst: Das mag nett sein und bringt Ruhm – dir allerdings, und nicht uns –, aber das Entscheidende, daran bist du vorbeigegangen: dass ich zeichne, weil ich dich suche. Ich zeichne, um dich anzureden. Ich zeichne, damit du mir antwortest. Nicht aber – just dies nicht –, dass du mich ausstellst. Mich publizierst[10]. Das macht es nicht nur nicht wieder gut, das macht es, dein guter Wille in Ehren, nicht besser, vielmehr schlechter, dieses Ausstellen im Panoptikum – meiner Person und ihrer Expression, schlechter, als wenn du mich weiterhin unter Gittern in der Anonymität verbirgst (übrigens: Der nämliche Zwiespalt – sich ausstellen und dann aber sich zurückziehen, gesehen werden und unsichtbar sein –, das ist die Not des Künstlers. Des Künstlers ganz allgemein und überall, nicht nur in der geschlossenen psychiatrischen Anstalt).

Es wäre sinnvoll und – vielleicht, je nach Situation – am Platz gewesen, dieses Verfahren der Ausdruckstherapie, wenn der Arzt sich mit Max, seinem Patienten, zurückgezogen hätte. Beide hätten zusammen ein Blatt Papier und jeder einen Bleistift zur Hand genommen. Einer hätte, diesmal nicht in gesprochenen Worten, sondern (in der Situation medialer Beziehung) in der gleichen Sprache, jeder nämlich, durch seinen Strich, angeredet; der andere würde geantwortet haben, begleitend, erweiternd, auch – aber hier nur in grösster Behutsamkeit – störend. So hätte sich eine Begegnung auf derselben Ebene eingestellt: Anrede und Antwort – die Situation, der hier ein so nüchterner, eindeutig umschreibender Name wie «Verstehen» mit auf den Weg gegeben wird.

Einer so intentionierten, solcherart geführten Paarung von Anrede mit Antwort kann man auch die Bezeichnung «Gespräch» zulegen: diesem äqualen Einanderbegegnen auf der Ebene von Anrede und Antwort. Das wäre dann ein Gespräch in Strichen geworden, welche sich zu Linien formten. Und zumeist verwandelt sich dann auch nach Kurzem das Linien-Gespräch aus dem averbalen in einen worthaften Dialog, in ein Gespräch unter den Bedingungen von Äqualität, von Gleichgestelltheit der Partner.

Nicht jedoch geht es an, ein Interrogatorium wie dieses als (dem Buchtitel gemäss) Gespräch mit einem Schizophrenen zu führen und dann auch noch zu veröffentlichen:

M [für Max]: Ich schau, dass ich in die Türkei hinunterkomm, wissen Sie!
N [für Navratil, den Arzt]: Was willst Du in der Türkei?
M: Den Allah anbeten.
N: Du bist doch kein Mohammedaner!
M: Ich mag die Katholiken nicht mehr.
N: Ach so?
M: Ich mag nur die Protestanten und die Mohammedaner.
N: Warum magst Du die Katholiken nicht?
M: Nein, hab ich nie wollen. Protestanten sind viel schöner.
N: Was hast Du gegen die Katholiken?
M: Die mag ich nicht mehr, die hass' ich.
N: Du hasst sie?
M: Mh.
N: Und Deine Mutter, ist die nicht katholisch?
M: Die mag ich nicht mehr.
N: Die Mutter magst Du nicht mehr?
M: Nein, nichts.
N: Ja, warum nicht?
...
...

Vorhang – bitte endlich Vorhang! – Ja, der Leser kann das, nach dem Vorhang rufen, ermüdet und belästigt von seitenlangen solchen ... Gesprächen. Von solch autoritär dirigiertem Leerlauf; von solcher Zumutung. Aber Max kann nicht. Er ist ausgeliefert – nicht bösem Willen, gewiss nicht, aber der penetranten Zudringlichkeit einher mit Hilflosigkeit, die sich vor dem Sichverständigen scheut. Si tacuisses. Tace! – Es liest sich bedrückend, wenn man, so einem Büchlein ausgeliefert, mitverfolgen muss, wie da jedem Anredeversuch, in Zeichnung und Wort gleicherweise, durch fragendes Drauflosgebabbel ausgewichen – und das Ganze dann noch als Gespräch verkauft – wird. Von der ersten Zeile, von dem «Ich schau, dass ich in die Türkei hinunterkomm ...» an, bis zum bitteren Ende, und das will und will sich immer nicht einstellen, das Ende dieses unbarmherzigen Zerfragens und Zerschwatzens. Ich will in die Türkei: So hör doch, ich sag es dir ja; *noch* deutlicher geht's nun wirklich nicht mehr: Ich will weit fort von euch Christenmenschen, von allen, auch Ihnen – das ist die Sprache des Störens.

Entweder schweig, oder dann hör mir gut zu, Herr Primarius; lass aber Schreibblock und Mikrophon und Video und Publikum weit weg. Stell dich der Herausforderung. Du allein meiner Anrede, meinem Antworten. Reagiere, ich bitte dich, nicht durch Deuten, sondern in der Antwort. Und dann frage bitte nicht, was ich dort will. Damit beschämst du mich, nötigst mich zum Blödeln. Ich weiss ja, ich kann nicht in die Türkei gehn; ich will auch nicht hin. Was ich will: durch mein Sagen dich in Bewegung versetzen. In ein bewegt bewegendes Gespräch (auch ausserhalb der Psychiatrie sind – das sei redlicherweise zugestanden – solche Gespräche unüblich. Drum heisst es dort, wenn von Anregung zum Bewegtsein die Rede ist, so oft: Wenn du hier so viel auszusetzen hast, warum gehst du dann nicht lieber nach Russland, oder eben: in die Türkei? –). Hier aber, in dieses Gespräch wäre die Türkei herzubringen, und zwar sogleich, jetzt nach hier. Zu Türken unter Türken. Du bist Türk, ich bin Türk – will sagen: Wir beide sind anders als die andern hier, wir zwei Janitscharen, wir Mamelucken. Wobei es, das ist wichtig, belanglos bleibt, was Max von der Türkei weiss; belanglos auch, was er sich denn vorstellt, wenn er «Türkei» sagt. Strenggenommen sogar belanglos, ob er schon einmal drunten gewesen ist, bei den mohammedanischen Türken. Oder ob ihm «Türkei» ein Wort ist; ein Wort ohne Begriff, nicht einmal als Wunschvorstellung, nur als zunächst leere Eingebung. Als Globalbenennung für all das, was jetzt hier nicht ist. Als Wortgebilde mit genauer Musik. Als Amyklä Aveiro am Flusse. Aber vorher wurde es gesagt: Ich will von dem katholischen Primarius weg, fort auch von der katholischen Mutter. Aber das wird hinweg geredet. Gewiss, wenn man auf dergleichen nicht zu reden kommen mag, weil es Sprengstoff ist (es *ist* Sprengstoff, hochexplosibler, der da entborgen wird), so kann man schweigen. Man *darf* schweigen. Nicht darf man fragend blödeln.

Nicht näher eingegangen wird jetzt darauf, dass, trotz der ermüdenden, ziel-, sinn-, inhaltlosen Fragerei auch noch weitere Hinweise von Max kommen. Hinweise eindringlicher Art, die von dem Arzt notiert, aber nicht wahrgenommen werden. Darauf, welcher Art Maxens Sehnsüchte sind; und was er nicht mag; und was er hasst. Aber an alledem wird vorbeigegangen – und preist sich im Titel als «Gespräch» an. – So kehrt denn Max bisweilen den Spiess um. Und beginnt seinerseits zu fragen. Dann wird's lustig. Und lautet so:

M: Die Russen fliegen wieder auf den Mond, nicht?
N: Mh.
M: Wann denn?
N: Keine Ahnung.
M: Wie schauen Löwen aus, Herr Primar?
N: Wie sie eben ausschauen.
M: Die haben wir auch zu Hause.
N: Du hast einen Löwen zu Hause?
M: Mh! Tiger, Löwen, Panther.
N: Wie, einen wirklichen?

Als hätt' er es zuvor nicht gesagt. Nicht selber gesagt, Max. Dass er nicht zuhause sein kann – und weshalb nicht. Weil daheim ein wildes Tier haust – sofern er, Max, daheim ist: reissende Tiger, Löwen, Panther, und alle heissen sie gleich: Max[11].

Im übrigen: Wie schaun Löwen denn aus? – Ich fress Sie jetzt, Herr Primar, wenn Sie nicht endlich den Mund halten, Herr Primar. – Und davor: Auf den Mond; vielleicht versteht man dort.

Vorsicht: Dieses verrückte Gerede, dieses schizophrene Zeugs – Though this be madness, yet there is method in it: Das ist nicht nur Appell, was Max da zu hören gibt, es steckt auch Hohn drin, das sicherste Mittel, um mit dem Frager, wenn man ihn schon nicht abschütteln kann, doch wenigstens zurechtzukommen. Das Wort bewegt. Es kann auch hinweg bewegen.

Kunst der Geisteskranken: Es ist eine gefährliche Sache, sich mit ihr zu befassen. Wie leicht es daneben geht: neben die Anrede! – Und dies hat die Kunst der Geisteskranken mit der Kunst überhaupt gemein; mit der Kunst schlechthin und mit jenen, aus deren Händen sie tropft. Sie ist Aussage. Weil sie Anrede nicht sein kann. Nicht sein darf. Und ihren Spender mit leeren Händen zurücklässt. –

Und jetzt halten Sie sich bitte nochmals die Zeilen vor Augen, die am Anfang dieses Kapitels gestanden haben. Tende Strömfeld Simonetta: Nun wäre denn, so stellen wir uns vor, einer von den Hölderlin-Getreuen zu Besuch in den Tübinger Turm gekommen. Heyer sagen wir, oder Pierre Bertaux[12], einer aus des Dichters anhänglicher Gefolgschaft hätte damals, oder es hätte Hölderlin heute gelebt (übrigens: Hölderlin *lebt* heute, eine Unzahl Hölderlins leben, kaum weniger kreativ, heute, in der Zeitgenossenschaft der Hölderlin-Verehrer und der Walser-Fans, irgendwo in einer Anstalt der Schweiz, Deutschlands, überall; und warten. Und hoffen, es möchten sich einmal irgendwo Anhänger finden, irgendeinmal eine kleine Schar von Aposteln, die sich nicht nur um die nachgelassenen Papiere eines Propheten oder Sängers scharen, sondern ihnen selber ihre Aufwartung machen – irgendwo hinten in der geschlossenen Abteilung. Und nicht um das Werk zu deuten, noch es zu loben, sondern um zu reden: anzureden, Antwort zu bekommen und zu geben). Item: Hölderlin heute, und Bertaux, oder wie der Fan heute heisst, würde ihn besuchen. Würde sich zu ihm setzen und anheben, ihm seine Hochschätzung, Liebe womöglich, zu bezeugen; wüsste etwas zu seinen Gedichten zu sagen; ginge danach weiter und würde ihn seiner Überzeugung versichern: Friedrich Hölderlin, wir beide, Sie und ich, wir wissen doch, Sie sind gar nicht verrückt, nur die Dummköpfe alle, die Ihre Dichtung nirgendwo hinzutun wissen, erklären Sie für verrückt; oder: Hölderlin, du bist doch nicht verrückt, du tust nur so, du spielst verrückt, damit man dich in Ruhe lässt ... So etwas geschähe – es könnte geschehen, täglich, ich kann den Fans einen Weg weisen – nun: Da sollte man dabei sein, oder lieber nicht dabei sein, bei dieser Ernüchterung; dabei, wie der ungläubige Thomas an seinem Verkünder gläubig wird – nur umgekehrt wie damals. –

Das würde schlimm ausgehn. Damals wie heute. Schlimm auch dann, wenn die Diagnose der Hölderlin-Gemeinde zuträfe und der Dichter nur Verrücktheit simulieren würde. Wer so etwas tun muss, Verwirrung simulieren, tut es um derselben Absicht willen, tut es mit den nämlichen Mitteln – und erreicht auch genau dasselbe Ziel – wie jemand, bei dem diese Diagnose unbestritten auf dem Kopf der Krankengeschichte stehenbleibt[13]. –

Schizophren oder nur als ob: Das ist *nicht* die Frage. Gewiss nicht für die Hölderlin-Leser. Wenn die nur endlich einsehn wollten, dass es sie nichts angeht – weil es für sie belanglos ist – weil es doch keinen Buchstaben am Text der Dichtung verändert, welche Art von unbeholfenem Namen (und der Psychiater weiss, *wie* unbeholfen) man an den Zustand von Vereinsamung und Abkehr anhängt -- wenn sie merken wollten, dass sie ein dem Dichter weniger als sich selbst gefälliges Spiel treiben mit ihren Beteuerungen, dass *sie* den Dichter verstünden! – Und dagegen muss man sich wehren, und mit Entschiedenheit; nicht dem missverstandenen Genius zuliebe, der pfeift auf dergleichen, und am lautesten auf seine Verehrer. Noch weniger um der Wahrung irgendeiner Diagnose willen, die ist nun gewiss belanglos, sondern weil diese Auffassung einem geistigen Feudalismus mit aller zugehörigen Ungerechtigkeit den Weg bereitet. Einem Feudalismus, wie ihn die Gesellschaften vor den grossen Revolutionen gepflegt haben, um nichts besser: Die Besitzenden gelten mehr, weil sie mehr besitzen, nichts logischer und naturrechtlich begründeter als dies: Wer hat, hat Gewicht. Und so dürfen sie sich mehr leisten als die Ärmeren um sie. Feudalismus: Ob es nun Grund ist, den man besitzt, ob es Bankpapiere sind oder Vers-Papiere, die man von sich gibt, das macht keinen Unterschied. Was Hölderlin anbetrifft, er hat eine ziemliche Menge Papier hinterlassen, und er hat – im späteren Leben, im Tode – Glück gehabt: Der treue Zimmer, eine Gestalt vergleichbar dem von Brecht gelobten Zöllner, hat die Papiere seines Pensionärs nicht verbrannt; was er sonst mit ihnen getan hat, wenn er sie erhielt, aus dem ersten Stock, zusammen mit dem leergegessenen Suppenteller, ob er sie gelesen hat oder nicht, weiss man nicht. Jedenfalls, die Papiere sind nicht ins Raritätenkabinett gekommen, mitten unter uns sind sie gelangt und hier geblieben. – Aber wenn Sie wüssten, Sie Hölderlin-Verehrer, wie manche dunkle, klangstarke, bilddichte Formulierung täglich in den Anstalten zum Tönen kommt – auf Papier festgehalten, zunächst, aber danach meist von niemandem gelesen der Toilette anvertraut, bis sie verstopft ist, oder auch nur in halblauter Deklamation in den Raum gebrummelt –, und niemand kommt, und niemand kümmert sich um die verlassenen Vergessenen.

Nun aber dieser verlassene Nichtvergessene, dieser F. Hölderlin: Wie gesagt, seine Apostel, alle würden sie bald umkehren, kaum hätte er sie begrüsst, sollte er sie begrüsst haben. Mag sein, sie würden dann noch bei der Familie im Erdgeschoss eine Tafel Schokolade abgeben: mit verehrungsvollem Gruss an Herrn

F. H., von Herrn P. B.[14]. Und einem Briefchen dabei, mit folgendem Text: Hölderlin, du bist nicht verrückt. Du *darfst* nicht verrückt sein. Du bist unser säkularer Erlöser. Wärest du verrückt, so würdest du ja *uns* kompromittieren; uns, die verschworene Gemeinschaft deiner treuen Verehrer. Das dulden wir nicht: dass durch dich wir kompromittiert würden.

Er hat den Apoll gesucht, Herr P. B., Apollo Musagetes im Turmzimmer am Neckar – das ist das Vertrackte an der Sache, das vertrackt Traurige. Wenn er bloss wüsste: Er *hat* ihn gefunden, den göttlichen Sänger, den Anführer der Musen, und der Turm übersteigt den Olymp! – Nur, die Schönheit kennt eigene Gesetze, und jetzt wird niemand mehr, wie der Mitzögling im Tübinger Stift, über den Zögling Hölderlin sagen: Als ginge Apollo durch den Raum. Jetzt ist Apollo zerknittert und zerknautscht. Und ist immer noch Apollo. Apollo mit einmal fahrigen, viel zu geschäftigen Bewegungen, dann wieder kataleptisch starr, dazu mutistisch oder fistelnd geschwätzig.

Dass sie alle es doch nicht lassen können, bis heute nicht: Sie suchen ihn leibhaftig, den Apollo, wenn sie ihn gelesen haben oder seine Werke gehört. Wie ätherisch muss – so hoffen die Leute seit je bis heute – doch jemand sein, wenn er solche Elegien, Hymnen und Oden macht: solch reiche, zeitbesiegende Aussagen.

Und dann sieht er aus wie der alte Hölderlin (oder benimmt sich wie Mozart von Hildesheimer oder Foreman). – Dies wahrgenommen, tröstet man sich mit C. G. Jung, das sei eben der Schatten des Genius. Wo viel Licht, da viel Schatten. – Die Schatten-Metapher trifft aber daneben. Sie bleibt im selben System. Innerhalb des Systems freilich, da muss es stimmen. Der Preis jedoch transzendiert immer das System; so auch hier: Die Erscheinung, das Verhalten, sind der Preis für die Werte, die in der Aussage zum Reden kommen.

Aus Verwechslung von Aussage und Anrede geschähe das, aus dem Unwillen, zwischen beiden zu unterscheiden. Und nun erleben die Leser den still aufgenommenen schriftlichen Text so, als wäre er, ohne Antwort von ihrer Seite, zu ihnen gesprochen – da er doch in den Raum geredet ist, und Hölderlin, wenn er es läse, würde das alles nicht mehr als das Seine, gewiss schon nicht als seine Botschaft erkennen oder anerkennen. Es käme ihm in den Raum, man sagt «in den Wind geredet» vor, oder in sich hinein geredet.

Das ist es doch: Wenn es nicht beantwortet wird, so *ist* – oder bleibt – es in den Wind geredet. Schönwort, Goldrot: kulinarischer Wohlklang wie die Speisekartenpoesie im Mövenpick, namentlich für den Salat; wie die Produkte der Werbetexter, die beim späten Hölderlin zur Schule gegangen sind; und dort haben sie eifrig gelernt! –

In den Wind geredet, um des Klanges willen, wie die glücklich-anspruchsvollen Eltern, wenn sie ihr Kind Claudio nennen – vier prächtige Vokale, aneinandergereiht in einem kurzen Namen, oder Claude: Klooohd, und zweimal beruft der Name einen Hinkenden (Claudius). Ob Claudes, Claudios Eltern wissen, ob sie bedenken, dass ihre Namengebung den Wunsch auf ein humpelndes Kind beruft! – Dasselbe mit der Barbarin Barbara: Der Wohlklang macht's, wo die Antwort nicht das unwirklich Sinnlose verwirklicht. So kann man Hölderlin *auch* hören: Tende Strömfeld ... Aveiro – es klingt, Hölderlin könnte vielleicht sagen: wie der zornesermattete Abend. – Dass es klingt, wie es zu klingen hat: Das ist doch der erste Arbeitsgang in der Werkstatt des Dichters, den man bisweilen auch Sänger nennt. Amyklä Aveiro: Das klingt, wie es zu klingen hat. Der Rest, die Zutat, wäre vermutlich später noch gekommen.

Oder in sich hinein geredet: wie es die Leute tun, wo Leute sind und Leute andere Leute langweilen. Dann füllen sie ihre Ohren mit Geknackse und Gekrache, zertrümmern Chips und hart geröstete Mandeln; so hören sie wenigstens *etwas* Intelligentes unter dem ganzen Small talk, oder *jemand* Intelligenten: Sie hören sich selber. Was da befriedigt wird durch den angenehmen Innenlärm, das ist nicht die Oralität, wie immer behauptet, vielmehr die Aurikularität, das Gehör. Dass es dennoch dick macht, ist eine unerfreuliche Nebenerscheinung[15].

Dahin ist es geredet – geschrieben –, dahin und daher im Reichtum des Klanges, des Rhythmus, durch die Verlorenheit des Tübinger Turms. Aber schon vorher. Schon als er Patmos geschrieben hat und den Herbst. Das schreibt sich so, wenn Antwort ausbleibt, so reich, so differenziert; ob nun mehr oder etwas minder abstrakt, das macht keinen glaubhaften Unterschied. Ob Amyklä Aveiro oder Versöhnender, der du nimmer geglaubt/Nun da bist: Ihnen spendet das zweite Textfragment ästhetische Erbauung. Aber ihm, der das aufgeschrieben hat, ist das zweimal – glauben Sie mir – einerlei. Er hat Sie nicht lieber, nur weil Sie ihm dankbar bekennen, wie eindringlich seine «Friedensfeier» Ihre hintersten Gefühle nach vorn wendet.

Wenn Sie zu ihm wollen, Sie gehn dem Neckarufer entlang und fragen, wo wohnt hier ein Herr Hölderlin, und die liebenswürdige Frau Zimmer, ihren bleibenden Ruhm zu ihres Pensionärs Glück weder ahnend noch begehrend, hat Sie nach oben geführt, in den ersten Stock, dann wollen Sie bitte dies versuchen: Geben Sie den dunklen Text an den zurück, der ihn gesprochen hat, oder geschrieben. Antworten Sie, aber geduldig bitte und sehr, sehr behutsam: Tende Strömfeld Simonetta ...

Warten Sie, was geschieht. Aber: *Wenn* etwas geschehen soll – wenn auch nur leise Hoffnung gegeben ist, dass etwas geschieht –, dann unter der Bedingung, dass jede Deutung, der leiseste Deutungsversuch sogar, und erst recht alles Fragen nach der Bedeutung vermieden wird. Und wenn sie noch so geistvoll deuten und noch viel eindringlicher fragen, es stört. Es entfernt; für lange, wenn nicht für immer. – Deshalb: behutsam anreden, und in seiner, Hölderlins Sprache, der Ihnen noch unverständlichen.

Dann sei gewartet, was geschieht. Und bisweilen, selten genug, geschieht es: Der Anredende hört sich selber, Hölderlin sich selbst – durch den Mund des Antwortenden, seines Besuchers. Seine, Friedrich Hölderlins Aussage fand sich in Anrede gewandelt und wird nun, wie es Anreden zusteht, beantwortet; vermutlich durch Wortgebilde, die ebenso änigmatisch vieldeutig sind wie diejenigen, in denen die Anrede dahergekommen ist. Bitte fragen Sie dann nicht, was das bedeutet. Wiederholen Sie, holen Sie also das ansonsten in den Wind Geredete zurück, ehe der Wind es vertreibt, irgendwohin in die Ferne, zu Strömfeld, nach Aveiro, und für immer dann. Aber Antwort, die kann dem Verstehen gleichbedeutend sein und also Verständigung erwirken, wie kurz auch.

Zu alledem stösst, wer es so versucht, manchmal unerwartet – unverdient, weil beiläufig – auf eine inhärente Bedeutung des vordem dunklen Textes. Aus antwortendem Lesen heraus. Tende Strömfeld ... – unvermittelt erschliesst sich dann ein Bewegendes aus früherer Hölderlin-Dichtung. Erschliesst sich etwas, das zuvor durch, wie man glauben mochte, nachvollziehbare, weil umschreibbare, sogar abzubildende Wortindikationen, über deren Hinweisnatur man sich allseits in Einigkeit vermutet hatte, mehr zugedeckt als eröffnet worden war:

Drin in den Alpen ists noch helle Nacht und die Wolke
Freudiges dichtend, sie deckt drinnen das gähnende Tal.
Dahin, dorthin toset und stürzt die scherzende Bergluft,
Schroff durch Tannen herab glänzet und schwindet ein Strahl.
Langsam eilt und kämpft das freudigschauernde Chaos,
Jung an Gestalt, doch stark, feiert es liebenden Streit.

Und daneben: Tende Strömfeld ...: Es ist dasselbe, nämlich: das Wort auf seinen Klang zurückgeholt, mit dem es Rückklang, Echo – Antwort – erhofft, oder darauf gerichtet, etwas in Bewegung zu versetzen. –

Wenn es beidemale gelingt, mit dem Fragen nach der Bedeutung einzuhalten, ergibt sich dies:

Vollendet. Goldrot. Und die Rippe tönet.

oder:

... helle Nacht, und die Wolke,
Freudiges dichtend, ...
...
Jung an Gestalt, doch stark, feiert es liebenden Streit

oder:

Teufen Amyklä Aveiro.

dass es dreimal dasselbe sagt.

Ausschnitte aus Therapie-Situationen

Seine Hände sind zerkratzt, das Gesicht ist zerkratzt, an manchen Stellen vereitert; immer kratzt er sich weiter, am ganzen Körper, und hält nur auf wenige Augenblicke ein, dann fährt er mit Kratzen fort. Dies, wiewohl der junge Mann von den verschiedensten Medikamenten benommen ist, betäubt fast, und gleichsam, um sich gegenwärtig zu halten, dass ihm das Kratzen seine Bewusstheit vergewissert: die monotonen Kratzbewegungen ebenso wie die schmerzvollen Wahrnehmungen, die er sich damit beständig erneuert.

Das alles trägt sich zu im psychiatrischen Krankenhaus, und der junge Mann ist schon manche Woche dort hospitalisiert. Sedierende und psycholeptische Medikation bringen keine Änderung. – Aber nicht dies ist das Seltsamste an der Sache, sondern der Umstand, dass sich den Fragen der Kollegen manche Hinweise eröffnet haben, die dem Sichkratzen einen rationalen Ort zuweisen können – und wenn nicht den Grund fürs Kratzen, so doch etwas wie eine Rechtfertigung. Und dies gleich noch auf verschiedenen Ebenen:

Da vermerkt die Krankengeschichte etwas über einen Spaziergang, von dem der junge Mann, nennen wir ihn Gideon, vor Kurzem auf seine Spitalabteilung zurückgekehrt sei, und danach habe er sich beständig gekratzt. Zuerst mochte er gar nicht reden, nur kratzen. Aber dann kam, es war schon Nacht, der Bericht hervor gestammelt, dass er an verborgener Stelle im Orangenhain schon gegen Abend unvermittelt auf einen seltsam riechenden Haufen gestossen und beinah über ihn gestolpert sei. Das Erschrecken tönte noch durch den nächtlichen Bericht über den Gegenstand, der sich als fortschreitend dekomponierter männlicher Leichnam erwies, freilich kaum mehr als solcher auszumachen, weil nur mit Mühe noch sichtbar unter der dichten Decke von krabbelndem Ungeziefer, das da – so schnell geht das in diesen Regionen – die Funktion der Leichenbestatter stellvertretend übernommen hatte. – Nun denn, niemand sollte das erstaunen, dass Gideon sich kratzt und kneift, um vor der Erinnerung noch die Ameisen, Käfer, Flöhe und das Gewürm loszuwerden, das ihn, ein Fussbreit hätte gefehlt, und er wäre über den Leichnam des Selbstmörders gestolpert, beinah überfallen hätte. – Ja, dann würdest du dich auch kratzen, und ich täte es ebenfalls – mit welch tiefsinnigem Argument weitherum manche Leute ihre Art von Verstehen zum allgemeingültigen Verstehensgesetz erheben. Wenn ich mich kratzen muss, dann muss die ganze Menschheit sich kratzen. Ich bin das Mass aller Dinge, nicht nur für mich, sondern auch für die Dinge: So wird oftmals Verstehen geübt und zelebriert.

Gewiss denn – wenn Gideon bloss nicht schon vorher die Angewohnheit des Sichkratzens gezeigt haben würde – wie jetzt jemand bemerken könnte, dem weniger am Rang einer sich anbahnenden Einsicht als am Beweis seines eigenen Rechthabens liegt. Nun, das trifft zu: Gideon hat schon vorher seine Haut zerkratzt (dennoch könnte, möchte ich meinen, ein Sichkratzen, wenn es nach solcher Konfrontation mit der Vergänglichkeit stärker und auch dem Bewusstsein eindringlicher gegenwärtig wird, zu neuen und zu wesentlichen Einsichten Anlass geben). Aber da hat sich dem Fragen des jungen Arztes auch noch anderes aufgetan: Wie das zuging, als Gideon, wenige Wochen vor seinem Eintritt in die Klinik, ein öffentliches Mädchen besucht hat – und nicht nur einfach so, um des Vergnügens willen, sondern weil er sich beweisen musste, dass er nicht, vermuteten Anspielungen ebenso wie seinem eigenen dunklen Argwohn gemäss, ein Schwuler sei. Die Episode mit der Dirne, irgendwo im unbeleuchteten Treppenhaus einer ausser von Pärchen nur noch von Katzen und Ratten bevölkerten Abbruchbude, war offenbar nicht ganz dazu angetan, erotische Ungewissheiten hinwegzuräumen oder auch dem noch jungfräulichen Jüngling einen Sinn für die bisher versagten Männerfreuden zu öffnen.

Ob er denn vorher schon gekratzt habe: Es spricht für den jungen Kollegen, dass er auf der Erschliessung einer Antwort zu dieser Frage nicht insistiert hat. Wie auch, wir hätten zureichend Gründe – oder Hintergründe – oder Rechtfertigungen –, oder wie man das nennen will, um dem Sichkratzen seinen Ort zuzugestehen. Würde er bloss nicht immer weiter kratzen. Bis aufs Blut, bis zur Vereiterung, und selbst das, wie bejammernswert es auch aussieht, würde nicht so schlimm sein, nähme es Gideon nicht völlig in Anspruch, so ganz umfassend, dass jedes Gespräch mit ihm davon zugedeckt wird. Allein, auch dies würde, wie hilflos immer es die Umstehenden macht, für ihn selber, für ihn subjektiv nicht so bedrückend sein, würde man nicht bemerken, wie sehr es ihn gleichzeitig zu reden drängt. Aber irgendetwas schiebt sich beständig zwischen Gideon und alle andern und verhindert jedes Gespräch. Schwer zu sagen, und verboten zu fragen (weil unbeantwortbar), ob es das Kratzen sei.

Schwer zu sagen, wenn nicht unmöglich. Aber auch überflüssig. Weil man anders vorgehen kann, wenn man nur jedes Warum-Fragen zur Seite gibt – und noch ein geringes mehr, oder auch weniger, tut.

Verstehen heisst Antworten. Antworten in der Sprache der Anrede. Wobei Anrede das ist, und zwar *alles* das ist (wird), was von dem Anderen zu mir redet.

Mithin auch Gideons Kratzen. – Jetzt geht es um nichts als dies eine: der These getreu zu handeln, sich weder durch Scheu noch durch Ekel noch durch Angst vor Lächerlichkeit davon abhalten zu lassen, dass man antwortet. Genauer noch, verbindlicher auch: in der Sprache der Anrede antwortet. In der Sprache dessen, wovon ich mich angeredet weiss. Wobei, das ist hier entscheidend, alles das, wovon ich selber mich angeredet erlebe, einzig vermöge dessen, dass ich es als Anrede wahrnehme, auch schon Anrede *ist* – oder, richtiger, *zur* Anrede *wird.*

Gideon sitzt mir gegenüber. Gideon kratzt. Er tut es in meiner Gegenwart. Hätte er, so will ich zunächst annehmen – oder unterstellen –, nicht vorgehabt, mich durch sein Kratzen anzureden, so würde er gewiss damit einhalten, wenn ich auf ihn zugehe. Aber er kratzt weiter, eher intensiver als zuvor. Und das muss er ja sehen, dass er mir durch sein beständiges Kratzen auffällt. Ob das Kratzen als Anrede intendiert war, ob nicht, kommt mir irrelevant vor. Wichtig ist: Zu mir spricht es *als* Anrede. –

Und was die Gestalt – man kann auch sagen: die Sprache – anbetrifft, in der die Anrede gehalten ist, so gibt es keine Instanz, die für sich reklamieren dürfte, dass ihr zu entscheiden zusteht, in welcher Sprache anzureden, und folglich zu antworten, sei, und welche Sprache aus der Verständigung ausgeschlossen gehöre. Keinesfalls kann es der Wortsprache zustehen, ihre Provinz zur bevorzugten, womöglich gar zur einzig beantwortbaren Sprache zu deklarieren.

Hier wird gekratzt. So wie irgendwann auf dem Wege seiner Evolution der Sapiens oder einer seiner Vorfahren das Spiel des Atemstroms derart verfeinert hat, dass es sich ihm zur phonierten und artikulierten Sprache entwickelte[1], so mag Gideon die Stärke und den Rhythmus, mit dem die Fingernägel auf seiner Haut ... – Aber solche Erwägungen sind belanglos, sie stören mehr, als dass sie helfen. Und stören, weil sie merkbar machen, dass hier eine Rechtfertigung – zugunsten Gideons oder auch meiner selbst – gesucht wird, um ein seltsames Verhalten in seiner Seltsamkeit abzuschwächen und gefälliger zu machen. Dazu besteht jedoch keine Notwendigkeit.

Verstehen heisst Antworten, reziprok, d. i. symmetrisch Antworten: Ich setze mich Gideon gegenüber, ziehe den Ärmel meines Hemdes zurück und kratze zunächst ihn, Gideon, an just jenen Stellen der Hände und Vorderarme, die schon so bejammernswert zerkratzt sind. – Meine Ärmel habe ich zurückgeschlagen, damit auch er, Gideon, seinerseits mich kratzen kann. Merkwürdig, dass ich vergessen habe, ob er's getan hat. Jedenfalls, dass ich meinerseits ihn dazu aufforderte, das weiss ich noch.

Aber ihn habe ich gekratzt, auch das ist mir noch gegenwärtig. Nicht grob, nicht bis aufs Blut, aber doch so, dass er mich hat spüren können. Und danach habe ich mich selber gekratzt, ebenfalls stark genug, dass er sehen konnte: Sein Partner kratzt sich an der Haut seines Vorderarmes.

Dazu habe ich gedeutet, das heisst, wie zuvor erläutert: Ich habe, zur Ergänzung meines systemimmanenten Antwortens, in anderer Dimension, in anderer Sprache also (systemtranszendent mithin), das Kratzen interpretiert. Was diesen speziellen Fall angeht, so habe ich der Sprache des Kratzens eine verbalsprachliche Äusserung hinzugefügt. Jedoch, ich habe nichts zu seinem Kratzen gesagt, sondern eine Interpretation zu *meiner* Handlung gegeben.

Seltsam, dass man sich, wenn man in einer Sache sehr engagiert ist, später so ungenau erinnert, wie es gewesen ist, namentlich was man selber getan und gesagt hat (ich werde mich dennoch hüten, einem Videotape oder dem Einwegspiegel oder sonst einem von diesen unmenschlichen Spionageinstrumenten Zugang zum letzten Ort zu verschaffen, welcher in unserer Gesellschaft noch Intimität, den Takt der sicheren Privacy in seiner

Heimlichkeit birgt!). Aber das weiss ich noch: dass ich etwas von der Sensation habe verlauten lassen, die mich überkommt, wenn ich mich beständig kratze: von dem leisen Schauer im leichten Schmerz, und wie beides merklich zunimmt, je länger ich kratze, der Schauer wie der Schmerz. Und wie es fühlbar schwieriger wird, mit dem Kratzen einzuhalten, je länger das rhythmische Spiel andauert, als überzöge der Rhythmus selbst mich wie mit einer zweiten Haut. Und dass es, wie unangenehm auch, doch besser ist, ich spüre mich kratzen, als dass ich das Nichts spüre, wie es sich ausdehnt – um mich, in mir. – Während ich dies sagte, bin ich – vom begleitenden Kratzen auf eine erweiternde Antworthandlung – nämlich auf ein sehr behutsames Streicheln von Gideons Vorderarm übergegangen.

In dieser Situation hat Gideon frei zu reden begonnen. Erstmals seit Langem. Was er gesagt hat, ist jetzt nicht von Bedeutung. Dass er reden konnte, in Worten reden, und auf diese Zeit nicht mehr kratzen musste, das ist wesentlich. Damit war er noch nicht geheilt; bei weitem nicht, und solche Sekundenheilungen sind, selbst wenn sie sich bisweilen als möglich erweisen, unerwünscht. Es sollen ja Raum und Zeit für eine neue Gesamt-Orientierung, resp. -Umorientierung, angeboten werden – angeboten, nicht aufgedrängt. Aber irgend etwas Wesentliches ist damals geschehen, etwas wie Kairos, das Sicheröffnen von Neuem, und ein Zugang dahin. Nicht dass das Kratzen aufgehört hat, sondern dass das, was so sehr gekitzelt hat, dass man kratzen musste (und darüber habe ich in meinen interpretierenden Bemerkungen ebenfalls etwas verlauten lassen), jetzt heraus durfte, in Worte gefasst und jemandem hörbar formuliert: *Das* war der Anfang zur Besserung. Zur Aufhebung der Leere.

Vielleicht, dass es hier nochmals festgehalten sein muss, wiewohl es schon gesagt wurde: Was das Rechthaben angeht, so darf das Verstehen, und das ist: das systemgleiche Antworten, für sich so wenig beanspruchen, dass man ihm zugestehe, es habe recht, wie jemand, wer immer, wird behaupten können, dass dieses Antworten, mit ihm der Antwortende, unrecht habe. Gegenüber dem Antworten verweigert die Kategorisierung, gemäss derer man nach Rechthaben oder dann Unrechthaben unterteilen kann, ihren Dienst. Mit Bezug auf das, was da an Deutungen beigetragen und, mehr aphorismatisch, eben angeführt worden ist, mag wohl jemand darauf bestehn, dass ich nicht recht gehabt habe mit dem, was ich Gideon gesagt habe. Man hätte, so kann man argumentieren, ganz anders deuten sollen. – Darüber will ich nicht rechten; es kann sein. Ich habe einfach das gesagt, was mir eingeschossen ist, während ich gekratzt habe und mich habe kratzen lassen. Ich beanspruchte damals nicht – beanspruche auch jetzt nicht – dass man mir zugestehe, ich hätte mit meinen deutenden Hinweisen rechtgehabt. Allerdings muss ich beifügen: Ich wüsste keine Instanz zu nennen, die darüber zu richten vermöchte, welches Deuten recht hat, was für eines mithin unrecht.

Wenn man die Sache mit dem Rechthaben zur Seite gibt und den Entscheid darüber, was für eine Deutung als richtige Deutung zu gelten beanspruchen darf, danach orientiert, ob durch sie etwas ausgelöst, etwas in Bewegung versetzt wird: dann dürfte es angängig sein, die Worte, mit denen ich mein Kratzen begleitet habe, als eine richtige Deutung (eine Deutung nämlich, die etwas ausgerichtet hat) aufzufassen. Als, wohlgemerkt, nicht *die,* sondern als *eine* richtige Deutung; eine unter mannigfachen anderen vorstellbaren Deutungen, denen man sämtlich ebenfalls Richtigkeit zuerkennen mag, wenn sie bloss ihrerseits etwas richten oder ausrichten. Wobei – aber das soll hier nur eben angetönt sein – die Richtigkeit einer Deutung sich wandelt gemäss und ausrichtet nach u. a.: der deutenden Person, wie auch der Person, welche die Deutung anzuhören bekommt; der Situation, in der gedeutet wird; dem Zeitpunkt des Deutens, namentlich mit Bezug auf die Dauer, da die beiden Einbezogenen – in dem hier vorgelegten Bericht also Gideon und ich – einander kennen, sowie darauf, was alles sie schon mit- und aneinander erlebt haben; schliesslich, und sehr wesentlich, einer Formulierung der deutenden Worte (also insgesamt Spezifikationen, welche in einer gründlichen, überlegten Psychotherapeutik als *personing, timing, wording* etc. geläufig sind). Zu wissen ist: Nicht jede Deutung ist in jedermanns Mund jederzeit unter verschiedensten Bedingungen richtig – gewiss schon kann sie nie *die* (einzig) *richtige,* und ebenso wenig darf eine Deutung rundheraus immer und unter allen Bedingungen als falsch anzusprechen sein. Und ein weiteres Mal dieses: Wenn eine Deutung Widerrede auslöst, so sollte sie meist für richtiger gelten, als wenn ihr gehorsam und befriedigt beigestimmt wird! –

Schliesslich liegt mir daran, den Finger nochmals auf einen Satz in dem hier vorgelegten Bericht über das Zusammentreffen mit Gideon zu legen. Auf einen kurzen Vermerk, der eher beiläufig gemacht wurde und dennoch nicht gänzlich unbeachtet vorbeigehen sollte. Es betraf dieser Satz den Hinweis darauf, dass ich nicht etwa das Kratzen meines Gegenübers Gideon mit einer Deutung versehen habe, sondern dies tat unter Bezug auf *mein* Kratzen. Nicht ist also, es sei nochmals betont, Gideon, *ich* bin von mir in meinem Tun interpretiert worden. So habe ich mich deutend – *mich* deutend – ins Gespräch eingebracht. Das geschah nun weder aus dem heraus, was man Zufall nennt, noch aus reiner Laune. Hier hat Absicht gespielt:

Es ist nämlich zu wissen, dass Deutungen, wenn sie nicht völlig von der Person des Aussagenden losgelöste Aussagen betreffen (und bisweilen selbst dann noch, wenn sie sich auf die freistehenden Aussagen beziehen), von denen, die sich durch das Mittel der Deutung angezielt wissen, als elegante Methode seitens des Deutenden zum Sichentziehen von der Auseinandersetzung aufgefasst werden. Die Deutung wird erlebt als Instrument des Deutenden, sich aus der Verständigung herauszuwinden, als ein trickreiches Spiel auch, die gemeinsame Sache zu verlassen und von dem erhöhten Piedestal des Interpreten her auf dessen Bedeutung hin zu dozieren. Manche Äusserung von Unbehagen, Unwillen gar, gegenüber Deutungsversuchen, auch wenn diese mitnichten aus der Absicht zur Dominanz geäussert wurden, sollten uns bedenken lassen, wie leicht man uns Therapeuten der Besserwisserei, ja der Präpotenz zeiht, sobald wir mit dem Deuten anheben. Allzu oft hören wir den Vorwurf, wir täten es doch nur der eigenen Befriedigung zuliebe, glücklich, so eine schöne Deutung gefunden zu haben, als dass wir es uns leisten dürften, solche Bemerkungen ungehört, unbedacht und ohne ernsthafte Selbstprüfung vorbeiziehen zu lassen. Belanglos und nichtssagend ist es dabei, was wir selber, wir als Deutende, beabsichtigt haben und was wir für uns erleben, wenn wir uns ums Deuten bemühen. Sosehr eine Haltung dieser Art der hermeneutischen Arbeit gegenüber Kreationen aus künstlerischer Ambition bisweilen – vielleicht – am Platze sein könnte, mit Gewissheit führt sie immer in falsche Richtung, wenn therapeutische Absichten das Deuten lenken. – Äusserste Besonnenheit und Behutsamkeit sind deshalb am Platz, wenn man sich ans Deuten wagt – Behutsamkeit nicht nur mit Bezug auf Form, Inhalt, auch, und namentlich, Zeitpunkt der Deutung, sondern schon auf die Absicht selbst. Sonst kann die eleganteste und – wie man meint – treffendste Deutung daneben gehn! –

Aus dieser Erwägung wurde hier nicht das Handeln Gideons, des Patienten, mit einer Deutung versehen, sondern das meine; mein eigenes. Ich kommentierte interpretatorisch, was ich tat und was *ich* erlebt habe. Das braucht an sich für mein Gegenüber nicht verbindlich zu sein. Und wichtiger noch: Mit dieser Formulierung verlege ich es aus der meinen in seine, Gideons, Willkür, ob er, was ich zu mir selber bemerke, auf sich zu beziehen gedenkt, und in welchem Sinn und Mass. Beide kratzen wir uns, gewiss, da geschieht auf beiden Seiten, mit Gideon gleichwie mir, im wesentlichen dasselbe. Actio = reactio. Verstehen heisst Antworten. Jedoch: Was dabei mir widerfährt und was mir an Erlebnissen aufkommt, das braucht mitnichten dem zu entsprechen, was Gideon vermittels Kratzens erlebt. Aber *dass* ich meine Antwort mit einer Deutung begleite, dies verweist den jungen Mann darauf, dass auch ihm eine Deutung gegenwärtig werden kann, und wenn nicht die meine, so die seine – jedenfalls: irgendeine Deutung, und sie braucht nicht einmal laut ausgesprochen zu werden. – So entwickelt sich Kommunikation, und so hat sie sich auch in diesem Fall bewährt.

Was da geschehen ist: nichts als dies, dass, statt einer eleganten Erläuterung dessen, was der Sinn im Wahnsinn sei, so sinngleich, wie es mir möglich war, geantwortet wurde. Sinngleich, und von daher auch sinnträchtig, ich hoffe zudem: sinngemäss. –

*

Um das eben Vorgelegte zu ergänzen und sinngerecht weiter zu erläutern, will ich jetzt von Gabriel berichten. Einem jungen Mann ebenfalls, und auch er wohnt in Israel.

Die Situation, in der wir, Gabriel und ich, uns kennengelernt haben, war, wenngleich anders, mindestens ebenso dramatisch, von den sozialen Bedingungen her noch ungleich bedrängender als die Umstände, die zum Zusammensein mit Gideon geführt haben. Schon die Forderungen des jungen Mannes an mich, seine Konditionen, unter denen er bereit sei, mich zu empfangen ... – aber zuvor muss ich beschreiben, was sich zugetragen hat, ehe wir zusammengekommen sind:

Darüber hatte man zuvor in der Zeitung lesen können. Auf der ersten Seite wurde dort berichtet, es sei ein junger Mann in eine der heiligsten Stätten der Moslems, irgendwo in oder um Jerusalem, eingedrungen. Dort habe er aufs Allerheiligste gepisst und sich dazu laut schreiend vernehmbar gemacht: Er sei zum künftigen Hohepriester ausersehen und werde in seine Würde eingesetzt, sobald der dritte jüdische Tempel auf der vorbestimmten Stätte errichtet sei. Und dies bald, gleich nämlich, wenn, wie er präzisierte, die heiligen Orte seines Glaubens von den Spuren der Ungläubigen, der Feinde seines jüdischen Gottes, gereinigt seien.

Dies hier sei nicht der Ort, genauer auszuführen und zu belegen, wie sehr jeweilen und durch welche Mittel die Psychose als Brennglas dessen, was um sie herum ausstrahlt, die Erscheinungen und Probleme der Gesellschaft, in der sie wächst, sicht- und zugleich entflammbar macht. Simplistisch konformisierendes Historisieren oder gefälliges Soziologisieren würde an dieser Stelle nichts ergeben, und ich möchte, einmal mehr, davor warnen, dass jetzt jemand sein Verstehen – oder was er dafür hält, resp. als solches deklariert – durch Hinweise darauf zu bekunden gedenkt, wie deutlich Gabriel zum Opfer der Gesellschaft um ihn gemacht worden sei. Was sich so geläufiger- und gefälligerweise für Einfühlen hält, nicht nur, dass es mit Verstehen nichts zu tun hat, es wirft sich einem solchen quer in den Weg. Es ergäbe nichts, noch nicht einmal etwas wie ein billiges, von seinen Absichten her viel zu leicht zu durchschauendes Fraternisieren mit dem jungen Mann, und deshalb wäre das Einzige, was von Deklarationen wie diesen verbliebe, die strikte und definitive Ablehnung jedes weiteren Annäherungsversuches. – Schon dass man ihn – der doch ein Verkünder zu sein trachtet – zum Opfer (herab)deklariert! – Aber auch sonst gilt: Unsere Weisheiten mögen unsere Weisheiten bleiben, wir haben unsere Patienten mit ihnen zu verschonen, wie tief und wie wahr sie auch zu sein beanspruchen.

Nochmals: Verstehen ist nicht, was sich für Einfühlen hält. Verstehen heisst Antworten: Damit ist das Vorhaben, mit ihm das Vorgehen umschrieben. Übrigens, und erst jetzt, da die Zeit der Therapie – mit glücklichem Ausgang, wie ich heute sagen darf – hinter uns liegt, muss ich gestehen: Ob Gabriel nun der zukünftige Hohepriester in dem neuen Jehowah-Tempel, wenn dieser errichtet ist, sein wird oder nicht, das weiss ich nicht und habe ich nicht zu entscheiden. Ich kenne die Kriterien nicht, nach denen der Hohepriester eingesetzt wird. Aber *eins* weiss ich: dass die Erlöser, Messias und Hohepriester und alle die, welche Gottes Reich, das in täglichen Gebeten herbeigerufene, wenn es dann wirklich anhebt, hierherbringen werden, weder von Gnaden der Israel-Regierung oder des lokalen Oberrabbinates noch des Heiligen Stuhles, noch durch diese ernannt ihre Posten besetzen werden – und dass dann niemand von den öffentlichen Instanzen wird entscheiden dürfen, ob dieser da, der eben vor mir steht, der Messias sei, oder dessen priesterlicher Künder. Dazu soll dann bitte, wenn es soweit ist, auch der Psychiater schweigen und weder Gutachten über geistige Gesundheit ausfertigen noch Rezepte für Psychopharmaka schreiben wollen. Weder der Messias noch sein Hohepriester wird – kann – geistig gesund sein. Zudem: Die Propheten Samuel und Elias sind in ihrem Zorn, der sie zu Taten geführt hatte, welche denen meines Patienten Gabriel vergleichbar waren, weder auf Zurechnungsfähigkeit untersucht noch durch Medikamente beschwichtigt worden.

Dies beides war jedoch hier geschehen, nachdem die Polizei mit den Verkündigungen des jungen Mannes und den Versuchen zu deren Konkretisierung nicht hatte zurechtkommen können. Aber nicht nur die Polizisten zeigten sich ratlos, auch die Psychiater waren es. Namentlich diejenigen Kollegen, die sich selber als gläubig und orthodox deklarierten und eine Beleidigung ihrer Hoffnungen und täglichen Gebete mit entsprechender Bedrängnis darin erlebten, dass *so etwas* beanspruchte, der neue Hohepriester zu sein! –

Wie der Hohepriester sein wird, was für jemand, das weiss ich, es sei wiederholt, nicht, und es steht mir nicht an, es zu entscheiden; weder mir als Privatmann noch mir als Psychiater[2], und meinen Kollegen auch nicht, seien diese nun fromm oder säkularistisch ausgerichtet.

Weil er sich auch durch intensivste Medikation nicht in seinen beängstigenden Verkündungsworten zum Schweigen hat bringen lassen, wurde ich eingeladen, Gabriel zu besuchen. Er forderte aber, als ich mich bei ihm angemeldet hatte, zur Bedingung dessen, dass er mich empfange, ich solle mit bedecktem Kopf vor ihm erscheinen.

Nun muss man wissen, dass nach der Vorschrift der halachischen (den Satzungen des Talmud folgenden) Ordnungen ein Mann, anders als in christlicher Umwelt, seinen Kopf bedeckt zu tragen hat. Seit in Israel Religion zum Politikum geworden ist, lässt sich aus dem Herumgehen mit oder ohne Mütze, ja sogar aus deren Form, Stoff und namentlich Umfang, mit Gewissheit auf die politische Orientierung des Kopfes darunter schliessen.

Was den Schreibenden und dessen religiös-politische Auffassungen anbetrifft, so folgt er einer betont Halacha-fernen, agnostizistisch säkularistischen Auffassung. Ich werde versuchen, meine Glaubensrichtung niemandem aufzudrängen, meinen Patienten jedenfalls zuletzt, aber ich stehe zu ihr, und «Du sollst nicht lügen»: Das bleibt ein Schriftwort, dessen Gültigkeit für jedermann, gleich wie breit oder hoch seine Kopfbedeckung, und ob sie aus Filz sei oder mit Garn gestrickt, verbindlich ist. Du sollst nicht lügen: *Diesen* Satz würde ich gern auch als Grundgesetz aller Psychotherapie aufgeschrieben sehn.

Gelogen hätte ich, wenn ich, der Forderung meines Patienten Gabriel gemäss, unter einem Hut zum ersten Gespräch gekommen wäre. Er hatte, wie jedermann, ein Recht darauf zu wissen, zu wem er sprach.

Und das war in diesem Fall von besonderer Wichtigkeit. Auf Gabriels Vorhaltungen, dass ich die Verordnungen der Halacha, und damit seine Bedingung, missachte, konnte ich antworten, es scheine mir richtig, dass er wisse, mit wem er zu tun habe. Ja, ob ich ihm denn glauben könne, dass er der zukünftige Hohepriester sei. – Verstehen heisst Antworten – aber es heisst nie: eine Frage beantworten. «Das weiss ich nicht»: Eine solche Antwort entsprach zumindest genau dem Lüge-Verbot, nur, es durfte an diesem Ansatz zu einer Antwort – an dem Abbiegen des Inquisitoriums – nicht sein Bewenden haben. Und der Zusatz drängte sich auf: … aber eins weiss ich wohl: Wenn du der Hohepriester sein wirst, so musst du imstand sein, vor den Herausforderungen und Versuchungen, mit denen man dich bisher bedrängt und vor all dem, was man dir von den verschiedensten Seiten in den Weg gelegt hat, zu bestehen.

Du sollst nicht lügen: *Diese* Lüge hatte es an sich, dass sie Wahrheit genannt werden musste. – Was nun aber das häufig vorgebrachte Schisma «Wahn und Wirklichkeit» anbetrifft, so birgt dieses in sich jenen Ansatz zur Verlogenheit, der allen Dualisierungen, Polarisationen zugehört. Das Spiel mit Dualitäten ist ein ebenso plumpes wie gefährliches Spiel. Es unterstellt Eindeutigkeit aus Zweideutigkeiten. So auch hier:

Der Ultimatismus Wahn und Wirklichkeit, Wahn contra Wirklichkeit: Es geht doch nicht darum, dass hier jemand meint, er werde einmal Hohepriester – übrigens: Gabriel meint das nicht, er weiss es –, sondern dass ihm etwas zu besorgen und zu verkünden ansteht, was Sache des Hohepriesters ist. Und ob er's wird, auch ob er dazu berufen ist, das kann niemand sagen. Sollte er es zum Hohepriester bringen, so würde doch die Wirklichkeit nicht den Wahn ausschliessen – vorausgesetzt, man könnte sagen, weshalb die Gewissheit des jungen Mannes, er sei zum Hohepriester ausersehen, als Wahn abzutun sei. Wenn einer kommt, und er bezeugt denen, die über ihn zu Gericht sitzen, dass sein Platz zur Rechten des Vaters sei, so hat man die Naivität dieser Gewissheit zu bewundern, und zunehmend mehr, als sie ihn nie verlässt – auch nicht im Angesicht des Kreuzes. Ein jeder von uns frage sich: Wenn er zu mir käme, heute, sogleich, was täte ich? – Was mich angeht, ich möchte etwas daran tun, dass sein Tod weniger peinvoll sei. Aus dem Kreuzestod nämlich, daraus *kann* nichts Gutes kommen! – Aber was solche Gewissheit angeht: O könnte man sie mit ihm teilen! –

Diese Erwägungen bekamen besonderes Gewicht, als Gabriel im Laufe der Gespräche Einfälle vorlegte, die ihn zu Überlegungen darüber führten, was ihn veranlassen mochte, die Würde des Hohepriesters anzustreben. Ich wünsche hier deutlich hervorzuheben und möchte dabei verharren, dass ich betone: Seine, Gabriels Bemerkungen dazu, weshalb er vor seiner Familie nur angemessen zu bestehen vermöge, wenn er ihr gegenüber den höchsten, den Prinzen-Rang des zum Hohepriester Ausersehenen (in, wohlgemerkt einer Dynastie, welche der Priesterkaste angehört) beanspruche, diese Erkenntnisse orten, aber weder verringern noch relativieren, oder entwerten sie gar Gabriels Aspiration auf den Posten des höchsten Priesters. Dass ein Anliegen seinen psychoanalytischen Untergrund mitbekommt, beeinträchtigt nicht dessen Wirklichkeitswert oder -anspruch. Eine der bedauerlichsten, schädlichsten und von allen Behauptungen ganz einfach die dümmste ist die, dass eine Sache, wenn sie psychoanalytisch erfass- oder rückführbar gemacht sei, ihre Bedeutung oder gar ihren Verwirklichungsanspruch preisgegeben habe. – Wohl aber kann es ein Anspruch und mit ihm der Wunsch zu seiner Realisierung sich leisten, dass er weniger verkrampft und deshalb mit einem geringeren Mass an Fanatismus und namentlich Gewalt verfolgt werden kann, wenn er aus selbstgläubiger Gewissheit wächst, als wenn er gegen seine düsteren Beweggründe – gegen die Absicht: denen will ich's schon zeigen, die sollen mal sehn – sich beständig durchsetzen muss.

Über die Reinigung der heiligen Orte von dem Unrat der heidnischen Stätten wurde deshalb bald nicht mehr gesprochen, wodurch Gabriel sich günstig von anderen Leuten in dieser Region, und nicht nur hier, in Israel, unterschied. Von solchen, die nicht mit Polizeigewalt zum Psychiater gebracht werden, damit dieser ihnen den Hohepriesterwahn austreibe. Und was die Zukunft von Gabriels Karriere anbetrifft: Glauben Sie mir, darüber weiss ich nichts. Vermutlich will er immer noch Hohepriester werden; ich habe keinen Anlass, mit ihm auf diesen Punkt einzugehen. In unserer Profession ist es wichtiger, man besinnt sich auf das, was man zu verschweigen hat, als was man sagt. *Wenn* er es wird, und wenn also das Gebet der Getreuen sich über Nacht an meinem Patienten von ehedem erfüllt, dann werde ich vor ihm meinen Kopf bedecken. Dann hat, dies weiss ich mittlerweile aus manchem Gespräch mit ihm, das Volk einen würdigen Vertreter vor seiner göttlichen Instanz gefunden.

*

In Kürze noch eine dritte Situation. Auch sie trägt sich in Israel zu, in einer psychiatrischen Klinik ebenfalls. Diesmal ist die Partnerin des Gespräches eine nicht mehr ganz junge Frau, und sie ist blind von Geburt an. Die Bezeichnung «Partnerin des Gespräches» trifft allerdings nicht ganz den Sachverhalt. In dem Gespräch, das sie führt, kommt es nicht zu Partnerschaft: Sara monologisiert, und sie tut es in einer Perseveranz und unter logorrhoischer Aufwendung einer Tonstärke, die irgendeine sprachliche Antwort, gleich welcher Art, nicht zulässt. Und mit einer Geschwindigkeit des Redeflusses erst noch, dass es nur auf kurze Weile möglich ist, dem Inhalt der Sätze, die weder Punkt noch Komma ausmachen lassen, zu folgen.

Soll ich diesen Sturzbach eine Anrede nennen? – Es bestünde kaum Anlass, es nicht zu tun. Sara wendet sich ja an mich mit ihrer Rede – sie redet also zu mir. Die Schwierigkeit ist, sie lässt es zu einer Antwort nicht kommen. Es klingt so, als wolle Sara ihrer Anrede die Stellung von Antwort gleich mitgeben. Und dies umso mehr, als ihr bemerkenswert entwickelter Raumsinn sie jederzeit wissen lässt, ob jemand sich im Zimmer befindet und in welche Richtung sie sich zu wenden hat. Da sie ohnedies auf Antworten nicht hoffen darf – allzu oft hat sie, die Blinde, schon in die Leere hinaus angeredet – sendet sie, wie ich jetzt erklärend unterstelle, jedesmal, wenn sie jemanden in ihrer Nähe spürt, ihrer Anrede von sich aus die Antwort nach. Besser so, als sich im Schweigen verlieren. Ein probates Mittel, muss man sagen, um sich vor stets erneuerten und immer schlimmeren Frustrationen zu schützen! –

Wenn aber Verstehen Antworten heisst, so hat man bisweilen selber eine Anrede zu finden und zu formulieren, damit dann der Partner in dieser – andern – Sprache auf Anrede zu antworten vermag. Bisweilen muss da die Wortsprache umgangen werden. Sei es, weil sie, Gideon hat es vorgeführt, fürs erste von anderen, extraverbalen Äusserungen so dicht zugedeckt wird, dass Worte nicht gehört werden; sei es, dass die lärmende Rede sich der Antwort verweigert, wie hier, in Gegenwart dieser blinden Frau, die den leeren Raum um sie beständig mit Schall auffüllen muss, den ganzen Tag hindurch, um, so meine ich, im Schweigen nicht verloren zu gehen; es spricht sie ja, seit es sie gibt – vierzig Jahre nahezu –, niemand aus eigener Initiative mit persönlichen Rede-Inhalten an, noch hat sie in dieser Zeit jemanden gefunden, der ihr sprachgleich und sinngerecht antworten würde. Von Worten ist also, das hat Sara erfahren, kein Verstehen zu erwarten.

Aber es hat sie auch nie jemand berührt. Noch durfte sie berühren. Die triste Biographie tut momentan nichts zur Sache. Sie ist mir übrigens auch erst erheblich später bekannt geworden. Hier und jetzt ist Verstehenspaarung gefordert, und wenn Sara sich weigert, sich verstehen zu lassen, sich ebenso weigert, ihrerseits meine Worte zu verstehen, so bleibt nichts, als ein Für-Stehen, ein systemgleiches Aufeinanderzu- oder -eingehen in einer anderen Dimension, also neuen Sprache, zu versuchen. In einer Sprache, die weniger ausgelaugt ist, als es die leeren, lauten Worte in Saras Raum sind.

Körpersprache: Sich mit ihr zu befassen, sie zu lesen – und daraus die uneingestandenen Absichten und Mitteilungen des Gegenübers aufzuspüren –, das ist heute die grosse Mode. Man hat ein weiteres Mittel gefunden, dem andern auf die Schliche zu kommen. Wie jemand sich mit Nasenflügeln oder einem Wippen der Fussspitzen an dich heranpirscht, um dir was abzujagen, Schlechtes öfter als Gutes (und wenn es Gutes ist, eine Sympathie-, eine Liebesregung gar, sieh dich erst recht vor) ...: Achte darauf, lies es ab, schütze dich und pirsch dich deinerseits an den andern heran, indem du seinen Spuren nachschleichst! Halali, der Menschenjagd – Mensch jagt Mensch – sind neue, reiche Jagdgründe erschlossen.

Darum, genau um dies, soll es nicht gehen. Nicht um Bodywatching. Körpersprache sucht hier nicht Wildfährten, sondern den Ort einer reziproken, symmetrischen Verständigung, und dies bedingt, dass, zunächst und für lange Zeit, die Frage, was diese oder jene Expression wohl meinen möchte, hinweg getan werde. Verstehen genügt sich – immer noch, und ein weiteres Mal – im Antworten; in ihm erschöpft es sich auch.

Ich sage zu Sara: Du solltest mich doch spüren, solltest fühlen, wo du hinsprichst und zu wem. Berühr mich. Fang oben an und taste dich weiter, bis zu meinen Füssen.

Nun muss man wissen, dass Sara einer strikt und starr orthodox jüdischen Familie entstammt. Ein orthodoxer Mann gibt einer fremden Frau nie die Hand – das geht zu weit, resp. kommt zu nah; es ist schon wie Geschlechtsverkehr. Und was die eigene Frau anbetrifft, auch sie bekommt die Hand ihres Gatten erst gereicht, wenn sie nach der Menstruation ihr rituelles Bad genommen hat. – Das sind Gewohnheiten, sind sozio-kulturell festgelegte Vorschriften, und der sehr aufgeklärte Abendländer hat mittlerweile gelernt, seine eigenen Gebräuche neben die Riten anderer Stämme zu stellen, ohne sie wertend von diesen abzuheben.

Und auch wenn es sich so verhalten sollte, dass meine Aufforderung an Sara von irgend jemandem nebenzu Stehenden, vielleicht von ihr selbst, mit Sexuellem assoziiert werden könnte, so braucht das meine Absicht hier und jetzt nicht zu beeinflussen, sie gar zu unterdrücken. Sei's denn übrigens, es ergibt sich, dass die drei streng orthodoxen Frauen, die sich, als Einzige, um Sara kümmern und mich gebeten hatten, sie in Betreuung zu nehmen, dem eben anhebenden Akt beiwohnen. Dies trägt eher an die Sicherheit und Gelassenheit bei, unter denen er sich vollzieht, als dass es diese einschränkt.

Auffällig ist, auch beeindruckend, dass Sara keinerlei Hemmnisse kennt, wie sie daran geht, meiner Aufforderung entsprechend mich zu befühlen und schon daran ist, mein Haar zu touchieren. Sie tut es mit einer Souplesse ohnegleichen, derart, dass mein Antworten – Saras Haar berühren – sich sinnentsprechend von selber einstellt. Ich habe dabei meinerseits jene feine Art von Annäherung übernommen, wie sie sonst nur Blinden eigen ist; dieses Fühlen gleichsam durch die Hände hindurch. Nirgendwann wie in dieser Situation lässt sich erläuternd nachvollziehen, dass die Hand, wenn sie anrührt, nicht so sehr das betastete Objekt als viel eher und intensiver auch sich selber erfühlt. Tastend kommt die Hand zu sich[3]. Und genau dies ist es gewesen, was hier beabsichtigt war: dass Sara sich selber spürte. Dass sie sich an meiner Antwort verwirklichte.

Es dürfte kaum wundernehmen, dass dieser Akt von Anrede und Antwort, übertragen auf die haptisch-taktile Sphäre, Saras ganze Zuwendung beansprucht hat und dass ihr mithin nicht die Zeit blieb, dazu auch noch wortreich vor sich hin zu monologisieren. So konnte ich einiges wenige zu ihr sagen, und daraus hat ein Gespräch sich entwickelt. Ein sehr kurzes Gespräch nur, und absichtlich kurz gehalten, damit diese erste neue Erfahrung – dieses Verstehen: Es gibt mich – nicht wiederum in Wortkaskaden ertrinke. –

Und hier will ich einhalten. Was Sara anbetrifft, so habe ich sie, entgegen den beiden jungen Männern, von denen zuvor die Rede gewesen ist, nur insgesamt zweimal getroffen. Die Behandlung danach habe ich nur als Supervisor einer ausgezeichneten Therapeutin verfolgt. Von dieser habe ich gehört, Sara sei aus der Klinik in eine Wohngemeinschaft übergetreten. Mehr habe ich nicht zu berichten. Ich will mich daher in diesem Fall auch nicht anheischig machen zu behaupten, hier habe Heilung sich eingestellt. Nicht deshalb wurde diese Begegnung vorgelegt, sondern nur um zu zeigen, was möglich ist. Und um, an dem Beispiel von Sara, den Leitsatz vom Verstehen als Antworten in ein anderes Idiom zu übersetzen; nicht in einen Fremdjargon, sondern in die Mutter-Sprache.

Schlussbemerkung: Kraut und Rüben

Das ist aber wenig systematisch, wie das da vorgelegt worden ist, mehr wie Kraut und Rüben, als nach den Vorschriften einer wissenschaftlichen Abhandlung! –

Sie haben recht. Und bleiben wir gleich bei Kraut und Rüben – nicht ungestraft soll man mit Metaphern aufwarten. Man wird dabei behaftet. Auch wenn die Bilder, Stilleben gleich, aus der Küche kommen.

Von dort, wo Kraut und Rüben gerüstet und gekocht werden. Nicht fein getrennt zu einer Krautsuppe und einer Rübensuppe, jede in ihrem eigenen Topf, sondern zusammen in eine Palette gebracht, worin sich das Grüne mit dem Gelblichroten appetitlich und sehr überzeugend trifft; die beiden Pflanzen, wiewohl sie doch im Garten einander nicht hatten begrüssen können – das Kraut huldigte dem Morgenhimmel, Rüben hielten Dialoge mit Regenwürmern –, bringen es dann auch fertig, aus zwei botanisch abgegrenzten Species durch Konkoktion eine eigene Einheit zu machen. Eine überzeugende Ganzheit, die auch ihren besonderen Eigennamen erhält, vielleicht eine so noble Bezeichnung wie Potage à la Jardinière, und als solche etwas Neues geworden ist, das, wiewohl es sich seiner Ingredienten nicht schämt – es zeigt sie ja vor –, doch durch Summation derselben etwas komponiert hat, das mehr ist, als seine Einzelteile waren. Pedanten allerdings werden es vorziehen, jedes von den Gewächsen, die da vereinigt wurden, einzel zu konsumieren, das Kraut zuerst, danach auf separatem Teller die Rüben, womöglich auch noch die Petersilie für sich und zum Schluss die Pfefferkörner solo. Sollen sie. Guten Appetit darauf. –

Nun werden Sie – Metapher verpflichtet – sagen: Wir sind aber nicht an Geköch interessiert, sondern an Botanik; an Pflanzenkunde getreu Linnés System. Also bitte! – Ich nehme den Einwurf entgegen, ich stimme zu. Jedoch muss ich zu bedenken geben, dass eine Lehre von dem Verstehen eine andere Art von Systematik beansprucht als ein botanisches Bestimmungsbuch – und dennoch von sich zu behaupten wagt, sie gehe systematisch vor. Und tue es derart, dass sie einen Anteil von dem Thema, mit dem sie sich befasst – oder eher: mit dem sie sich herumschlägt –, in die Form der Darstellung mit hinein nimmt. Ist es ihr darum zu tun, dass sie mit Verstehen ans Verstehen geht, so lässt der Stoff es nicht zu, dass man hübsch monologisch, monomanisch, monolithisch ganz für sich deduziere, so als verachte man den Prozess des Verstehens selber, dem man sich doch zu widmen behauptet. Verstehen nämlich, diese Auseinandersetzung, diese Potage à la Jardinière aus Begleiten, Erweitern und Stören hat es an sich, sie weigert sich, folgsam und kritiklos mit- oder besser nachzutrotten, irgendeinem Führer hinterher, der nach den Gesetzen seiner Logik – worein sich unmerklich und unabgrenzbar seine, dieses Führers Gewissheiten und Ideologien eingeschlichen haben – ohne Skrupel und rücksichtslos, frei von Zweifeln und Anfechtungen, namentlich aber selbstgewiss erhaben über mögliche Einwürfe des Lesers seine Funde mitteilt. Als wären es Funde. Und sind doch Überzeugungen, diese Erkenntnisse, wenn sie sich noch so wissenschaftlich gebärden[1]. –

Das Verstehen, und was sich aus ihm entwickelt, kennt eben andere Regeln. Sie wurden hier dargestellt, beschrieben, diskutiert. Es sind wesentlich die Regeln, die um Formen des Antwortens, um eine Stellung zum Rechthaben, resp. die Bereitschaft zum Unrechthaben, um das Fragen sowie dessen Vermeidung, auch um die Bedeutung des Wortes als bewegendes, weisendes, anstossendes – auch Widerspruch anstossendes – Moment, um DAWAR, also Wort, Sinn, Kraft, Tat entwickelt wurden.

Das lässt sich nicht monologisch deduzieren, das sollte, um der Wahrung einer minimen Einheit aus Form und Inhalt, Form und Stoff willen, erwogen, bisweilen erfochten werden. Die Darstellungslehre, wie sie den wissenschaftlichen Traktaten autoritär zu Grunde gelegt wird, kann ein solches Vorhaben nicht wahrmachen. Da muss man andere Methoden suchen.

Und man findet sie, und findet sie nicht nur dort, wo Meister Bocuse seine Potage à la Jardinière braut, obgleich wir Jünger einer reinen gleichwie angewandten Anthropologie mancherlei bei ihm lernen könnten; namentlich dies, wie man das Frischgewachsene so weiterentwickelt, dass es durch den Prozess der Verarbeitung, bis es vorgelegt wird, nichts von seiner Ursprünglichkeit verliert, ja diese womöglich noch deutlicher spüren lässt. – Aber, wie gesagt, das Kochhandwerk liefert nicht den einzigen

Hinweis darauf, dass es bereits Prinzipien und Regeln der Herstellung von Endprodukten gibt, in denen die Auseinandersetzung noch merkbar bleibt, die dem Entstehen des Endproduktes vorausgegangen ist und zu ihm geführt hat, ja deren Dramatik implizit mitnimmt, herein in die Gestalt dessen, was und wie sie darbietet. Ausser beim Kochen kann man auch in anderen Bereichen noch den Weg der Gestaltung im Endprodukt fühlbar bewahren.

Am genauesten und eindringlichsten folgt diesem Grundsatz die Tonkunst. Und dies, seit es sie als eigenständige Methode der Darstellung gibt. In ihren Werken lässt die Aussage das formgewordene Spiel von Anrede und Antwort hörbar werden, diese Auseinandersetzung, die der Interpretation so viele und immer neue Probleme bietet und ständig Unerwartetes, bisher Ungehörtes – oft Unerhörtes – neu, wie zum ersten Male erscheinen lässt. Von dieser Auseinandersetzung, einer inhärenten Absicht zudem, der Paarung von Anrede und Antwort, von der Vermeidung der Langeweile auch bei ausführlichster Durchgestaltung desselben Themas oder Motivs, ist das musikalische Werk von seiner Schaffung her erfüllt. Diese Absichten zu erneuern und es jedesmal auf andere Weise zu versuchen, ist Aufgabe der Interpretation, und in die Verwirklichung dieser Absicht soll auch der Rezipient hereingeholt werden. – Seine reichste Ausgestaltung hat das Grundmodell zu einer solchen Darstellung durch die Sonatenform erfahren, diese Abwandlung des alten aristotelischen Dramenschemas in die Melodie; und nicht nur, was die Ausarbeitung der einzelnen Sätze betrifft, sondern ebenso in der Anordnung der Satzfolge. Wie da die Regungen zueinander reden, wie aber zugleich im Ohr behalten wird, wann jeweilen die Grenzen des Zumutbaren erreicht, vielleicht überschritten sind und dann eine Szene voller Dramatik, ehe sie überfliesst und stumpf macht, der Besinnlichkeit Raum gibt – nicht damit die Dramatik verloren geht, sondern dass sie weiterwirken kann –, darin liegt der Grundzug einer Darstellungskunst, die sich nirgendwo wie in der Musik erlernen lässt. Ich sehe keinen Grund, weshalb deren Kenntnis und Anwendung auf die Tonkunst beschränkt bleiben sollten – namentlich dann nicht, wenn, wie in der Musik, die Stimmungen und Verstimmungen, die in Anrede und Antwort, in Aussage und Deutung zum Reden kommen, das Thema eines Buches – dieses Buches – abgeben sollen.[2]

Wer geneigt ist, dieser nach Gesetzen der musikalischen Aussageformulierung gestalteten Darstellung eine innere Logik zuzugestehen – die Logik, welche das Mitgehen der Emotion in ihren Entwicklungsgang mit hinein nimmt –, wird, so meine ich zuversichtlich, auch diesem Opusculum anmerken, dass ihm Logik, als einigermassen konsequente Verfolgung einer Leitidee, als deren immer neu versuchte, jedesmal anders gewagte Prüfung nicht abgeht. Der Gang der Erkenntnis läuft – damit dies doch in einem Satz angedeutet sei – von der Beschreibung des Verstehens, seiner Gestalten und Möglichkeiten, über dessen Abhebung von anderen Verwirklichungsformen der Expression zu einer Darstellung dessen, was Verstehen, das ist: Anrede, und ist: Antwort, insgesamt sein kann, mithin auch solcher Ausdrucksweisen, die man aus dem Bereich herausheben sollte, welcher dem Verstehen zugehört. Danach gedachte ich Akte des Verstehens darzustellen, die es sich leisten, diesen Prozess ohne Worte, und dennoch in seiner Sprache zu vollziehen. Am Ende wurde auf den Untertitel im Anfang verwiesen: darauf, was es besagen sollte, wenn auf die Herkunft des Ganzen von Erkenntnissen der Psychotherapie Regress genommen wird.

Damit ist dann aber schon alles gesagt, was dieses Buch über dieses Buch zu sagen wünscht. Auf die heute geläufige Mode, auch noch Bücher zu machen über Bücher, die der Büchermacher gemacht hat, und so der nach Wahrheit dürstenden Leserwelt, seine, des Büchermachers, eigene Frohbotschaft gleich noch zu erläutern, möchte ich gern verzichten.

Nur dies noch:

> … was ich hier geschrieben habe, macht im Einzelnen überhaupt nicht den Anspruch auf Neuheit [...], weil es mir gleichgültig ist, ob das, was ich gedacht habe, vor mir schon ein anderer gedacht hat (Wittgenstein[3]).

Dem würde ich gern beifügen: Für mich war es neu, als ich es gedacht habe, mit aller Freude verknüpft, die eine erste Blume erzeugt – und auch dann erzeugen darf, wenn diesem Frühling schon andere Frühlinge vorausgegangen sind, in denen andere

Leute – zum erstenmal, wie sie glaubten – dieselbe Blume gefunden und in Worten oder Bildern beschrieben haben. – Dennoch sei erwähnt: Die Namen und Werke derer, die uns zu verstehen und zu deuten gelehrt haben, der Hermeneutiker von Schleiermacher über Dilthey bis Ricoeur, Lorenzer, Habermas und, vor allem, des freundschaftlich verbundenen O. F. Bollnow, sind mir nicht unbekannt, wenngleich es anmassend wäre, wollte ich behaupten, ich hätte sie kenntnisreich durchgearbeitet. Die Unbekümmertheit, vielleicht haben Sie den Namen Unverschämtheit parat für die Regung, die mir daraus gewachsen ist, dass ich mich nur habe anregen, jedoch nicht befriedigen lassen von den Überlegungen und Schlüssen Kundigerer, mag es möglich gemacht haben, dass hier manches ähnlich, anderes dagegen völlig verquer den Gedanken dieser wesentlichen Hermeneutiker herausgekommen ist.

*

Den Kern zu diesem Buch formen drei Arbeiten, die zuvor schon erschienen sind. Es sind dies Auftragsessays gewesen, und weil sie immer wieder verlangt wurden, liegen sie hier nochmals vor. Bei ihnen handelt es sich um die Kapitel: «Die Handschuhe von Stefan Zweig»; «Fragen kann krank machen. Sagen kann gesund machen»; «Fragebogerei»[4]. – Allerdings ist dort manches, namentlich in den «Handschuhen», die 1974 erstmals erschienen sind, anders gesagt, als ich es heute sagen würde. Gleichwohl sind den Originalarbeiten nur einige sinnklärende Zutaten angefügt, Retouchen an ihnen jedoch unterlassen worden. Was hinzukommt, umwächst diese drei Kerne und versucht, sie in die Ganzheit zu fügen, aus der sie einzelne Aspekte vermittelt haben.

Ich fühle, dass ich dieses Buch nicht abschliessen sollte, ohne zu erwähnen, dass wesentliche Anteile aus vierzig Jahren Bemühen um eine Verständigung mit Trägern von Taubheit gewachsen sind; aus einzelnen hoffnungsvollen Gesprächen und sehr vielen Enttäuschungen. –

Und noch zwei letzte Auseinandersetzungen mit der Titelthese, der so oft wiederholten, strapazierten Aussage: Verstehen ist Antworten. Zunächst die gewohnheitsmässig und stets unüberlegt vorgebrachte, weil für selbstverständlich gehaltene, Behauptung, identisches Schicksal liefere die gewisseste Garantie für ein Verstehen. Die Depression, will sagen: die von ihr Befallenen – beispielsweise –, sei(en) doch am zuverlässigsten durch jemanden zu verstehen, der selber durch eine Depression gegangen ist. Ich bedaure, aber tägliche Erfahrung nötigt mich, entschieden zu widersprechen. Und zu sagen: Schicksalsgleichheit tut enttäuschend, oftmals betrüblich wenig ans Verstehen; nicht nur der Depression.

Wohl jedoch trägt die hier und jetzt zu gewinnende Äusserungsgleichheit in sich die genauesten und wirksamsten Bedingungen zum Verstehen. Hinsagen und Zurücksagen, weit über den Bereich der Wortsprache hinaus – wo sollte da ein Ende auszumachen sein? Vielleicht dort, wo es vorkommt, dass du Zwiebeln und Knoblauch gegessen hast, ich aber nicht? – Ja, aber nur solang, bis ich diese Verstehenssperre beseitige, nämlich selber ebenfalls Zwiebeln esse und Knoblauch dazu. Damit ist nicht nur die Ekelbarriere aufgehoben, sondern auch die Verschiedenheit der Elementarsprache. Sie vor allem.

Wenn am Ende Zustimmung ausbleibt, sich stattdessen das Nein, aber… einstellt, die fruchtbar widersprechende Weiterführung als Äusserung des Anspruches, dem Begleiten und Erweitern auch noch das Stören folgen zu lassen: so werden die Leserin und der Leser aus eigener Zutat so genau wie irgend möglich erfahren haben, was das ist – oder werden sollte: Verstehen.

Givatayim und Zürich, Frühjahr 1987 A. R. Bodenheimer

Hic libellus dedicatus Frederico Vinomaritimo Sexagenario quinto – Dieses Büchlein gehört Fritz Meerwein auf den Fünfundsechzigsten.

Anmerkungen

Verstehen heisst Antworten – Für-Stehen ist Entworten

1 Wenn du etwas wissen willst und es durch Meditation nicht finden kannst, so rate ich dir, mein lieber, sinnreicher Freund, mit dem nächsten Bekannten, der dir aufstösst, darüber zu sprechen. Es braucht nicht eben ein scharfdenkender Kopf zu sein, auch meine ich es nicht so, als ob du ihn darum befragen solltest; nein! Vielmehr sollst du es ihm selber allererst erzählen.

Du sollst es sagen, nicht um andern etwas von dir Gewusstes mitzuteilen, sondern:

> ... ich will, dass du aus der verständigen Absicht sprechest, *dich* zu belehren ... Denn nicht wir wissen, es ist allererst ein gewisser *Zustand,* welcher weiss.

So lässt um die Jahrhundertwende ein aufmüpfiger Kopf sich vernehmen – allerdings: an der Wende vom 18. ins 19. Jahrhundert! – Und er tut es in Unkenntnis dessen, dass er damit die gleichzeitig sich formulierende Hegelsche Dialektik vorweg denkt. Sage es, dann weisst du es – «l'idée vient en parlant» (H. v. Kleist: Über die allmähliche Verfertigung der Gedanken beim Reden, 1805/06).

Gestalten und Variationen des Verstehens

1 Verstehen ist Antworten: Schon das Axiom actio = reactio, Wirkung = Gegenwirkung, von Newton für die Mechanik formuliert, von Späteren für sämtliche physikalischen Prozesse gültig befunden, nennt ein dialektisches Prinzip, welches sich zwanglos auf Aristoteles zurück verfolgen lässt. – Hegel hat aus der Formulierung seiner Gültigkeit für die duale Beziehung das Gesetz ihres Wesens abgeleitet. Er hat an ihr auch die Tragik ihres Fehlgehens angedeutet:

> Die[se] Bewegung des Selbstbewusstseins in der Beziehung auf ein anderes Selbstbewusstsein ist [...] *das Tun des Einen;* aber dieses Tun des Einen hat selbst die gedoppelte Bedeutung, ebensowohl *sein Tun* als *das Tun des Anderen* zu sein.

Jedoch:

> ... der Herr aber, der den Knecht zwischen [das Ding] und sich eingeschoben, schliesst sich dadurch nur mit der Unselbständigkeit des Dinges zusammen ...; die Seite der Selbständigkeit aber überlässt er dem Knecht, der es bearbeitet ...
>
> ... Aber zum eigentlichen Anerkennen fehlt das Moment, dass, was der Herr gegen den Andern tut, er auch gegen sich selbst, und was der Knecht gegen sich, er auch gegen den Andern tue. Es ist dadurch ein einseitiges und ungleiches Anerkennen entstanden (G. W. F. Hegel: Phänomenologie des Geistes. Bamberg und Würzburg, 1807).

Aus dem Verhalten des Gegenübers ergibt es sich, dass das Gesetz – oder Axiom – der äqualen Verständigung immer nur auf Augenblicke eines labilen Gleichgewichtes bewahrt bleibt. Sogleich trachtet einer sich zum Herrn zu machen, der Andere wird zum Knecht, und die Partner verfehlen einander.

Ich will darzustellen versuchen, wie eine Bewahrung des Gleichgewichtes, und wenn auch nur für kurz, falls nicht erzielt so doch angestrebt werden kann.

2 Die hier erwähnte Triade ist systematischer beschrieben worden in der Arbeit: A. R. Bodenheimer: Begleiten – Erweitern – Stören: die drei Grundformen aller Beziehung, Ersch. in: Sonderpädagogik, Handlung, Forschung, Wissenschaft. Festschr. f. G. Heese. Berlin, 1986. – Gemäss der Ausrichtung des Sammelbandes ist dabei namentlich die sonderpädagogisch-psychotherapeutische Relevanz des Themas verfolgt worden.

3 Ingeborg Bachmann: Reklame. In: Anrufung des Grossen Bären, 1956. München/Zürich, 1983.

Ob Nachtigall, ob Lerche

1 Dass in der nämlichen Sprache zu antworten ist, in der man angeredet wurde, will man den Vorgang Verstehen nennen, hat, wie das meiste andere, was ums Verstehen kreist, Freud am nüchternsten erkannt und am genauesten beschrieben. Die wenigsten Leute halten sich gegenwärtig, dass Konzept und Methodik der Psychoanalyse wesentlich auf dem Grundsatz der Gleichsprachlichkeit begründet sind. Daher denn auch, was Freud als ihre Technik auffasst, von der er sagt:

> Sie lehnt alle Hilfsmittel ab [...] und besteht einfach darin, sich nichts besonders merken zu wollen und allem, was man zu hören bekommt, die nämliche «gleichschwebende Aufmerksamkeit» [...] entgegenzubringen.

Dieser Ratschlag wird wie folgt präzisiert:

> Wie man sieht, ist die Vorschrift, sich alles gleichmässig zu merken, das notwendige Gegenstück zu der Anforderung an den Analysierten, ohne Kritik und Auswahl alles zu erzählen, was ihm einfällt (S. Freud: Ratschläge für den Arzt bei der psychoanalytischen Behandlung, Bd. VIII der Londoner Gesamtausgabe. London, 1948).

Wie es heraustönt, so soll es hereintönen: gleichsprachlich, zusammengebracht durch das zweimal selbe Verweilen in der freischwebenden Aufmerksamkeit, d. i.: in der Sprache des Unbewussten.

2 Daraus geht hervor, dass vom Wesen her Verständigung zunächst nicht auf etwas hin oder über etwas, ein verbindendes Thema, erfolgt, sondern dass sie gegeben – und definiert – ist durch Gleichsprachlichkeit. Wenn diese fehlt, kann man nicht von Verständigung reden. Man kann es auch dann nicht – oder sollte es nicht tun –, wenn Diplomaten nach missglückten Verhandlungen beim Dinnertoast konstant das Wort «Verständigung» im Munde mitführen und dazu lächeln.

3 Immer dann – und nur dann – bleibt Liebe haften, wenn sie gar nicht entbrennt, sondern ab ovo und von ihrer Berufung her einem Zweck dienstbar gemacht wird; und damit einem ganz anderen Liebe-Begriff als dem in Geschichten

und Gedichten Gemeinten zuzudenken ist. Die Dynastie der Rössli- oder Sternenwirte in einem Landgasthof, der gekrönten Familien, wie auch derjenigen Geschlechter, deren Angehörige durch Generationen ihr Leben einzig der Fortführung einer Ideologie, religiöser Natur beispielsweise, in unbezweifelter Gewissheit zu dienen haben, kennen diese Bedrängnis durch die Liebe nicht. – Ein solch anderer, vom rein Dynastischen her bestimmter Liebesentwurf findet sich schon im ersten Mosesbuch vorgezeichnet:

> Isaak brachte sie ins Zelt Saras, seiner Mutter. Er nahm Rebekka, dann wurde sie ihm zur Frau; dann liebte er sie. Dann tröstete Isaak sich über den Tod Saras, seiner Mutter (Genesis 24, 67).

Er bringt sie heim; d. i.: dorthin, wo seine Mutter geherrscht hat, in deren Zelt, in Saras Bett. Er nimmt sie an Mutters statt. Damit wird sie ihm zur Frau; nun setzt sie die Funktion der Familienmutter fort. – Jetzt erst, da dies alles geschehen und gewiss und garantiert ist, *jetzt* liebt er sie. Wenn die Liebe bei anderen erlischt, wächst sie in den Trägern der Dynastie: eine andere, eine mit dem uns Geläufigen nicht zu vergleichende, keine geringere Liebe.

4 Die Not ist die, dass Wahrheit, wenn sie sich auf sich selbst beruft, aufgehört hat, Wahrheit zu sein. Und dass Liebe, wenn sie benannt wird, keine Liebe mehr ist. Beide scheuen sie, Wahrheit gleichwie Liebe, das Wort, ihrer beider Namen vor allem. – Kaum anderswo ist diese Bedrängnis so verhalten eindringlich dargestellt wie in Dostojewskis Bericht über Jesu Christi zweite Verurteilung durch den Grossinquisitor, welche, zusätzlich zur Handlung, noch verwirrender dadurch wird, dass es Iwan Karamasoff ist, der sie seinem Bruder Aljoscha weitergibt.

5 Über Wesen, Natur und Sinn des Mediums und der medialisierten Beziehung: A. R. Bodenheimer: Versuch über die Elemente der Beziehung, Basel/Stuttgart 1967.

6 Das Medium vermittelt zwischen den Partnern in beider Anwesenheit, das ist die Bedingung und macht die Eigenart der medialisierten Beziehung aus, es definiert sie. Das Symbol dagegen repräsentiert stets und ausnahmslos ein hier und jetzt Abwesendes. Das Kreuz den Verkünder, bis dieser zurückkommt; das Geschenk den fernen Spender. Von daher auch der Name (SYMBOLON) als Bezeichnung eines Aktes von Zerteilung des Freundschaftszeichens, dessen zwei Fragmente in der Zeit der Trennung ihre Besitzer warten lassen, bis der Akt des Zusammenfügens (SYMBALLEIN) die Symbolwirkung, und deren Berufung, aufhebt.

Aussagen und Deuten: Wer deutet, schlägt vor. Wer vorschlägt, kann weder recht noch unrecht haben und will von beidem keins

1 Das Englische wie das Hebräische, beide Sprachen bringen den Raum, in welchem Verstehen sich zuträgt, genauer zur Formulierung, als es die deutsche Hochsprache tut. *UNDER*STANDING benennt das, was unter, oder zwischen, uns gestellt ist, um als Medium – vermittelnd – zu wirken. – Dasselbe sagt die

biblische wie auch die moderne hebräische Sprache: HABIJN (Verstehen) und BIJNA (Verständigkeit) sind etymologisch verwandt dem Pronomen BIJN, das mit «zwischen» oder «unter» zu übersetzen ist.

2 Unseren Begriff des Unbewussten gewinnen wir [...] aus der Lehre von der Verdrängung. Das Verdrängte ist also das Vorbild des Unbewussten. (S. Freud: Das Ich und das Es, Bd. XIII der Londoner Gesamtausgabe. London, 1948).

3 Der Verfasser ist sich dessen gegenwärtig, dass er sich damit in Gegensatz zu der von Heidegger initiierten und, in dessen Windschatten, von Gadamer, Staiger, Boss und anderen vertretenen Lehre stellt. Er wünscht bei seiner Auffassung, die er in diesem Buch vielfach zu belegen und zu begründen trachtet, behaftet zu werden (zusätzliche Hinweise im Kapitel über die Handschuhe von Stefan Zweig).

4 Was H. Holzhey über den heute geläufigen, ebenso verantwortungs- wie sorglos unbedachten Gebrauch des Wortes «Transzendenz» schreibt, gilt in ganzem Umfang für das Spiel mit dem Namen «Metaphysik»:

> ... das Wort signalisiert, ähnlich wie «Jenseits», ein religiöses Problem, drückt aber zugleich eine gewisse Scheu aus, ein «Objekt» der religiösen Beziehung direkt namhaft zu machen, eine Art neuerlicher Scheu vor dem Gottesnamen ...; häufig gibt sie einfach dem Gefühl Raum, dass es untunlich sei, eine spezifische konfessionell-religiöse Bindung öffentlich zu deklarieren, tunlich hingegen, sich den «Himmel» offenzuhalten, wenn auch auf vage und nicht besonders verpflichtende Weise ... (H. Holzhey: Transzendenz. In: Die Psychologie des XX. Jahrhunderts, Bd, XV. Zürich, 1979).

5 Einen Schriftsteller besser zu verstehen, als er sich selber verstanden hat, das kann daher gar nicht anders erscheinen, denn als Ausdruck einer leichtfertigen Vermessenheit. Und dennoch drängt sich dieser Satz aus der konkreten Arbeit der Textinterpretation immer wieder wie von selbst auf ...

Der Schluss von Bollnows Auseinandersetzung mit dieser Äusserung von «leichtfertiger Vermessenheit» lautet:

> Die[se] Deutung [...] ist nicht nur ein einfaches Aussprechen der schon vollständig im Ausdruck enthaltenen Bedeutung, sondern selber eine schöpferische Leistung, insofern sie von sich aus erst das noch Schwankende festlegt und die Bedeutung mit erschafft ... Jedes Verstehen des Ausdrucks ist notwendig ein Besser-Verstehen, weil einmal der Mensch im Ausdruck sich gar nicht selbst versteht, sondern der Ausdruck von sich aus zu seiner eigenen Vollendung die Deutung verlangt, und weil zum andern die Deutung zugleich eine wesensmässig schöpferische Leistung ist ... (O. F. Bollnow: Studien zur Hermeneutik, Bd. 1. Freiburg/München, 1982).

6 ... So können natürlich die Dinge in Wirklichkeit nicht aneinanderpassen, wie die Beweise in meinem Brief, das Leben ist mehr als ein Geduldsspiel; aber mit der Korrektur, die sich durch diesen Einwurf ergibt, einer Korrektur, die ich im einzelnen weder ausführen kann noch will, ist meiner Meinung nach doch

etwas der Wahrheit so sehr Angenähertes erreicht, dass es uns beide ein wenig beruhigen und das Leben und Sterben leichter machen kann.

Franz

(F. Kafka: Brief an den Vater, 1919).

Die Tragik dieses Briefes, die Nicht-Erfüllung seiner Absicht – es möchte dem Schreiber und dem Empfänger das Leben, und wenn nicht dieses, so das Sterben leichter werden – hat sich daraus ergeben, dass dieses Schreiben seinen Adressaten nie erreicht hat. Es ist von der Mutter weggenommen, dem Vater vorenthalten worden.

7 Kafka hatte testamentarisch darum ersucht, seine nachgelassenen Schriften zu verbrennen – ausnahmslos alle, und folglich gewiss schon den Brief an den Vater (der von Kafka nicht einmal als Schrift – nicht als Aussage, Deutung erwartend –, sondern als Anrede aufgesetzt war und einzig auf Antwort gehofft hat; auf Antwort von *einer* Person: dem Adressaten, seinem Vater). – Max Brod hat diesem letzten Willen seines Freundes nicht entsprochen. Man kann in Treuen über eine solche Handlung – oder Unterlassung – verschiedener Ansicht sein. Die Erbauung der lesenden Öffentlichkeit ist jedenfalls nicht als unbedingt höchste Forderung anzusetzen.

8 Freuds Bemerkung: «Übertragungen sind Reminiszenzen» liefert eines der reinsten und redlichsten Beispiele dafür, wie und was das Sagen zu bewegen vermag. Wenn der Analytiker sich über die Massen geliebt oder gehasst weiss, so gibt ihm das Hilfskonstrukt zu diesem Zustand, dem Analytiker besagend: «Ich bin doch gar nicht gemeint, ich brauche mich nicht so wichtig zu nehmen», das beste Mittel, um getreulich seinen Auftrag weiter zu verfolgen, möglichst wenig irritiert von der Parteien Gunst und Hass.

Somit fügt sich das Hilfskonstrukt, auf dem die Auffassung von der Übertragung baut, sinngleich jenen Konstrukten an, die von den Naturwissenschaften mit Zahlen und Formeln errichtet wurden. Kein kundiger Mathematiker stellt sich Zahlen oder Koordinatensysteme als Realitäten vor. Sie sind Symbole, die etwas nach hier bringen, was sich anderswie nicht herbefehlen lässt.

9 ... ergibt sich für die Naturwissenschaften, dass in ihnen nur durch ergänzende Schlüsse, vermittels einer Verbindung von Hypothesen, ein Zusammenhang der Natur gegeben ist. Für die Geisteswissenschaften folgt dagegen, dass in ihnen der Zusammenhang des Seelenlebens als ein ursprünglich gegebener überall zugrunde liegt. *Die Natur erklären wir, das Seelenleben verstehen wir* (W. Dilthey: Ideen über eine beschreibende und zergliedernde Psychologie [1894], Leipzig/Berlin, 1924).

10 L. Büchner: Kraft und Stoff oder Grundzüge der natürlichen Weltordnung. Nebst einer darauf gebauten Moral oder Sittenlehre (1. Aufl. 1853), 15. Aufl. Leipzig, 1883.

11 Es wird zu wenig beachtet – zu wenig zugestanden –, dass es kein gültiges Mittel gibt, um von einem Menschen zu sagen, wie er sei. Jeder Mensch ist so, wie man (ihm auf den Kopf zu) sagt, dass er sei. Dies ist das wohlgehütete, auch

vor ihren Adepten gehütete Geheimnis aller Psychologie, wenn diese sich zutraut – oder anmasst –, als Menschenkenntnis daherzukommen.

Und nun wolle bitte beachtet sein: Sofern solches Sagen einen Hinweis gibt und also, dem ausgestreckten Zeigefinger vergleichbar, auf etwas deutet, das wahrgenommen werden will – nicht weil es so ist, so und nicht anders, sondern weil es zum Bedenken anhält – ebenso lang ist ein solches Sagen angängig, vorausgesetzt, es geschieht in der Intimität von Anrede und Antwort.

> Man kann für eine grosse Klasse von Fällen der Benützung des Worts «Bedeutung» [...] dieses Wort so erklären: Die Bedeutung eines Worts ist sein Gebrauch in der Sprache (L. Wittgenstein: Philosophische Untersuchungen, [1945–1949], Frankfurt/Main, 1971).

12 Fritz Zorn: Mars. München, 1977. – Peter Noll: Diktate über Sterben und Tod. Zürich, 1984.

Die beiden Bücher dokumentieren den Kampf um einen Sinn von Leben und Sterben, niedergelegt von zwei Todgezeichneten. Es sei festgehalten und entschieden gesagt: Beide Schriften sind nicht nur packend, sie sind ergreifend geschrieben und lassen den Leser am Todeskampf ihrer Autoren teilnehmen. Deshalb – *deshalb* – muss der Arzt vor ihnen warnen: Sie schleppen ein Thema in die lüsterne Öffentlichkeit, welches nicht dorthin gehört. Der Tod, und mehr noch das Sterben, das ist in unserer Gesellschaft ein intimes Begebnis. In unserer Gesellschaft: Bei gekrönten Häuptern, die ganz ihrem Volk gehören, oder denen ihr Volk gehört, ist sie es nicht. In Kulturen, welche den Individualisierungsprozess nicht vollzogen haben, ist sie es auch nicht. – Aber solang von der Intimsphäre geläufig die Rede ist, gehört das Sterben hinein, rang-, würde- und bedeutungsmässig weit vor dem Sexus. Wir ertragen die geile Exhibition eines Lebensbezirkes, dem als letztem noch etwas von Würde geblieben ist, nicht. Sie bringt uns um die Wurzeln unserer Kultur. Die Auseinandersetzung mit dem Tod gehört in die Stille des Gesprächs, in die Stille des (gemeinsamen!) Schweigens.

Merke: Wenn jemand dir von Tabu redet und dich darauf vorbereitet, dass er alsbald vorhat, eins zu brechen, so sei auf der Hut. Er spekuliert auf dein Interesse an Porno-Produktionen aller Art. Und ausdrücklich nicht nur im Bereich von Eros und Sexus.

13 Fällt die Entscheidung positiv aus, werden die singulären Folgerungen anerkannt, verifiziert, so hat das System die Prüfung vorerst bestanden; wir haben keinen Anlass, es zu verwerfen. Fällt eine Entscheidung negativ aus, werden Forderungen falsifiziert, so trifft ihre Falsifikation auch das System, aus dem sie deduziert wurden (K. R. Popper: Logik der Forschung [1934]. 3. Aufl. Tübingen 1969).

Poppers Werk, die Bibel der Wissenschaftslehre, mag gelten für Bereiche, die beanspruchen, dass sie sinnvollerweise auch für sich selbst und aus sich selbst bestehen. Wo jedoch von Regionen die Rede ist, die nur und einzig darin ihre Wirklichkeit finden, dass das Sagen sie nennt, und die nur so lange bestehen, als sie sich nennen – oder zeigen – lassen (durch den Finger, wie im Kapitel «Sagen ist Bewegen» dargestellt), dort versagt jede Unternehmung, die sich anschickt, das

Falsifizierbare vom Verifizierbaren abzuheben. In diesem Revier ist gewiss die Wittgensteinsche Auffassung von der Bedeutung des Nennens sinngemässer, als Poppers Dezisionen sind: überall da, wo es um Leben, Leiden, Sterben geht. Ist die Rede vom Menschen, so verändert das Sagen diese Sache Mensch. Das Sagen bringt herbei, oder es schliesst ab. Nie belässt es in diesem Bereich etwas so, wie es war, eh es gesagt wurde.

14 Max Schur: Sigmund Freud, Leben und Sterben. Frankfurt/Main, 1973.

15 Am folgenden Tag, dem 21. September [1939, d. A.], ergriff Freud, als ich an seinem Bett sass, meine Hand und sagte zu mir: Lieber Schur, Sie erinnern sich wohl an unser erstes Gespräch [1929, d. A.]. Sie haben mir damals versprochen, mich nicht im Stich zu lassen, wenn es soweit ist. Das ist jetzt nur noch Quälerei und hat keinen Sinn mehr.

Ich sagte ihm, ich hätte mein Versprechen nicht vergessen ... Als er von neuem schreckliche Schmerzen hatte, gab ich ihm eine Injektion von zwei Zentigramm Morphium (Schur, op. cit.)

16 Deuten sollte, um seinem Namen gerecht zu werden, originär sein: ursprünglich gewachsen hier und jetzt. Wenn Deuten, nochmals sei es festgehalten, sich auf Früheres, auf schon gegebene, mithin bekannte Deutungstexte, beruft, sollte man es nicht als Deuten bezeichnen. Man mag es dann wie immer nennen, aber Deuten ist es nicht.

17 «Interpretationen und Fragen helfen dem Klienten nichts»: so C. R. Weisbach («Ihr sollt nicht zuviel fragen») in der ZEIT vom 30. 1. 1987.

Wie genau das zutrifft, wie verzweifelt richtig – sofern man als Interpretieren das Drücken auf den schon lahmen Knopf bezeichnet, welcher, wie auf einer alten Musicbox, die vertrauten Melodien zum Abspielen bringt, jedesmal, wenn im Bierlokal einer findet, jetzt sei die Stimmung dafür gegeben, und eine Münze einwirft. Diesenfalls hilft Deuten nichts – mit Akzent auf *diesen* ...

18 ... und diese empirische Psychologie nenne ich hoffnungslos ... Scheinbar steht alles herrlich, überall wird mit dem grössten Eifer gearbeitet, ... aber alles, was dabei herauskommt, ist, grob gesagt, Kleinkram. Wäre es so, dass die Häufung der Erörterungen und Versuche nur die notwendige Vorarbeit wäre, dass man es mit der Masse zwingen könnte, so wäre alles gut, aber in Wirklichkeit gelangt man auf dem jetzt eingeschlagenen Weg nie zum Ziele, weil die Lücken unserer Einsicht auch durch eine bis ins Unendliche vermehrte Kleinarbeit nicht ausgefüllt werden können. Entweder muss die Psychologie dürr und oberflächlich bleiben oder sie muss die Metaphysik zu Hilfe rufen ... Nicht wenige von denen, die von der Philosophie geringschätzig reden, tun es deshalb, weil sie das Denken zu sehr anstrengt, und prüft man ihre Sachen, so findet man überall versteckte Metaphysik ... (P. J. Möbius: Die Hoffnungslosigkeit aller Psychologie. Halle, 1907).

Dem ist, achtzig Jahre später, nichts beizufügen.

Zwei Beispiele von Aussagen und ihren Deutungen, und je ein Hinweis davor und danach, sowie ein Entr'acte inmitten

1 Die Beschriftung steht mithin verkehrt. Um sie anzubringen, habe ich das Bild (von mir und dem Beschauer aus gesehen) auf den Kopf gestellt: aufrecht für den Aspekt meines anredenden Gefährten.

2 *Zw* lautet die protokollarisch gebräuchliche Abkürzung für die Deutung des ausgesparten weissen Zwischenraumes im Projektionstest nach Rorschach. Hiezu schreibt der Schöpfer des Tests in seiner Originalmonographie:

> *Die Zwischenformen (DZw)* sind die Fälle, in denen nicht eine schwarze oder farbige Figur, sondern die zwischen den Figuren ausgesparten weissen Zwischenräume erfasst werden. Mehr als eine DZw-Antwort ist schon suspekt. Am reichlichsten finden sie sich bei eigensinnigen, verschrobenen «Normalen», besonders reichlich hier und da bei negativistischen, zerfahrenen Schizophrenen, weniger häufig beim Epileptiker ... Sie verraten immer irgendeine Art *Oppositionstendenz* (H. Rorschach: Psychodiagnostik [1921]. Bern 1948).

Ohne Zweifel hätte Roschach sowohl Cézanne als auch Picasso zu den höchst suspekten verschrobenen Normalen – falls Normalen –, gerechnet, zu jenen also, die durch ihren ausgeprägten Oppositionalismus an der Grenze zur Asozialität stehen. Zu Recht, muss gesagt sein, zu Recht hätte er so gehandelt, namentlich wenn man beider Biographien bedenkt und diese an den Massstäben misst, derer eine klinische Psychiatrie wie diejenige, auf der Rorschach basiert hat, sich bediente – bedienen musste. Das Benutzen des Leerraumes als Herausforderung an den Beschauer, etwa das Abbilden eines Baumes durch dessen weisse Negativform, das Spiel also mit der Bedrängnis im Leeren: wenn *das* nicht Oppositionalismus verraten soll!

So liefert Roschachs Projektionsverfahren, welches, nach der Absicht seines Begründers, die Äusserungen der Seele hatte objektivieren sollen, einen lehrreichen Beitrag ans Thema Anthropologie und Ideologie, damit an die Zeitgebundenheit aller Menschenkunde. – Im übrigen: Die Seele lässt sich in ihren bewussten wie unbewussten Regungen nicht objektivieren. Sie weiss, wie es anzustellen, um sich vor dem Objektiv zu schützen.

3 A. R. Bodenheimer: Communicative Drawing and Painting. Ersch. in: New Dimensions in Psychiatry: A World Review, Vol. 2, Ed. S. Arieti and G. Chrzanowski. New York/London/Sydney/Toronto, 1977.

4 Absicht und Sinn des hier beschriebenen Verfahrens (Communicative Drawing) sind folglich darin gegeben, dass die Zwiesprache, welche – namensgetreu – zwischen zweien stattfinden sollte, hier jedoch in eine Person hineingenommen worden ist, wieder heraus verlegt wird: zwischen zwei Partner, in deren medialisierte Beziehung und zur Auseinandersetzung zwischen ihnen. Es geht mithin hier darum, einen Prozess rückgängig zu machen, der sich regelhaft auch bei den Kreativen (die von manchen Leuten als Genies bezeichnet werden) auffinden lässt: Was sich zwischen zwei Partnern wechselweise als Anrede und Antwort abspielen soll-

te, wird in eine Person hineingenommen als verinnerlichte Auseinandersetzung. Wenn diese vergegenwärtigt und beklagt wird, wie etwa in Beethovens Heiligenstädter Testament, so zeigt sie deutlich ihre Natur vor und wird dann bei derselben schöpferischen Gestalt durch die Kontinuität von Rede und Gegenrede (im Bauplan etwa seiner Fünften Symphonie durch alle ihre Sätze bis hin zum ausladenden Schluss, diesem «geht nicht weg, bleibt noch bei mir, hört mir zu, wie ich mit mir selber rede, leistet mir dabei Gesellschaft») hörbar.

5 Durch diese Art von Interpretation wird – das System transzendierend – die Bildbetrachtung zu einer Beschreibung des Bewegungsverlaufes, aus dem die vorliegende Zeichnung entstanden ist; man kann es auch, besser noch, so sagen: Auf solche Weise bringt die Deutung es dahin, dass sie die Linien, welche sich jetzt, am Ende, in Gegenständen abbilden, zurückführt auf die Choreographie, das Ausdrucksmuster von Gebärden, woraus es sich in seltsamer Koinzidenz der Absicht, durch Erstarrung der Gesten geformt hat.

6 K. Jaspers: Allgemeine Psychopathologie. Heidelberg, 1913. Ders.: Zur Kritik der Psychoanalyse, 1950; sowie: Wesen und Kritik der Psychotherapie (aus späteren Auflagen der «Allgemeinen Psychopathologie»), vereinigt ersch. in: Der Arzt im technischen Zeitalter, München, 1986. – Dort ist folgende Passage zu dem hier diskutierten Thema zu lesen:

> ... Dabei ergeben sich endlose Möglichkeiten des Deutens und Umdeutens, des entgegengesetzten Deutens, des Weiterdeutens und Überdeutens, das kein Ende hat und Kriterien für richtig und falsch verliert. Erkennbarkeit, in das Fliessen der endlosen Deutung gebracht, ist nicht mehr Erkennbarkeit.

Was Jaspers hier rügt, resp. dem Orkus überantwortet zu haben wünscht, das trifft genau das Wesen des Deutens, eines *jeden* Deutens übrigens, nicht nur dieses Prozesses im Bereich der Psychotherapie analytischer Intention. – Von Jaspers lässt sich sagen: Er will das Rechthaben in die Psychotherapie eingeführt haben – *sein* Rechthaben. Der Schaden, der ihr daraus erwachsen ist, wirkt fort.

7 P. Handke: Die Unvernünftigen sterben aus. Frankfurt/Main 1973.

8 P. Handke: Das Gewicht der Welt. Salzburg, 1977.

Sagen ist Bewegen

1 Luftschlösser, Gebilde aus Hoffnungen und Vorstellungen, sind besser, namentlich sicherer als Zwingburgen aus Quadern oder Festungswerke in Stahl und Beton, weil sie freier atmen, hören, reden, denken lassen; und wenn sich doch einmal Krieg einstellen sollte – was allerdings in der Auseinandersetzung um Luftschlösser in schätzungsweise einem Mehrhundertfachen seltener vorkommt –, so ergibt es sich, dass auch in dieser Situation die Freiheit von strengen, starren Gebilden mehr Hoffnung darauf gibt, dass man sich wehren kann als inner- und ausserhalb von Festungswerken. Die grössere Beweglichkeit erleichtert den Kampf. Vor allem: Steinerne Schlösser sind für den Krieg gebaut, Luftschlösser für gelassenere Begegnung, ernst oder heiter.

Diese Aussage steht zunächst da, als gelte sie nur parabolisch: damit etwas mehr

Bildhaftes zum Sagen vorgelegt sei; wie eine Illustration zu reinen Worten. Aber sie lässt sich sehr genau und höchst verbindlich auf jenen Bereich zurückführen, aus dem sie hergeholt ist: auf die schreckliche, schrecklich lange, schrecklich grausame Geschichte der Kriege und der verzweifelt starren, gleichbleibenden Methoden, die der Geist zu deren Durchführung ersonnen hat. Auf diesem Gebiet, also in der Ausgangsregion unserer Parabel, kann man die These von der Unverlässlichkeit der Festungswerke prüfen. Und nachweisen, dass sie daselbst verblüffend, fast erschreckend genau zutrifft, anscheinend ohne eine einzige Ausnahme: Noch nie in der Historie der Kriege hat offenbar ein Festungswerk, wie kühn ersonnen und wie gigantisch es auch gebaut war, seinen Auftrag erfüllt: Sicherheit hinter seinen Mauern zu garantieren. Von der chinesischen Mauer über den Limes bis zur Maginot- und Siegfriedlinie, all diesen finstern Phantomgebilden von Sicherheit und Stärke, hat noch keines seinen Auftrag zu erfüllen gewusst. – Die Geschichte dieser grossen, auf Hieb-, Stich-, Schussfestigkeit hin errichteten Fortifikationen – und ihres Versagens – ist zusammengetragen in dem Buch von E. Eis: The Forts of Folly, the History of an Illusion. London, 1959 (ursprünglich auf Deutsch erschienen, ist mir das Buch nur in englischer Übersetzung zugänglich geworden). Pikanterweise hat die dort beschriebene Gegebenheit in zwei Jahrzehnten seither vielfach ihre weitere Bestätigung gefunden, etwa im Zusammenbruch der Bar-Lev-Linie binnen Stunden im Herbst 1973.

Dem Leser möchte ich es anheimgestellt wissen, dass er den Rückweg von dem Substrat in die Parabel selber finde: dorthin, wo auch sonst steinerne, eiserne Zwang-Gebilde wie Statistiken Sicherheit versprechen – und es nicht zulassen, dass man feststellt, wie sehr sie, Festungen gleich, das Objekt manipulieren, welches sie zu sichern versprechen. Schliesslich lehren Überlegung wie Erfahrung, dass eine Freiheit, wenn sie Festungen beansprucht, um verteidigt zu werden, alsbald keine Freiheit mehr ist.

2 Die Geringschätzung, mehr: Verachtung des Wortes, gesprochen oder geschrieben, bei gleichzeitig festzustellender Redseligkeit zeichnet allgemein den Abendländer und dessen Stolz auf beredte Wortkargheit aus. So verbindet er etwa in kurzen, mürrischen Sätzen eigenmächtige Beschlüsse als Feststellungen («Der Hammer ist schwer») mit Befehlen («den andern Hammer»), dann hat er alles für ihn Wichtige gesagt. – Und es verachtet der Abendländer den Morgenländer, wenn dieser sich von Worten tragen lässt – von Worten statt, namentlich kriegerischen, Taten. Natürlich nennt der Okzidentale dann einen wortfreudigen Mittelostpotentaten mit den hässlichsten Namen, wenn dieser, statt Krieg zu führen, gegen ihn heroische Worte gebraucht. 1986 hätte so eine Diskrepanz zwischen Wort und Tat in Mund und Hand eines nordafrikanischen Herrschers beinah einen Kontinentalkrieg zwischen West und Ost entzündet. «Tausendundeine Nacht»: So höhnt tatengewiss der Abendländer, wenn er die Redefreude und -technik des Orientalen verunglimpfen will: «Tausendundeine ...» – Scheherazade hört zu und denkt sich das ihre.

3 Evangelium nach Johannes 1, 2–3.

Nach dem Selbstzeugnis des vierten Evangeliums ist das Buch von einem anonymen Christen, sehr wahrscheinlich einem Heidenchristen, abgefasst ...

Die neuere Erforschung des Prologs ist zu dem [...] Ergebnis gekommen, dass der Grundstock des Prologs [...] sicher nicht der griechischen, sondern der semitisch-orientalischen Denk- und Sprachtradition verpflichtet ist ... Der Hymnus hat also ursprünglich in den vorjohanneischen Gemeinden für sich existiert ...

Der Evangelist hat im Prolog einen vorgeformten Wort-Hymnus verarbeitet ... Dieser vorjohanneische Wort-Hymnus ist religionsgeschichtlich im frühjüdisch-gnostizierenden Hellenismus beheimatet und von einem orientalischen Judenchristen abgefasst worden (S. Schulz: Das Evangelium nach Johannes. Göttingen, 1978).

4 Zitat nach S. Schulz, loc. cit. – Die Anreicherung und Durchmengung einer indogermanischen Sprache durch grammatikalische Regeln, gleichwie die stark bildhaften Wortelemente einer semitischen Sprache, hat in der Geschichte des Jiddischen eine bedeutsame Parallele gefunden. Welch ungemein dichte Ausdruckskraft sich aus einer solchen Verbindung ergibt, lässt sich durch Jahrhunderte feststellen und heute noch an wenigen zeitgenössischen Schriftstellern, etwa I. Bashevis Singer oder Bella Chagall, erspüren.

5 Eljakim, H'ilkijas Sohn sowie Schewna und Joah' sagten zu Rawschakeh' [dem Abgesandten des Assyrerkönigs]: Rede mit deinen Dienern aramäisch, denn das begreifen wir, und sag es nicht auf jüdisch [= Hebräisch] in die Ohren des Volks auf den Mauern (2. Kön. 18, 26).

Aramäisch, ursprünglich Sprache der Diplomaten und Gebildeten, hat sich in seiner Geschichte zum Konversationselement des Volkes, danach wieder zur Gelehrtensprache zurück gewandelt. Auf Aramäisch haben auch der Verkünder und seine Schüler zu ihren Getreuen gepredigt.

6 DAWAR, dieses Grundwort in den semitischen Kultursprachen, kennt mindestens die vier eben genannten Übersetzungswerte. Als in der erwachenden jüdischen Arbeiter- und Bauernkolonie Palästinas der legendäre S. Z. Schazar (nachmals Staatspräsident von Israel) dem Parteiorgan der Sozialisten den Namen DAWAR mitgegeben hat, da hat er gewiss nicht nur an das Wort gedacht, sondern eben die vielfältigen Einschlüsse von dawar im Ohr gehabt.

7 Welche Übersetzung man auch zuzieht, in dem sinnträchtigen Text des Schöpfungsberichtes macht ein Satz wie dieser keinen Sinn: «... Gott ruhte von seiner Erzeugung, die er geschaffen hatte, um sie zu machen». Hier muss ein anderer Sinn gesucht werden.

8 Den Hinweis auf die Wirkung von Gottes Hauch gibt die erzählende Exegese (MIDRASCH) des Alten Testaments, wobei sie sich stützt auf die hebräische Wortformel für «es werde», welche lautet: J'HEH. – In hauchenden Halbkonsonanten (die sich im Schöpfernamen J'HOWAH wiederfinden) ist die Welt gemacht worden, damit – und hier entspricht die Deutung des Midrasch der in diesem Text versuchten – die (menschlichen) Geschöpfe den von Gott angestossenen Prozess weiterführen.

9 Ev. Joh. 1, 14.

10 Nun, da das Kapitel an der Stelle angelangt ist, die das Schwarze vom Fingernagel verlassen könnte, nimmt es sein Ende. Es wünscht damit zu belegen, dass es seine Leserschaft hoch einschätzt. Genügend hoch, um ihr zuzutrauen, dass sie selber merkt, wohin es von hier weitergeht – in welche Richtung also der Finger zeigt: dass das Wesentliche erst in dem ist, was angewiesen wurde.

Wenn also, damit ein Beispiel doch eben noch durchs Fenster erscheine, der Finger darauf weist, dass Kinder, wenn sie mütterliche Zuwendung entbehren, schweren Schaden nehmen können, so will der Finger mahnen: Tragt euren Kindern Sorge, sonst macht ihr sie kaputt! – Daraus, aus diesem Hinweis also, etwas wie research zu machen, ist schon vom Ansatz her verfehlt. Man müsste im Einzelnen darüber nachdenken, was das ist: Zuwendung; und was dieses: Entbehrung. Das kann man nicht durch Fragerei erschliessen. Damit nicht genug, wäre subtil zu erwägen, was für Erwachsene man als (sozial) Bewährte anführen darf. Es kann jemand zu hohem Ruhm gelangen und dennoch geschädigt sein und noch schwerer schädigen. Beispiele suche ein jeder für sich selber. – Schliesslich wäre denkbar, dass, angesichts dessen, wie sehr die Gesellschaft ihre Angehörigen, die Kleinkinder vor allem, welche sich nicht wehren können, bildet und verbildet, bald einmal, dank research und ähnlichem, eine Frühkindheit sich entwikkelt, die *wirklich* keine Weichen mehr stellt. Das wären dann bald einmal der Menschheit letzte Tage.

Fragebogerei oder: Meinungsforscher sind Meinungsmacher

1 M. Proust: Die wiedergefundene Zeit. Letzter, siebenter, Band von «Auf der Suche nach der verlorenen Zeit» (1927). Deutsch: Frankfurt/Main, 1957.

2 R. Descartes: Meditationen über die erste Philosophie (Meditationes de prima Philosophia), 1641.

3 H. J. Eysenck: Uses und Abuses of Psychology. Deutsch: Wege und Abwege der Psychologie. Reinbek, 1956.

4 R. D. Laing, H. Phillipson, A. R. Lee: Interpersonal Perception. Deutsch: Interpersonelle Wahrnehmung. Frankfurt/Main, 1971.

5 A. T. Beck: Cognitive Therapy of Depression. 1979. Deutsch: Kognitive Therapie der Depression. München/Wien/Baltimore, 1981.

6 FPI, Göttingen, o. J. – HAWIE, Bern, 1955; ZÜWIE, Bern, 1970, etc.

7 Der Autor hat hier zu erwähnen, dass auch er bisweilen zur Teilnahme an diesem exklusiven Spiel, dem öffentlichen Beantworten vorgeformter Fragen, eingeladen worden ist. Als ich dann die Frage vor mir hatte, ob Christus, wenn er wieder zurückkäme, abermals gekreuzigt würde – und eben daran war, zu antworten: «Nicht nötig; entweder er würde den Medien überlassen, oder man gäbe ihm ein wenig Valium» – da fühlte ich, noch eben rechtzeitig meine Eitelkeit überwindend, dass ich so etwas nicht will. Und refüsierte.

Fragen kann krank machen. Sagen kann gesund machen

1 Wenn wir [...] die Gedankeninhalte verstehen als entsprungen aus den Stimmungen, Wünschen und Befürchtungen des Denkenden, so verstehen wir erst eigentlich psychologisch oder einfühlend (K. Jaspers: Allgemeine Psychopathologie, 5. Aufl. Berlin/Heidelberg, 1948).

2 Jede Erscheinung, jeder Sachverhalt hat es an sich, es können beide Deutung sowohl *erwarten* als auch ihrerseits Deutung *sein*. Im Akt des Deutens, so, wie ihn dieses Buch beschreibt, geht es von der Absicht her zunächst darum, dass «Luft gemacht», dass in die Engnis und Stickigkeit von gleichgearteten und -georteten Erscheinungen Neues aus anderen Bereichen hineingetragen werde.

Einem Aspekt von aussen kann Deuten daher als kreisförmiger Verlauf vorkommen – und das ist es auch, das Deuten, wenn man es in diesem Sinne fasst: ein Kreisgang. Alles, was als Aussage hervorkommt, wartet darauf, dass es gedeutet, also in eine andere Dimension verlegt werde – und alles, was sich als Deutung empfiehlt, verfällt seinerseits dem Schicksal, dass es, als Aussage aufgefasst, Deutung erfährt. – Etwas kann, beispielsweise, auf ein sexuelles Motiv hin gedeutet («als Sexualsymbol interpretiert») werden; aber das Sexuelle – alles Sexuelle – lässt es seinerseits zu, dass man es weiter deutet (auch das Sexuelle «symbolisiert etwas»).

Hier liegt vom Wesen her ein Unterschied zu geläufigen Auffassungen der Philosophie: Diese, die Philosophie, perhorresziert Zirkelschlüsse, nimmt solche als Belege dessen, dass im System ein Denkfehler vorliegt («der Zirkel [...] ist nach elementarsten Regeln der Logik circulus vitiosus», M. Heidegger: Sein und Zeit, 1927). Und es gilt dies namentlich für jenen Vorgang, den sie hermeneutischen Zirkel nennt. – Die Psychotherapie dagegen, der es nicht um Erkenntnis geht sondern um Einsicht, vertraut sich oft und gerne dem Kreislauf an: Wer sich von diesem Zirkelgang mitnehmen lässt, der sieht ein Zentrum von vielen Seiten – das eine und immer selbe Zentrum von so vielen, dass er sich in Zukunft weigern wird, nur einen einzelnen Aspekt als den ausschliesslich gültigen zu deklarieren.

Wer – wie – was/Der – die – das: ein Kapitel Sprachsoziologie

1 In diesem Kapitel wird nur auf die Isophonien eingegangen, wie sie sich in der deutschen Hochsprache anbieten; andere Sprachen legen andere Schlüsse nahe, die zum Teil Verwandtes aufweisen (Englisch: it/which), zum Teil, schon aus völlig verschiedenen Gegebenheiten heraus, etwa der Unterteilung der Genera in nur ein maskulines und ein feminines Geschlecht, ganz andere Assoziationen anbieten.

Die eigentliche Absicht dieses Exkurses in einem Buch zum Verstehen als Antworten liegt jedoch darin: aufmerksam zu machen darauf, dass der Klang eines Namens – und nur dessen Klang, nicht dessen Wortbedeutung – untergründig (vielleicht kann man auch sagen: unbewusst) vergleichbare Assoziationen erweckt. So wäre doch beispielsweise zu erwägen, ob nicht die, gegenüber anderen Begabungen unverhältnismässig zu nennende, divinisierende Erhöhung des Namens *Goethe* auf dessen Klangverwandtschaft mit dem Namen *Gott* zurückzuführen sei.

2 Das Nehmen-bei-etwas: Einer nimmt den Anderen beim Ohr, beim Wickel, Schopf oder Kragen; ... Einer nimmt den Andern beim Wort usw. In all diesen Wendungen tritt die weltliche Bewandtnis, die es mit den Andern – und in eins damit auch mit dem Einen – hat, [...], die jeweilige Grundbefindlichkeit und die Geworfenheit in die jeweilige Situation, sowie die Rolle, die die «handelnde Person» dabei hat, klar zu Tage (L. Binswanger: Grundformen und Erkenntnis menschlichen Daseins. Zürich, 1941).

Die Handschuhe von Stefan Zweig: über den Sinn von Deutungen und über deren Gerechtfertigtsein

1 S. Freud: Briefe 1873–1939. Frankfurt/Main, 1960.

2 L. Wittgenstein: Über Gewissheit. Frankfurt/Main, 1970.

3 Ders.: loc. cit.

4 S. Freud: Die zukünftigen Chancen der psychoanalytischen Therapie. Bd. VIII der Londoner Gesamtausgabe. London, 1948.

5 A. Mitscherlich: Auf dem Weg zur vaterlosen Gesellschaft. Ideen zur Sozialpsychologie. München, 1963.

6 Einen tragikomischen Akzent – heute könnte erwogen werden, ob auch tragisch oder nur noch komisch – gewinnt Jaspers' auf ein Rechthaben pochende Verdammnis der Psychoanalyse, wenn man sie an ihres Promotors eigenen psychotherapeutischen Versuchen misst. Da ist bei Jaspers von «existentieller Kommunikation» die Rede. Und diese soll dem Freudschen Konzept von Übertragung und Widerstand quergestellt werden. Was nun den Begriff «Übertragung» angeht, auch die Vorstellungen, die sich an ihn knüpfen, so sind diese zu begreifen als System aus Hilfskonstrukten. Sämtliche Wissenschaften arbeiten (wie an anderer Stelle dieses Buches ausgeführt) mit Hilfskonstrukten, Gebilden also, von denen, wer immer sie gebraucht, jederzeit weiss, sie stellen nicht Wirklichkeit dar, sondern ermöglichen Vorstellung, und dafür sind sie nötig. Nun: Unter Übertragung kann man sich etwas vorstellen, sehr viel sogar und sehr genau, bis in alle Einzelheiten. Vor allem ist das Konstrukt verbindlich, und es schliesst Verpflichtungen ein – dies namentlich und vornehmlich. Unter existentieller Kommunikation kann man sich nichts vorstellen, und man soll auch nicht. Was so heisst, muss im Unverbindlichen verbleiben, im Unverpflichteten, Aphorismatischen, im wohlklingend Apologetischen. Psychotherapeutisch gesehen: im Leeren.

7 F. Th. Vischer: Auch Einer, 1879.

8 Diese Arbeit ist nahezu anderthalb Jahrzehnte alt. Manches wird in ihr erst tastend formuliert, und der Unterschied zwischen Sinn und Bedeutung ist hier noch nicht zureichend geklärt.

9 V. E. Frankl: Der Mensch auf der Suche nach Sinn. Freiburg/Br., 1972.

10 B. Brecht: Über experimentelles Theater. Frankfurt/Main, 1970.

11 A. R. Bodenheimer: Anthropologie und Ideologie. Daseinsanalyse 3, 1986.

12 K. R. Popper: Logik der Forschung (1935), 3. Aufl. Tübingen, 1969. – J. Habermas: Erkenntnis und Interesse. Frankfurt/Main. 1973.

A'YIN HARA' – Das Böse Auge

1 Die, soweit bekannt, Geburtsstunde des Monotheismus, mit dem Erwachen von dessen diktatorial absolutistischen Ansprüchen, aber auch seiner eindeutigen Entschiedenheit, ist markiert durch eine Abwendung des irritierend mehrdeutigen Blickes aus zwei oder mehr Augen. Jetzt bleibt *ein* Auge, welches aus abgewandtem, vorbeisehendem Gesicht den Menschen unter ihm mehr streift als berührt. Diese Tendenz überdauert den Zusammenbruch von Echnatons Lehre durch alle Phasen der monotheistischen Systeme. I. Velikovski (Oedipus and Akhnaton [1960], deutsch: Ödipus und Echnaton, Zürich, 1966) führt bedenkenswerte Überlegungen dazu an, dass das Motiv von Echnaton demjenigen der Ödipus-Sage verwandt sei. Erst die attische Kultur, repräsentiert durch die Eule der Athene, hat diese Tyrannis der Einherrschaft in der mediterranen Ostregion durch ein pluralistisches Prinzip ersetzt. Mit den ständigen Eskapaden derer auf dem Olymp, die viel zu sehr mit sich selber beschäftigt waren, als dass ihnen Zeit geblieben wäre, sich noch um die Wesen am Fusse des Berges zu kümmern, damit konnten die Menschen ihre Eigenart und gesunde Hybris wieder, wenn auch nur für kurz, frei entfalten.

2 Die hier angerührte Thematik wird genauer auszuführen versucht in: A. R. Bodenheimer: Das Symbol als Blickfang. Zschr. Psychother. Med. Psychol. 27, 1977. –

3 J.-P. Sartre: L'Être et le Néant (1952). Deutsch: Das Sein und das Nichts. Hamburg, 1962.

4 Die «Vorstellung, der Augen beraubt zu werden», ist, wie Freud anregt, das tragende Motiv der kindlichen Angst. Im Auge, Sehen und Gesehenwerden umschliessend, vereint sich die Wahrnehmung des Vertrauten mit dem Blick des Unvertrauten. Deshalb gilt:

> Dieses Unheimliche ist [...] der Eingang zur alten Heimat des Menschenkindes, zur Örtlichkeit, in der jeder einmal geweilt hat (S. Freud: das Unheimliche. Bd. XII der Londoner Gesamtausgabe. London, 1948).

5 J.-P. Sartre: loc. cit.

6 Jettatore oder Gettatore wird in den Regionen, die ihm Wirkung zugestehen, der Träger des Bösen Blicks genannt.

7 So äussern sich, wörtlich nahezu übereinstimmend, sowohl Hegel als auch Brecht.

Von der Macht des Blickes und den Tröstungen der Musik

1 RASCHI (Abkürzungsformel – wie im Hebräischen allgemein geläufig – für *RA*bbi *SCH*lomo *I*zh'aki), 1040–1105, war der bedeutendste Kommentator von Bibel und Talmud der gesamten jüdischen Diaspora. Seine substantiell genau und sehr verbindlich formulierten Erläuterungen der alten Texte, oft versehen mit grammatikalischen Hinweisen, haben es, mehr als irgendeine andere Zutat zu den Schriften, vermocht, seiner zerstreuten Gemeinde aus deren Büchern jene Handhabe und substantielle Gewissheit zu geben, die ihr durch den Verlust der materiellen Heimat abhanden gekommen war. – So auch in dem hier angeführten Beispiel, welches die sexuelle Zucht samt dem Exogamieverbot aus angstbedingten Begrenzungen umwandelt in eine Sache göttlich gegebener Naturgesetzlichkeit.

2 Durch Züngeln führt die Schlange dem vomero-nasalen (Jacobsonschen) Organ vorn in ihrem Gaumen Informationen zu. Eine solche Sinnesquelle bleibt aus, wenn das Tier sich in den Stand erhebt. Deshalb züngelt eine erigierte Schlange nicht.

3 Die verschiedenen Sinnesbereiche geben, einher mit den Expressionen, welche sich ihnen mitteilen, verschieden geartete Beziehungskreise – auto-, hetero-, homologe, sowie offene oder geschlossene Kreise – ab. Die Herausarbeitung ihrer Verschiedenheit erleichtert es, durch Erklären den einzelnen Sinnesbehelligungen und ihren Trägern näher zu kommen (s. A. R. Bodenheimer: Versuch über die Elemente der Beziehung. Basel/Stuttgart, 1967).

Guten Morgen, Herr Hölderlin

1 W. Dilthey: Das Erlebnis und die Dichtung. Berlin, 1905. – P. J. Möbius: Das Liebesleben Hölderlins, Lenaus und Heines. Die Zeit, 1901. – K. Jaspers: Strindberg und Van Gogh. Arb. z. ang. Psychiatrie. Bern, 1922. – Etc.

2 N. v. Hellinggrath: Hölderlins Wahnsinn. Neue deutsche Beiträge. München, 1922. – P. Bertaux: Friedrich Hölderlin. Frankfurt/Main, 1981. Etc. –

3 G. Benedetti: Psychiatrische Aspekte des Schöpferischen und schöpferische Aspekte der Psychiatrie. Göttingen, 1975. – St. Zweig: Der Kampf mit dem Dämon. Berlin, o. J. – Etc.

4 Zitiert aus Jahrgängen des Monatsblattes der Hörbehinderten (Organ der schweizerischen Schwerhörigenvereine). Mit freundlicher Genehmigung der früheren Chefredaktorin Frau L. Aegler und ihres Nachfolgers Dr. R. Kuhn.

Die hier wiedergegebenen, genau nachgedruckten Texte werden ihrer schwerhörigen Leserschaft als Absehrätsel vorgelegt. So, wie das hier aufgeschrieben steht, so wird es von schlecht hörenden Gesprächspartnern gehört (ev. auch abgesehen), und wenn die Rede- und Hörschulung nicht sorgfältig betrieben wird, erfolgt alsbald eine Übernahme dieser Sprechart in die Redeweise Hörbehinderter.

5 Gewiss, ein Unterlegen von Bedeutung an diesen bilddichten und lautstarken Text macht wenig Schwierigkeit – falls es überhaupt vonnöten ist, dass man so etwas tut: Bedeutung unterlegen. Die Passage: «Vollendruhe. Goldrot» wirkt, und

nicht nur durch ihre genaue Euphonie. Da ist alles drin, in dieser Werkpassage, in zwei Worten, was den stillen Abend benennt. Jedes weitere Zuwort wäre ein Wort zuviel. Und dann: dass die Rippe tönet: Es sieht – und hört – sich von selbst, wie der Brustkorb sich erst hebt und wie er dann, im Ausatmen, singend zum Tönen kommt, mit den einzelnen Rippen wie Notenlinien ... Die Rippe tönet: Das ist *nicht* Metapher, das ist ein Bericht über genaueste Beobachtung.

Aber nochmals: Wenn Sie Hölderlin gegenübersitzen, unterlassen Sie bitte solche Interpretationen. Von Ihrem Besuch erwartet er sich anderes! –

6 H. Prinzhorn: Bildnerei der Geisteskranken. Berlin/Heidelberg, 1922. – W. Morgenthaler: Ein Geisteskranker als Künstler. Berlin/Leipzig, 1921.

Es muss hervorgehoben sein: All diese Arbeiten – gleichwie die zuvor zitierten Publikationen über Hölderlin, gleichwie die sogleich zu zitierenden Arbeiten Navratils – sind, oder waren zu ihrer Zeit, hoch verdienstlich. Sie haben gezeigt, was einmal zu zeigen war: der Geisteskranke, oder wie man das nennt, ist ein Mensch. Nicht jedoch haben sie ein Verstehen, d. i. ein Antworten auf (die künstlerische Expression als) Anrede gelehrt. Den Expressionen des Psychotikers haben sie den Charakter von Genusswerten zuerkannt. Wie es die Salzburger Festwochen tun, oder gleich der Documenta in Kassel.

7 L. Navratil: Gespräche mit Schizophrenen. München, 1978.

8 F. Goodenough: Children's Drawings, 1931. – K. Machover: Personality Projection in the Drawing of the Human Figure. Springfield, 1949.

9 W. Reich: Character Analysis. New York, 1949.

10 Ich glaube der Sache zu dienen, wenn ich bekenne, dass mir dieser Sachverhalt – wonach wir nämlich unsere Patienten beschämen, wenn wir ihre Expressionen aus der Intimität des Sprechzimmers in die Öffentlichkeit tragen – erst richtig an den Vorwürfen einer tauben Patientin deutlich geworden ist. In einem meiner therapeutischen Gespräche mit ihr hatte ich zwar erwähnt, dass ich die schöne Zeichnung, die sie mir geschenkt hatte, auch einem Publikum zu deuten gedächte. Als dann aber ihre Schöpfung im Rahmen einer Arbeit über das Werk behinderter Künstler, mit der Widmung an mich versehen, in die Hand der Spenderin/Empfängerin gelangt war, liess sie mich zornig wissen: «Sie haben aus meinem Geschenk eine Wissenschaft gemacht» – und ich musste ihr recht geben.

11 Die wilden Tiere zuhause heissen alle Max: Wenn ich das sage, so bin ich mir gegenwärtig, ich habe eine Deutung gegeben. Eine anstossende Interpretation. Aber vielleicht will Max es anders; vielleicht will er sagen: Nicht ich, Max, bin, die Mutter vielmehr ist das reissende Tier; sie oder sonst jemand, wer, das wissen wir nicht. Brauchen wir, deutend, nicht zu wissen. Wichtig zu wissen ist dies: Man muss irgend etwas dazu sagen, damit es angeht. Allerdings, ob ich das hier getan hätte, und in just jenem Augenblick, dessen bin ich mir nicht sicher. Timing, wording – die ganze Wolfsgeschichte ist ja gegen den Willen des Patienten ausgelöst worden, sie ist nicht spontan in ihm gewachsen.

12 G. R. Heyer: Menschen in Not. Stuttgart, 1951. – P. Bertaux: loc. cit.

13 Mag die selbstgewisse Aussage des Hofrats Wagner-Jauregg in dieser Form auch überspitzt tönen: «Wenn einer *mir* Verrücktheit vorsimuliert, dann *ist* er verrückt», so gilt dennoch einer psychotherapeutischen Annäherung die Differentiation zwischen «echter» und «vorgespielter» Psychose im wesentlichen als belanglos. Das Anliegen wie die Anrede, beide sind zweimal identisch, gleich ob echt verrückt oder unecht verrückt (was sich ohnedies – entgegen manchen Behauptungen – nicht zwingend differenzieren lässt). Und was schon gewiss den Werkinterpreten nicht zu bekümmern braucht – ihn nicht bekümmern *darf.* Der ist zum Heilen nicht bestellt und soll sich auf seinen Auftrag, Aussage deutend weiterzugeben, beschränken. Was den Therapeuten angeht, dieser macht, ungleich dem, was von ihm behauptet wird, das Werk *nicht* zum Diagnostikum, sondern zum Text der Anrede: um darauf zu antworten.

14 Der Autor gestattet sich, hier zu vermerken, dass er sich seit nahezu einem halben Jahrhundert von Hölderlins Werk begleitet erlebt – begleitet und oft gestützt, vom Hyperion namentlich, und von den späten Gedichten.

15 Essen ist eben sinngetreu beim Menschen das Medium, durch dessen Hilfe die Beziehung erweitert, das Verstehen in seinem Raum bewahrt bleiben kann.

Ausschnitte aus Therapie-Situationen

1 Die Species Mensch hat, während sie daran war, das zu gewinnen, wofür wir heute den Namen «Sprache» reservieren, um – vielleicht – dieses Gewinnes willen mancherlei Expressionsweisen und -möglichkeiten preisgeben, für deren Kraft und Genauigkeit des Hinweises die Wortsprache nur ärmliche, zumeist kärgliche metaphorische Ersatzformeln anbietet, ausdrucksleer gegenüber elementareren Expressionen und erst noch weniger genau. Zu diesen Ausdrucksmitteln zählt wesentlich auch das Sichkratzen mit der Vielfalt seiner Gestaltungen, seiner Intensitäten. Es zeigt dieser Akt paradigmatisch – beispielhaft – auf, wie sehr bei *sämtlichen* Expressionen die beiden Funktionen verknüpft sind – eng, in der Tat, bis zur Untrennbarkeit: die Tendenz, etwas loszuwerden, es aus sich heraus zu bekommen – damit es drinnen nicht mehr drückt –, und, anderseits, irgendjemand Nächsten anzureden. Ob du dich kratzest oder ob du einen Brief, ein Buch schreibst, macht keinen nennenswerten Unterschied; immer lassen beide Funktionen sich nachweisen, die zwei in eins zusammengenommen: Ausdruck und Anrede – Ausdruck *als* Anrede – *Ausdruck zur Anrede gemacht.* Ähnliches deutet P. Ricoeur (De l'Interprétation. Essai sur Freud [Paris, 1965], deutsch: Frankfurt/Main, 1969) an.

Zum Kratzen: Es sei der Leserin, dem Leser überlassen, die beiden «Absichten» dieses Aktes zu deuten. Physiologie hat dabei wenig verloren: bei diesem Akt der Auslöschung durch Verstärkung eines untergründig wirkenden Reizes, der nur durch seine Verstärkung ausgeschaltet werden kann. «Ich kratze mich, also bin ich»: so *ein* Vorschlag – einer unter zahlreichen andern. – Und was den Anredecharakter betrifft: Nun, kratze dich mal in Gesellschaft, vielleicht der Königin von England ...

2 Priester-, auch Hohepriestertum, ist in der Judenheit seit den Tagen ihrer Formation ein Amt als eine Würde, die im Erbadel dynastisch übertragen wird. Als

solches ist es einer engeren Gruppe innerhalb des Stammes Levi vorbehalten. Nämlich den Nachkommen des Aharon, Mosis älteren Bruders. Keine andere Auszeichnung, kein Studium kann etwas an die Erwerbung dieser Würde ausrichten; genau genommen, kann dieselbe auch nicht aberkannt werden. – Gabriel, mein Patient: Nicht nur, dass er ein Angehöriger der Priesterkaste ist, er zählt auch zu einer der vornehmsten religiösen Familien des Landes. Was er damals in der Moschee ausgerufen hat, geschah zwar in rüder und grober Formulierung, aber im Grunde hat es doch die exakte Verwirklichung der gläubigen Hoffnungen um ihn ausgesprochen. Deshalb die Bedrängnis der gläubigen unter seinen Betreuern. – Dass diese Hoffnungen gemäss stiller, nie ausgesprochener, kollektiver Gewissheit, niemals verwirklicht werden dürfen – *niemals* – und umso weniger, je inbrünstiger die Gemeinde ihre Verwirklichung herbeiruft, *darin* liegt die Tragik, nicht Gabriels allein, sondern derer, die ihm laut gesungene Hoffnungsstrophen einher mit verschwiegenen Gewissheiten gleichzeitig und als Einheit durch seine Erziehung mitgegeben haben.

3 Dies sollte beachtet werden: dass es der Besonderheit jener Beziehungs-Einheit Tasten/Fühlen/Greifen entspricht, ein Zu-sich-selbst-Kommen nicht minder herbeizuführen wie das Zum-andern-Kommen, und beides gleichzeitig zu tun. Und es, untrennbar das eine vom andern, zu erwirken. Hierin unterscheidet sich das haptisch-taktile Beziehungselement wesentlich von anderen Elementen. Was das Gehör anbetrifft, so hört man sich selber just dann – und dann einzig –, wenn man sonst nichts und niemanden hört. Sich selber sehen kann man lediglich durch Aufwendung besonderer Massnahmen. Und sich riechen: Das gelingt überhaupt nicht (Genaueres in: A. R. Bodenheimer: Versuch über die Elemente der Beziehung. Basel/Stuttgart, 1967).

Schlussbemerkung: Kraut und Rüben

1 Jede Wissenschaft – eine jede ausnahmslos – basiert auf ideologischen Prämissen. Aber keine im selben Sinne merkbar, wissensbestimmend auch, wie die Anthropologie im weitesten Sinne. Und besonders da, wo sie mit Entschiedenheit ihren Regress auf naturwissenschaftlich nachweisbare Objektivierung zu nehmen beansprucht. Es ist doch zum Beispiel recht seltsam, dass der Mensch sich, kaum hat er Tuberkulostatika ersonnen und die Schwindsucht nahezu ausgerottet, in den nämlichen geographischen und sozialen Regionen, die von diesem Fortschritt beglückt sind, eine Affektion entwickelt, die zuvor, als es noch Tuberkulose gab, kaum bekannt gewesen ist, aber jetzt zusehends häufiger wird: eine Schwindsucht gewissermassen ohne Tuberkulose, ohne also die histologischen Veränderungen der Tb, auch ohne dass Kochsche Bazillen aufzufinden, ohne dass sie noch notwendig zur Erzeugung dieser Spielart von Schwindsucht wären. Die Krankheit, diese neue Form von Schwindsucht und Stellvertreterin ihrer alten, einfältigeren Vorgängerin, hat den Namen Magersucht oder Anorexia nervosa. Und auch in ihren psychosomatischen Bezügen lässt sie Vergleichbares nicht übersehen. Als bedürfe die Gesellschaft der Schwindsucht – in irgendeiner Form, gleich welcher. – Viel eher und wesentlicher formt offenbar Ideologie die Krankheit – wohlgemerkt: das, was man Körperkrankheit nennt –, als dass, wie stets behauptet, die Krankheit Ideologie schafft.

2 Kant hat freilich diese Art von Themengestaltung und -abwandlung als *rhapsodisch* bezeichnet und eher geringschätzig abgetan. Ich möchte dennoch, nein: Ich möchte erst recht zu einer Form von temperamentvoller Darstellung stehen, die dem musikalischen Ordnungsprinzip einer Abfolge von Thema – Gegenthema – Durchführung – Reprise gehorcht, oder sich jedenfalls ihrer erinnert und an sie anlehnt. Rhapsodisch: Bleiben wir bei einem Wort, das den Stil jener fahrenden Sänger, der Rhapsoden, benennt, welche einstmals, im fünften vorchristlichen Jahrhundert, über Land und Inseln zogen und mit freien Versen ihre Epen vorgetragen haben. In dieser Form Erkenntnisse vorzulegen, mit Worten etwas anstossend, das dann, sich selber formend, alleine weiter wirkt: dazu kann man, meine ich, stehen, zu einer solchen Form von Darstellung.

3 L. Wittgenstein: Tractatus logico-philosophicus (1921). Frankfurt/Main 1960.

4 Die Handschuhe von Stefan Zweig; leicht veränderte und erweiterte Fassung des Erstabdruckes in der Zeitschr. f. Psychosom. Medizin und Psychoanalyse 20, 2, 1974 (zuletzt erschienen auf Portugiesisch: As Luvas de Stefan Zweig: Sobre o Significado de Interpretações e suas Justificativas. Tiempo Psicanalitico, Rio de Janeiro IX, 2, 1986). – Fragen kann krank machen. Sagen kann gesund machen; leicht veränderte und erweiterte Fassung der Auftragsarbeit für Psychologie heute 2, 1986. – Fragebogerei; veränderte und erweiterte Fassung einer Auftragsarbeit für die Blätter der Wohlfahrtspflege 12/1985.

*

Dem Leser dürfte aufgefallen sein, dass die Schreibart von ANTWORTEN nicht konsequent durchgehalten wird. Einmal stellt sich das Wort gross vor (*A*ntworten), dann wieder beginnt es klein (*a*ntworten). Das ist nicht reine Laune. Der Begriff nennt dann zweimal verschiedenes: Er kann Verrichtungen bezeichnen (*a*ntworten), aber auch die Vergegenständlichung von Vollzügen (*A*ntworten). Wenn er ein Tun beruft, eilt er rasch, mit Kleinbuchstaben, dahin. Fordert er aber Einhalt, Einsicht, so steht er gross da, erstaunt über sich selbst.

Zum Schluss ein Hinweis: Nachdem ich 1984 und dann ein zweites Mal Ende 1985 mein Büchlein: «Warum? Von der Obszönität des Fragens» herausgebracht hatte, bin ich – öfter als anzunehmen war – darauf hin angesprochen worden, ob ich gedächte, dieser Arbeit einen zweiten Band folgen zu lassen. Ich hatte nämlich in der Schlussbemerkung von «Warum?» darauf hingewiesen, dass das Manuskript zu einem Folgeband fertig geschrieben in meinem Schrank liege und darauf warte, dass ich mein Zögern vor dessen Publikation überwinde. – Nun, dieses Buch ist ein Folgeband zu «Warum?» – aber es ist nicht dessen zweiter Band. Wohl führt es einige von den dort vorgelegten Gedanken fort, namentlich erläutert und begründet es die daselbst angedeuteten Thesen zum Sagen, welches dem Fragen entgegengehalten wurde. Jedoch tut es das auf neue, eigenständige Weise, und nicht eine einzige Manuskriptseite ist aus dem wohlverschlossenen Kasten entnommen worden, in dem «Warum? Bd. II» immer noch ruht. Es ruhe diese Fortsetzung dort zunächst in Frieden. Vielleicht, dass sie durch das, was sich hier der Kritik und dem Wohlwollen der Leserschaft anbefiehlt, obsolet geworden ist.

Zu danken ist:

Frau Ruth Baumer, Frau Rosa Lanz, Frau Ruth Studer
für aufschlusserleichternde Zeichnungen und geduldige Abschrift.

Herrn Jakob Teichman, Herrn Reinhard Lempp, Herrn Helmut Holzhey, Herrn Siegfried Schulz
für manche Erläuterung.

Frau Vera Storz, Beat Brechbühl
für Ermutigung.

Jacqueline Bodenheimer
täglich, bis zu ihrem letzten Tag, ihrer letzten Stunde am 1. August 1987. Sie hat uns das möglich gemacht, wovon es öfters im Text dieses Buches heisst, dass es unmöglich sei.

Drei der Artikel sind (hier in ergänzter Form) in folgenden Zeitschriften zuerst erschienen:

Fragebogerei oder: Meinungsforscher sind Meinungsmacher in «Blätter der Wohlfahrtspflege», 12/1985, Wohlfahrtswerk für Baden-Württemberg, Stuttgart

Fragen kann krank machen. Sagen kann gesund machen in «Psychologie heute», 2/1986, Beltz Verlag, Weinheim

Die Handschuhe von Stefan Zweig in «Zeitschrift für psychosomatische Medizin und Psychoanalyse», 20, 2/1974, Göttingen

Aron Ronald Bodenheimer

Teilnehmen und nicht dazugehören

Nachdenken über unsern Glauben und euren Glauben, über unsern Stamm und eure Stämme, über uns und euch

Wenn einer von «katholischen Mitbürgern» reden würde, man würde ihn auslachen. Denn die sind's, und solch feierliche Anrede würde sie isolieren. Die Isolation der Juden aber wird gepflegt, aus falscher Rücksicht und feiger Vorsicht, wenn nicht aus Heuchelei. Das kann wieder einmal bös' enden. Endlich hat nun jemand mitten in diese Verlogenheit und Verkniffenheit hineinformuliert, glücklicherweise ein Jude, denn so jemanden kann man nicht hinterrücks aufs Kreuz legen oder gar aufs Hakenkreuz legen.

Unter (vielem) anderem! Der Wandertrieb der Juden: eine Befruchtung für die Welt der Sesshaften. Und nun sollen sie in Israel zu Hause sein. Daher die «jüdische Hast», im Gegensatz zur orientalischen Ruhe. Was die Araber angeht, da ist er für bedingungslose Aussöhnung.

In Bodenheimers Aufsätzen, deren Thesen an Erlebnissen mit Land und Leuten exemplifiziert sind, ist selten von der Bundesrepublik die Rede, aber zwischen den Zeilen ist sie immer gegenwärtig, als hochempfindliches Testgebiet, das immer noch vermint ist. Einige Minen hat Bodenheimer hochgehen lassen. Wer will, kann das überhören und übersehen. Aus Philosemitismus, der in diesem Falle direkt in Antisemitismus umschlüge.

Die Zeit, Hamburg

Es wird gerade im deutschsprachigen Mitteleuropa, an dessen Leserschaft dieses Buch sich adressiert, viel und gern über den Staat Israel, über Recht und Unrecht, Schuld und Sühne oder gar *die* Juden theoretisiert. Bodenheimers Nachdenken stellt sich solcher Diskussion, aber folgt nicht ihren Wegen. Denn es speist sich aus einer Vielzahl mosaikartiger Erfahrungen und konkreter Phänomene. Diese sind nicht selten vieldeutiger und zugleich eindringlicher als das blosse Theoretisieren und Moralisieren aus sicherer mitteleuropäischer Entfernung. Wenn dieses Buch von vielen als schiere Provokation empfunden werden wird, so liegt das an den Phänomenen, deren provokant-aufrichtige Schilderung moralinhaltige Erörterungen weitgehend erübrigt.

Die taz

«Ich habe dieses Buch nicht aus der Hand gelegt, bis ich auch die letzte Seite gelesen hatte. Und das hat mich selbst überrascht, ist doch die jüdische Geschichte und die jüdische Gegenwart Thema vieler Bücher, Kongresse, Seminare, Filme und Reden gewesen, gerade in den letzten Jahren. Ich war also nicht darauf gefasst, dass mich Aron Ronald Bodenheimer so fesseln würde.»

Cornelia Wumkes im Westdeutschen Rundfunk Köln

Verlag im Waldgut